복잡성과 복합성의 세계정치

세계정치 26

복잡성과 복합성의 세계정치

발행인 서울대학교 국제문제연구소
주소 서울시 관악구 관악로 1(220동 506호)
전화 02-880-6311
팩스 02-872-4115
전자우편 ciscis@snu.ac.kr

2017년 5월 8일 초판 1쇄 찍음
2017년 5월 15일 초판 1쇄 펴냄

지은이 도종윤, 민병원, 신욱희, 은용수, 전재성, 조은정, 김재영
기획 서울대학교 국제문제연구소
책임편집 전재성

편집 김지산
디자인 김진운
마케팅 강상희, 남궁경민
펴낸곳 (주)사회평론아카데미
펴낸이 윤철호, 김천희
등록번호 2013-000247(2013년 8월 23일)
전화 02-2191-1182(영업) 02-2191-1133(편집) 팩스 02-326-1626
주소 서울시 마포구 월드컵북로 12길 17
이메일 academy@sapyoung.com 홈페이지 www.sapyoung.com

세계정치 26

복잡성과 복합성의 세계정치

서울대학교 국제문제연구소 편
전재성 책임편집

사회평론

* 이 저서는 2017년도 서울대학교 미래 기초학문 분야 기반조성 사업의 지원을 받아 수행된
연구 결과물임.

서문

21세기의 국제정치 현실을 일목요연하게 이론화하는 것은 대단히 어려운 일이다. 국제정치의 기본 단위를 이루는 국가의 권능에 대해 다양한 문제제기가 있었고, 권력을 위요한 정치현상의 본질 역시 의미가 불명확하게 되었다. 국가 이외의 행위자들, 예를 들어 개인과 국내집단들, 경제단위와 국제제도, 초국가기구들의 영향력이 증대되었고, 권력현상은 폭력은 물론 경제와 문화의 영향을 더욱 압도적으로 받게 되었다. 테러집단과 같이 국가 이외의 집단이 막대한 폭력을 휘두르는가 하면, 국경을 넘나드는 무역과 금융거래는 국가의 관리 능력 밖에 놓여 있는 듯하다. 국가들 간의 정치공간은 우주공간과 사이버공간, 그리고 마음의 공간으로 확대되었고, 인간을 넘어선 인공지능의 역할마저 논의되고 있는 상황이다.

"국제"와 "정치"의 현실적, 학문적 의미가 단순한 이론화 작업을 넘어선 상황에서 국제정치이론의 성립불가능성, 혹은 국제정치이론의 종언이 논의되기도 한다. 과거와 같이 하나의 거대패러다임이 모든 국제정치현상을 설명하거나 몇 개 패러다임의 논쟁으로 국제정치의 주된 논점이 파악되지 않기 때문이다. 이러한 현상은 한마디로 복잡성이라고 할 수 있다. 인간이 인식하고 하는 대상이 인간의 인식능력, 특히 이성으로 파악될 수 있다는 낙관론우 서구 근대 이후의 흐름이기는 하지만, 대상의 복잡성이 지극히 깊어

질 경우 복잡함을 파악할 수 있는 이론 역시 단순할 수는 없다. 복잡성의 패턴을 파악 가능한 형태로 바꾸어 인지하고, 복잡성을 이루는 요소들을 주체의 노력으로 합쳐 나가는 복합을 향한 노력이 필요하게 된다.

21세기 국제정치학에서 복잡성과 복합성을 요구하는 질문들은 매우 많지만 추려보면 다음과 같다. 서구 주류이론은 지구상의 각 지역에서 벌어지는 국제정치현상을 일관되게 설명하기에 충분한가; 일관된 설명을 위한 간결성의 미덕이 복잡성을 충실하게 파악하고자 하는 설명의 풍부성보다 더 낫다고 할 수 있는가; 비서구 지역의 역사와 상황을 내적으로 이해하기 위해 어떠한 개념과 이론, 방법론이 필요한가; 21세기의 시기는 거시적 관점에서 어디에서 어디로 이행하고 있는가; 미래에서 다가오는 큰 변화들, 예를 들어 제4차 산업혁명이라고 불리는 기술혁명의 영향력은 국제정치의 본질을 어떻게 바꾸어 놓을 것인가; 이러한 복잡성의 국제정치 현실을 어떠한 존재론과 인식론, 규범론의 메타이론적 요소들로 파악하여 복합의 이론을 이루어낼 것인가 등이다.

『세계정치』의 이번 호에서는 현재 국제정치현상이 단순화의 미덕보다는 복잡성의 현실에 충실하는 것이 더 중요하다고 보고 당장 해답은 없지만 국제정치의 이론화에 필요한 논제들을 제시하는 데 목적을 두고 있다. 특히 기존의 주류 국제정치학 이론이 좁게는 동아시아 넓게는 비서구의 국제정치현실을 설명하는 데 이론적 한계가 있다는 점을 지적하고, 대안을 모색한다. 또한 20세기 냉전기에 정립된 국제정치학 인식의 한계를 지적하면서 앞으로 다가올 변화들에 대비하는 이론적 작업의 기초를 어떻게 놓을 것인가 고민한다. 이를 위해서는 동아시아라는 영역을 어떠한 개념으로 파악할 것인가, 비서구의 식민지 경험을 어떻게 인식하여 넘어설 것인가, 변화하고 있는 21세기 안보의 특성을 어떻게 이론화할 것인가, 다가오는 미래의 조류들을 과거의 오류 없이 어떻게 준비할 것인가 등의 질문을 물어야 한다.

　　제1장 "체제, 관계, 복잡성/복합성, 삼각관계— 지역의 이론과 실천"에서 신욱희는 21세기 국제정치의 특성으로 대두한 지역 차원의 국제정치를 이론화하기 위한 논의의 방향을 제시한다. 기존의 서구 주류이론이 지역 차원의 이론과 실천의 복잡성을 포괄하지 못한다는 인식에 기초하여 체제, 관계, 복잡성/복합성, 그리고 삼각관계에 대한 다양한 사회이론적 논의와 기존의 국제정치이론, 외교정책론을 연결시키는 작업을 시도한다. 분석적인 측면에서 복잡성을 감축하는 하나의 방식으로 적응적 주체의 수를 줄이는 연구 사례를 시도하는데, '가장 단순한 복잡계'라고 할 수 있는 삼각관계의 체제 연구를 제시한다. 이를 통해 미시와 거시, 주체와 구조의 양분법 내지는 단순한 상호구성의 논리를 극복할 수 있는 단초를 발견하고자 하며 루만의 체계이론에서 향후 이론화의 단초를 본다.

　　제2장 "국제정치와 시스템이론— 동아시아 국제정치이론에 대한 메타이론적 고찰"에서 민병원은 동아시아 국제정치이론을 향한 노력의 일환으로서 동아시아를 하나의 '정치적 단위체'로 볼 수 있는지, 그렇다면 이론적으로 어떤 점들에 유의해야 하는지를 묻는다. 그리고 시스템이라는 개념이 동아시아의 상대적 위상과 더불어 타 지역과의 호환성 있는 비교에 적합한 도구라는 인식을 제

시한다고 본다. 동아시아 지역은 하나의 '시스템'이기는 하지만 그 자체로서 완전한 독립 단위체라고 볼 수 없으며, 외부의 '환경'과 구분되며, 양자 사이에는 '경계'가 존재한다고 본다. 루만의 사회학이론을 원용하여 동아시아는 외부 환경 속에서 반복적인 상호작용과 정체성 공유를 통해 형성된 하나의 '시스템'이라고 이론화한다. '시스템'은 환경 속에서 나타나는 일정한 규칙성으로 규정할 수 있는 부분집합이며, 무수히 많은 가능성 중에서 구체적으로 구현된 일종의 질서인데, 열린, 자기조직화하는 시스템으로서 동아시아를 이론화하고 있다.

　제3장 "동북아의 불완전한 주권국가들과 복합적 무정부상태"에서 전재성은 비서구, 특히 동아시아 국제정치의 복잡성을 국가 단위의 특성에서 살펴본다. 서구 주류이론은 국제법적 주권, 영토, 국민의 차원에서 온전한 주권국가를 상정하고, 이들 국가를 묶는 조직원리로 무정부상태를 상정하고 있다. 이를 기초로 국가들 간의 세력균형, 안보딜레마, 협력, 동맹, 세력전이 등 국제정치의 다양한 현상을 설명하고 있다. 그러나 비서구 지역에서 근대국가가 형성되는 과정은 지배와 왜곡으로 점철되어 왔으며, 주권의 성립은 불완전한 상황에서 고착되었다. 동북아의 경우 두 개의 한국, 두 개의 중국, 그리고 비보통국가인 일본을 중심으로 미국과 러시아가 각축을 벌이고 있다. 만약 불완전한 주권이 세계정치 전체의 차원에서 고착되어 있고, 주권의 불완전성이 서구의 완전한 주권 체제와 유기적 결합 속에 있는 것이라면 단선적 주권 완성을 기대하기는 어렵다. 이러한 점에서 유럽 질서와 다수의 3세계 조직원리가 전체적으로 합쳐져서 지구 전체의 국제정치를 창출해 나가고

있는 복잡성을 이론화할 필요가 있다. 이 장에서는 서구 주류이론을 참고하면서 비서구 국제정치를 이루는 새로운 개념들로는 불완전 주권국가, 복합적 무정부상태를 제시한다. 경험적 연구로는 동북아의 불완전 주권국가들이 상호 승인되는 과정에서 나타나는 불완전 주권국가의 행위적 특성을 살펴본다.

　제4장 ""상시적 망각"과 "적극적 기억"의 국제정치학"에서 은용수는 푸코(Foucault)의 1969년 저서 『지식의 고고학(Archeoalogy of Knowledge)』에서 말하는 '담론'의 정치성에 대한 이해와 신시아 엔로(Cynthia Enloe), 쉬라 엘-말릭(Shiera S. el-Malik) 등의 페미니스트 국제정치학 이론가들이 설파하는 '적극적 기억(active remembering)'을 결합하여 비주류 국제정치학이론으로 위치 지워진 탈식민주의 이론을 제시, 분석한다. 이를 통해 복잡한 이론적 층위와 인식적 함의를 체계적으로 분석하는 시도를 하며, 주류이론의 편협성과 패권성이 갖는 인식적, 실천적 문제를 환기시키고 있다. 기존의 폐쇄적이고 정형화된 담론 속에서 '상시적'으로 망각되는 비주류 이론을 '적극적'으로 기억함으로써 새로운 대안을 인식과 실천의 장으로 복귀해 내고자 하는 시도로 볼 수 있다. 경험적 연구 대상으로 한국의 대북 정책과 북한 문제를 분석하고, "역사맥락적 이해" 및 "복수보편성"과 '다원주의'를 지향하는 탈식민주의의 시각을 강조한다.

　제5장 "국제안보 개념의 21세기적 변용— 안보 '과잉'으로부터 안보불안과 일본의 안보국가화"는 21세기 변화하는 안보 개념을 천착한 글로, 조은정은 현재의 안보인식이 단순하지 않고 복잡함을 강조한다. 안보의 '결핍'이 아니라 오히려 제어되지 않는 안

보의 '과잉'으로부터 동아시아의 안보불안이 야기되는 상황에 주목하면서 일본의 안보국가화를 사례로 분석하고 있다. 탈냉전기적과 동지의 경계가 불분명해진 가운데 지금까지 외부로 향했던 방어 기제들이 내부로 향하면서 심지어 기존의 질서를 스스로 깨고 있는 모순적인 행태가 안보문제의 기저를 이루고 있다. 적과 동지의 이분법이 공동체를 가르고, 외적을 물리치기 위해 개발된 국가의 역량이 오히려 내적(內敵) 색출에 집중되면서 자학적인 폭력의 강도와 범위가 예상을 넘게 되는 것이다. 면역학의 신경성 폭력 모델을 원용하여 분석하고 있는 일본의 안보국가화는 안보과잉, 현상변경으로 이어지며, 결국 동아시아 안보 시스템에 총체적 과부하를 야기하고 있다고 본다.

제6장 "신체 없는 종(種)의 등장과 국제정치학— 존재의 현시와 항목화"는 포스트휴머니즘 시대에 인간 이외의 자율체, 즉 신체 없는 종의 의미를 분석한다. 국제정치의 주요 행위자로 등장하고 있는 인공지능, 움직이는 로봇, 자율형 무기, 디지털 시스템을 어떠한 존재로 파악하는가 하는 것은 비단 인식의 문제일 뿐 아니라 권력을 위시한 규범의 문제이기도 하다. 이러한 신체 없는 종의 존재들을 기존의 인간, 국가, 사회 등과 병렬적으로 세운 물리적 주체로 대상화하는 것은 현실적 계기로 드러난 사건의 본질을 오해하는 것이며, 기존의 국제정치의 항목들과 내적 연관을 어떻게 형성하는 지에 대한 성찰과 토론이 시급하다는 것이 본 장의 주된 논지이다. 화이트헤드와 바디우의 존재론이 주는 함의에 주목하여 다자의 일자화, 개체의 합생을 다루면서 앞으로 국제정치학은 신체 없는 종뿐 아니라 도래할 미지의 것들을 위해서 열려 있는

항목화를 지향해야 한다고 본다. 인간이 신체 없는 종과 맺어야 하는 내적 연관과 작용은 비단 인식론적 도전이 아니라 이익과 윤리, 자율성과 환경을 매개하는 개입에 나타나는 규범적 도전이기도 하다. 국제정치학의 복잡성을 이론화하기 위해서는 신체 없는 종을 넘어 국제정치학의 모든 항목을 연관시키는 작용에 대한 것을 이론화해야 하는 것이다.

본서는 한국연구재단의 한국사회과학연구지원사업(SSK) 지원하에 이루어졌다(이 저서는 2015년 대한민국 교육부와 한국연구재단의 지원을 받아 수행된 연구임, NRF-2015S1A3A-2046903). 서울대학교 국제문제연구소에 소속된 본 중형사업단은 "복합조직원리론과 동아시아 지역질서: 이론 개발과 실천 전략"의 주제를 연구해 오고 있는 바, 본서의 연구목적은 사업단의 주제와 긴밀하게 연관되어 있다.

전재성

차례

세부 차례

제1장

체제, 관계, 복잡성/복합성, 삼각관계
― 지역의 이론과 실천

System, Relations, Complexity/Compound, Triangular
Relationship
— Theory and Practice of Region

신욱희 | 서울대학교 정치외교학부 교수

* 이 논문에 관련된 관계사회학과 루만(Luhmann)의 문헌을 소개해 주신 한신갑, 이용욱, 김
주형 교수님께 감사드린다.

지역에 대한 관심이 증대되고 있는 지금, 한국의 학계가 이에 대한 이론과 실천의 탐구에 있어 어느 정도 노력을 기울이고 있는가는 분명하지 않다. 이 글은 이러한 반성에서 출발하여 동아시아 혹은 동북아시아의 지역적 수준의 체제를 상정하고, 이와 대한 개념적 검토와 그를 통한 한국의 국가전략 모색을 위한 시론적 고찰을 그 목표로 한다. 이는 체제, 관계, 복잡성/복합성, 그리고 삼각관계에 대한 다양한 사회이론적 논의와 기존의 국제정치이론, 외교정책론을 연결시키는 방식으로 진행될 것이다. 이론적으로 볼 때 이러한 논의는 우리로 하여금 설명이론과 규범이론, 그리고 비판이론의 결합 가능성을 검토하게끔 하고 있다. 관계에 대한 고찰은 또한 기존 국제정치학의 분석수준 내지는 존재론적 논쟁에 보완적인 이론적, 실천적 논의를 제공한다. 즉 거시와 미시, 주체와 구조의 양분법 내지는 단순한 상호구성의 논리를 극복할 수 있는 단초를 발견할 수 있는 것이다. 그 하나의 예로 지역체제의 형성에 대한 개념적/경험적 검토, 그리고 이와 연관된 규범적 지향성과 전략적 모색의 논의를 통합시키는 것이 가능하다고 볼 수 있다. 실천적으로 본다면 이는 동아시아/동북아 지역체제를 한중일 삼각관계를 중심으로 분석하면서, 세 국가가 공유하는 규칙을 생각해 보고 그와 관련된 한국의 역할을 가늠하는 것을 의미한다. 이는 비대칭적 권력 구조에서 No. 3의 행위자가 사회적 체제의 구성 과정에서 어떻게 효과적으로 규범과 전략을 연결시킬 수 있는가의 문제에 해당하는 것이다.

I t is not clear how much attention Korean scholars have paid to the theory and practice of 'region,' which is a frequently discussed subject these days. Starting from this reflection, this paper assumes the regional-level system in East or Northeast Asia, carries a conceptual review of it.

and attempts to deliberate Korea's national strategy through the review. The project tries to combine social theories dealing with the concepts of system, relations, complexity, and triangular relationship with the existing international relations theories and foreign policy analyses. Theoretically speaking, this kind of work makes us to think about the possibility to connect explanatory theories to normative and critical theories. Consideration of 'relations' also provides us with the ground to complement existing level-of-analysis and ontological debates in international relations. In other words, it helps us to overcome the dichotomy between micro and macro, or between agent and structure, and the simple logic of co-constitution. As an example, we can think about the ways in which we integrate conceptual/empirical analyses with normative orientation and strategic pursuit in the matter of regional system formation. Practically speaking, it means the inquiry of the East Asian/Northeast Asian regional system based on the triangular relationship among China, Japan, and Korea, the investigation of the rules that three countries can share, and the search for Korea's role on them. This connotes the pending question for No. 3 actor to effectively link norm and strategy in the process of social system building.

KEYWORDS 체제 system, 관계 relations, 복삽성 complexity, 복합성 compound, 삼각관계 triangular relationship, 지역 region

I 서론

21세기 세계정치의 특성을 설명하는 개념 중의 하나는 '아시아의 세기'라는 용어이다. 이는 '중국의 부상'이 거론되고, 미국 행정부가 아시아로의 '재균형' 정책을 표방하면서 구체적인 학문적, 실천적 관심의 대상이 되었다.[1] 분석수준의 문제에 있어서 이는 세계/국제 수준과 국가 수준 사이의 '지역' 수준의 중요성 증대를 의미한다.[2] 따라서 이론적 논의에 있어서도 세계/국제정치와 개별 국가의 정치 사이에 놓여있는 지역정치의 문제가, 그리고 정책적 고려에 있어서도 글로벌 다자와 양자 사이에 존재하는 지역정책의 의미가 부각되고 있다고 할 수 있다.

이와 같은 전환의 시기에 한국의 학계나 정책결정 집단이 이른바 '지역의 이론과 실천'에 대해 충분한 고민을 하고 있는지는 분명하지 않다. 자기중심적인 이론의 전개와 적극적인 광역 아시아 정책을 표방하고 있는 중국과,[3] 민간수준의 아시아 공동체 논의의 지속성에도 불구하고 미국과의 양자동맹에 치우치면서 아시아/태평양을 주된 협력의 장으로 삼고 있는 일본에 비해,[4] 우리나

---

1 필니(Pilny)는 "지중해는 과거의 바다이고, 대서양은 현재의 바다이며, 태평양은 미래의 바다이다"라는 20세기 초반 헤이(Hay)의 말을 인용하면서, 21세기는 중국이 세계의 초강대국 역할을 맡는 복잡하고 다극화된 세기가 될 것이라고 예견하였다(카를 필니 2006, 5, 357). 마부바니(Mahbubani)도 서구의 부상이 세계를 전환시켰듯이 아시아의 부상도 유사하게 세계의 의미 있는 전환을 가져올 것이라고 주장한다(Mahbubani 2008, 1).
2 이용희는 자신의 저작에서 이를 '권역'이라는 용어로 묘사하고, 그 역사적 유형으로 기독교권, 유교권, 이슬람교권을 구분한 바 있다(이용희 1962, ch. 2).
3 대표적인 학문적 작업으로 자오팅양(2010), Yan(2011)을 볼 것. 근래의 아시아 인프라투자은행(AIIB)이나 일대일로의 정책이 그 예라고 할 수 있다.

라의 학문적, 실천적 논의에서 뚜렷한 지역적 범주의 이론이나 정책의 윤곽은 아직 보이지 않는 것이 사실이다. 이 글은 이러한 반성에서 출발하여 동아시아 혹은 동북아시아의 지역적 수준의 체제를 상정하고, 이와 대한 개념적 검토와 그를 통한 한국의 국가전략 모색을 위한 시론적 고찰을 하고자 한다. 이는 체제, 관계, 복잡성/복합성, 그리고 삼각관계에 대한 다양한 사회이론적 논의와 기존의 국제정치이론, 외교정책론을 연결시키는 방식으로 진행될 것이다.

II 체제와 관계

왜 다시 체제이론인가?[5] 카플란(Kaplan)이 1968년 "체제이론과 정치과학"이라는 논문을 집필한 이후, 이 이론은 정치과정론과 국제정치학에서 광범위하게 사용되어 왔다. 정작 카플란은 자신의 논문을 '체제이론'이란 이론이 아닌 '개념의 집합'이라는 말로 시작하고 있다. 그는 다음과 같이 말한다.

---

4   진보적 학자들의 저작으로 강상중(2002), 와다 하루키(2004)를 볼 것. 2016년 11월 미국 대선의 결과에 따라 유동적으로 변한 환태평양경제동반자협정(TPP)이 전형적인 예라 할 것이다.

5   먼저 지적되어야 할 문제는 체제와 체계의 혼용의 문제이다. 둘 다 'system'의 번역어임에도 불구하고 두 단어는 상대적으로 다른 느낌을 주고 있다. 체제가 상대적으로 제도적, 규범적인 의미로 사용되는 것에 반해, 체계는 기능적, 설명적인 것으로 이해되는 경우가 많다. 하지만 여기에서는 다른 용례에서처럼 이를 엄격하게 구별하지 않고 두 단어를 함께 사용하게 될 것이다.

(뇌과학자인) 애쉬비(Ashby)에 따르면, 하나의 체계는 그들이 어떠한 상호의존성을 갖는가와 상관 없이 선택된 혹은 추상화된 일련의 변수의 집합으로 이루어진다. 정치적 체제이론은 통상적으로 '체계'를 좀 더 제한된 의미에서 정의하고 있다. 하나의 체계는 그들 각각이 체계 내에서 최소한 다른 하나의 변수와 상호의존적인 변수의 집합으로 구성된다. 그리고 체계는 자신의 환경과 구분되고 있다. 체계의 경계를 가로지르는 상호교환은 투입과 산출과 지칭된다. 조직과 체계의 특징적인 행태의 변화를 가져오는 투입은 단계적 기능으로 불린다. … 체계들은 모두 균형상태(equilibrium)를 갖고 있다. 균형의 문제에 대한 관심이 체제이론이 균형의 바람직하다거나 항상 균형이 존재한다고 본다는 것을 의미하지는 않는다(Kaplan 1968, 32).

카플란은 체제이론의 검증이 국제체제의 사례를 통해 잘 이행될 수 있다고 지적하고 있지만, 한편으로는 체계분석의 중요한 부분 중의 하나가 가치와 행동 혹은 가치와 특징적 행태 사이의 관계에 관련된 것이라고 주장하면서 특정한 형태의 해결을 목표로 하는 사회체계(social system)에 관해서도 이야기한다.

주지하는 것처럼 국제정치학의 대표적 체제이론은 월츠(Waltz)의 신현실주의 이론인데, 이는 카플란이 언급한 체제의 거시적 구조를 다루는 이론이라고 할 수 있다. 월츠는 국제정치를 설명할 수 있는 '개략적' 이론의 틀로서 연역적 모델을 구축하고자 하는 목적 아래서, 동질적이고 영속적인 존재로서 국가(단위)를 전제한 후, 이러한 국가들의 능력의 분포에 의한 구조를 상정하고, 이러한 구조가 국가의 행위를 규제한다는 체제이론을 제시하였다.[6] 이에 비해서 영국학파의 불(Bull)은 둘 이상의 국가가 충분한 접촉을 갖고 서로가 다른 쪽의 결정에 영향을 미치게 되어 어느 정도는 그들의 하나의 부분으로 행동하게 될 경우에 국제체제가 형성된다고 보고, 다른 한편으로 한 집단의 국가가 공통의 이익이나 가치를 인식하여 그들이 서로 간에 공통의 규칙의 대상이 되고 있다는 것을 인정하고 공통의 제도의 운영에 협력할 경우에는 국가 간의 사회체제, 즉 국제사회가 형성된다고 보았다.[7]

이 논문은 지역체제의 이론을 논의함에 있어 사회적 측면에 대한 고려와 더불어 신현실주의 이론이 보여 주는 역사적 고찰의 상대적 부족에 대한 지적에서 출발하고자 한다. 이러한 한계는 아래와 같이 묘사되었다.

홉슨(Hobson)은 국제정치학의 기존 이론들이 역사물신주의와 변화단선주의의 문제점을 안고 있다고 분석한다. 여기서 역사물신주의는 몰역사주의의 한 종류로서 현재가 자율적이고, 자연적이고, 자발적이고, 변화하지 않는 체계라고 생각하는 일련의 그릇된 가정이다. 현재가 자족적이고 영원하다는 가정 때문에 권력, 정체성, 사회적 배제, 규범 등이 지속적으로 만들어내는 변화의 과정으로 현재를 보지 못하는 사고체계이다. 반면 변화단선주의는 모든 국제체제가 동등하고 동형적이며, 역사적으로 물신화된 현재의 일정하고 규칙적인 속

---

6   Waltz(1979)를 참조할 것. 물질적 측면의 구조에 치중한다는 지적 이외에도 웬트 (Wendt)는 구조적 현실주의의 이러한 설명에서 체제적 속성이 궁극적으로 단위 차원으로 환원되고 있다고 비판하였다. Wendt(1987)를 볼 것.

7   Bull(1977)을 참조할 것. 국제사회론을 동아시아 지역정치에 원용한 연구로는 서울대학교 국제문제연구소(2008)를 볼 것.

도에 따라 특징 지워진다고 상정한다. 그 결과 역설적으로 현재의 국제체제를 이루는 가장 근본적인 구성적 측면들을 제대로 보지 못하게 되는 결과를 낳는다(Hobden and Hobson 2002, 전재성 2011, 41에서 재인용).

전재성은 신현실주의가 무정부상태를 국제체제의 기본적인 조직원리로 제시하면서 다른 지역의 차별적 조직원리의 존재에 대한 고찰 자체를 불가능하게 만들고 있다고 본다.

3세계의 지역질서에서 복수의 조직원리가 중첩적으로 존재하는 양상에 대한 신현실주의의 무관심은 재론의 여지가 없다. 국제정치의 현실을 조직원리로 추상한 것은 의미 있는 일이다. 그러나 비서구의 현실이 하나의 조직원리로 설명되지 않는다는 점에 무관심하다는 것을 고려하면 보편국제정치학으로 불리기는 부족한 점이 있다(전재성, 2011, 46).[8]

중요한 점은 이와 같은 사회적, 역사적, 그리고 비교적 측면을 포괄하면서도 분석적인 명료성을 유지하는 대안적인 틀을 모색하는 점이라 할 수 있으며, 이 연구는 그를 체계와 관계에 대한 사회이론에서 찾고자 한다. 고전적 체계이론가인 파슨스(Parsons)

---

8   이른바 '사대교린'의 틀은 근대 이전의 동아시아/동북아에서 복수의 조직원리가 존재하였던 것을 잘 보여 주고 있다. 조선에게 있어 사대는 상하관계를 전제로 하는 중국과의 관계의 틀이었고, 교린은 대등한 관계를 전제로 하는 일본과의 관계의 틀이었던 것이다. 강동국(2015)을 참조할 것.

는 개별 단위의 행위(unit action)는 전적으로 실재의 창발적 성격 (emergent property)이라는 전제에서 출발한다고 보면서, 차별적인 조건에 따른 행위 체계의 유형을 구분한 바 있다. 즉 수단을 지칭하는 '도구적', 목적 달성을 지칭하는 '충족적'이라는 행위 요소로 구분되는 수평축과, 외부 관련성에 해당하는 '외재적', 내부의 구조적 사실에 해당하는 '내재적'인 체계의 특성으로 구분되는 수직축에 따른 네 유형이 제시되는 것이다. 여기서 파슨스는 도구적/외재적 결합의 형태를 '적응', 충족적/외재적 결합의 형태를 '목표 달성', 도구적/내재적 결합의 형태를 '잠재적 유형의 유지', 그리고 마지막의 충족적/내재적 결합 형태를 '통합'이라고 부르고 있는데,[9] 이러한 구분은 지역체제의 사례에서도 적용 가능한 것으로 생각된다.[10]

이는 카플란이 언급한 체제와 환경의 구분과 관련되고 있다. 루만은 '체계는 바로 자신과 환경과의 차이가 존재한다는 사실에서 출발한다'는 명제로 이 부분을 설명하는데, 이와 같은 특수한 기능을 담당하는 특정한 체계의 분화(differentiation) 문제는 루만 체계이론의 핵심적 요인으로 언급되고 있다.[11] 따라서 우리가 단순

9   루만(2014) 제1장을 볼 것. 루만은 구조기능주의자로 지칭되는 파슨스의 이론이 상당히 역사적이고 진화적인 개방성을 갖고 있다고 본다. '사회'를 다루는 파슨스의 저서 중 하나는 그 부제가 '진화적, 비교적 시각'으로 되어 있으며, 구성요소의 상호관계를 통한 사회 형성에 대한 역사적 연구를 수행하고 있다. Parsons(1966)를 볼 것.
10   '지역'과 '체제'를 연결한 초기의 국제정치학 연구로 Russett(1967)을 볼 것. 하지만 그는 기본적으로 이를 국제연합에서의 투표와 통상의 유형 분석을 위한 양적 연구의 틀로 사용하였다.
11   루만(2014) 제2장을 참조할 것. 일부 학자들은 루만의 '세계사회'의 논의가 국제 정치이론에 갖는 의미를 탐구하였다. Albert and Hikermeier(2014)를 볼 것.

한 지리적 구분을 넘어서서 아시아/태평양, 혹은 극동과 구별되는 동아시아/동북아 지역체제의 특성을 논의하는 것이 가능해지며, 이 경우 미국이나 러시아의 정책 변수는 체제적 요인이라기보다는 환경적 요인에 해당한다고 할 수 있는 것이다.

또 하나의 쟁점은 체제이론이 다루는 균형 내지는 안정성 (stability)의 개념에 대한 것이다. 루만은 기존의 체계이론의 주장 과는 달리 고도의 통합이 갈등을 의미할 수도 있으며, 오히려 느 슨한 결합에 기초하고 한 요소가 다른 요소에 작용을 미치지 못하 도록 할 때 체계가 안정성을 가질 수도 있다고 주장한다.[12] 조금 다 른 맥락에서 국제정치학자인 저비스(Jervis)는 체제적 영향(system effects)을 다루는 자신의 저서에서 기존 주류 국제정치이론의 안 정성 개념의 문제를 지적하고, '하나의 체제의 다른 체제로의 이 행의 상대적 용이함'이 안정성의 기준이 될 수도 있다고 이야기한 다(Jervis 1997, 97). 이에 따르면 개디스(Gaddis)가 말하는 '긴 평 화'를 가능케 한 글로벌 냉전체제나 캘더(Calder)가 서술하는 정 치경제적 협력체로서 아시아/태평양의 샌프란시스코 체제는 오히 려 안정적이 아니라 경직된 체제였다고 볼 수도 있다(Gaddis1987; Calder 2004).

루만이 사회체계의 분화와 작동에 있어 강조하는 요소는 '언 제나 동일하고 또한 연결 가능성이 있는 하나의 작동' 즉 '소통

---

12 이에 따르면 합의와 갈등, 협력과 경쟁이 공존하는 것이 국제체제의 통상적인 모 습이며, 이는 '연성 다자주의'의 형태로 관리되는 것이 보다 적절하다는 주장이 가능할 것이다(루만 2014, 457).

(communication)'의 존재이다(루만 2014, 102).[13] 이러한 부분은 사회적 구조의 '과정적 시각'을 강조하는 이른바 관계사회학 이론가들의 주장과 연결된다. 애봇(Abbott)은 '어떠한 경우에 사회적 존재가 등장하거나 소멸하는가'의 문제를 다루면서, '사회적 존재는 사회적 행위자가 특정한 방식에 의해 사회적 경계에 함께 연결될 때 생겨난다'고 보고 있다(Abbott 1995, 859-860).[14] 즉 그는 '사물의 경계(boundaries of things)'가 아닌 '경계의 실재성(things of boundaries)'에 대한 탐구가 중요하다고 강조하는 것이다. 크라토크빌(Kratochwil)은 이러한 방식으로 유럽국가체제의 등장과 현대 세계체제의 특성을 설명한다.[15] 그 역시 '경계'의 개념을 중시하면서, 국가체계에서 갈등 관리의 두 가지 기술로서 경계의 위치 이동과 경계의 기능 조정의 전략을 들고 있다. 이는 체제와 환경의 지속적인 조정에 대한 루만의 문제의식과 연결되는데, 크라토크빌은 그것에 의해 국가들이 영토적 주권의 배타적인 속성을 변형시키고, 그에 따라 그들의 관계를 관리하는 '다양한 형태들'을 강조하였다.

이와 같은 관계의 존재론적 의미와 체계의 창발적 속성에 대

---

13   루만의 '매체'의 역할과 '기대 개념을 통한 구조'의 논의는 이용희의 저작에서 '전파'와 그를 통한 '의미권'의 형성이라는 방식으로 설명되고 있다. 이용희(1962)를 참조할 것.
14   사회적 구조에 관한 초기 논의를 위해서는 Wellman and Berkowitz(1988)를 참조할 것. 네트워크 이론을 국제정치학에 적용한 대표적 작업으로는 Kahler(2009)를 볼 것.
15   Kratochwil(1986)을 볼 것. 홉슨의 역사사회학적 연구도 유사한 맥락에서 '구성적' 국가와 세계정치에 대한 구소화이론을 제시하고 있다. Hobson(2000)을 참조할 것.

한 지적은 이머베이어(Emirbayer)의 저작에서도 나타나고 있다. 그는 "관계적인 연결이 없는 요소, 혹은 요소가 없는 관계란 없다"라는 루만의 말을 인용하면서 아래와 같이 말한다.

교류적 접근(transactional approach)의 특징은 이 접근법이 조건, 혹은 단위 사이의 관계를 그 속성에 있어 부동의 개체 사이의 정적 연계가 아닌 현저하게 역동적이고 지속적으로 전개되는 과정으로 간주한다는 점이다(Emirbayer 1997, 288-289).

그는 이 교류적 관점의 의미는 '거시'에서 '미시'로의 연결선상에 있어 차별적이고 독자적인 탐구 수준의 재개념화를 유도한다는 점에 있다고 보고 있다(Emirbayer 1997, 294).

잭슨(Jackson)과 넥슨(Nexon)은 자신들의 논문에서 이머베이어의 사회적 존재에 대한 실질주의(substantialism)와 관계주의(relationalism)의 두 입장을 소개하고, 양자가 모두 의미는 있으나 세계정치의 변화를 설명하는 데 있어서는 후자의 과정과 관계의 이론이 좀 더 적실성을 갖는다는 주장을 피력하였다(Jackson and Nexon 1999). 관계와 과정에 대한 강조는 또한 일부 중국학자들의 저작에서 나타나기도 하는데, 진야칭의 '관계적 거버넌스(relational governance)'에 대한 논의가 그 대표적이라고 할 수 있다.[16] 또한 한신갑은 관계사회학의 이론들을 남북한 관계에 적용하

---

16 진야칭은 관계적 거버넌스를 "구성원들이 사회적 규범과 인간적인 도덕성에 대한 공유된 이해를 바탕으로 형성되는 상호신뢰를 갖고 상호적이고 협력적인 방식으로 행동하도록 하는 질서를 창출하기 위해 공동체 내의 복잡한 관계들을 관리

려는 노력을 보여 준다(한신갑 2013). 이러한 관계이론의 원용은 그 동안 주체-구조의 문제에 대해 양자 사이의 상호구성이라는 다소 막연한 답이 주어졌던 국제정치학의 이론적 답보 상태를 해결할 수 있는 방법을 제공하고 있다. 즉 '관계의 형성과 전환'이라는 매개를 통해 주체성의 여지와 실천 가능성의 탐색이 가능해지는 것이다.

웬트의 구성주의가 다시 단위 수준에서는 구조주의로 환원하고 있다고 비판하는 와이트(Wight)는 상대적으로 주체의 존재론적 위상에 대한 재고의 필요성을 제기한다(Wight 2006). 그는 또한 현재의 국제정치이론의 분열상을 검토하면서 아래와 같이 실천의 중요성을 지적하고 있다.

통합적 다원주의의 궁극적인 검증은 실천에 있다. 하지만 이 실천은 우리가 그것의 문제, 가능성, 그리고 현실성에 대한 어느 정도의 감각을 갖지 않는다면 시작할 수도 없는 성격의 것이다. 복잡하게 조직화된 체제에 대한 정교한 해결책은 존재하지 않지만, 그들의 연구를 위한 하나의 방법이란 없다. 이 상황은 분명 '어떤 것도 좋아 (anything goes)'는 아니지만, 우리는 그것을 시도해 보기 전에는 '좋은지 그렇지 않은지'를 이야기할 수 없는 것이다. 그리고 우리에게 그것을 어떻게 하라든지, 언제 우리가 결실을 맺을 수 있는지를 사전

하는 사회정치적인 협약들을 협의해 나가는 하나의 과정"이라고 설명한다(Qin 2011, 133). 문제는 유교에 바탕을 둔 이와 같은 규범적 견해가 경우에 따라서는 중국 중심의 전통적 세계질서관과 연결될 수 있다는 점일 것이다.

에 알려주는 규칙이란 없는 것이다(Wight 2016).[17]

처노프(Chernoff) 역시 비슷한 맥락에서 메타이론에 대한 논쟁이 갖는 실천적인 의미와, 국제정치이론에 대한 과학적 탐구를 외교정책에 연결시킬 수 있는 방법을 모색하고 있다고 하겠다.[18]

III 복잡성/복합성

여기에서는 위에서 언급된 관계적 특성을 어떻게 분석적으로 설명해 낼 것인가, 그리고 그러한 이론적 논의를 어떠한 방식으로 실천의 영역과 연결시킬 것인가의 문제를 다루고자 한다. 이는 복잡계 이론의 활용과 '복잡'과 '복합'의 구별을 통해서 시도될 것이다. 복잡성의 개념과 복잡계 이론은 체제이론과 마찬가지로 자연과학의 논의에서 나온 것이다. 홀랜드(Holland)는 복잡성에 대한 자신의 개론적 문헌을 "한때 많은 상호 연결된 부분을 가진 물체를 묘사하는 통상적인 명사였던 복잡성은 이제 많은 분과를 가진 하나의 과학적 영역을 지칭하게 되었다"라는 문장으로 시작하고 있다

---

17   규범적 논의가 정책적 의미와 설득력을 가지려면 결국 그러한 방향으로의 실천이 장기적인 이익을 가져올 것이라는 점에 대한 공동의 이해가 필요한데, 이러한 점에서 설명이론의 기여가 요구되는 것이라고 할 수 있다.

18   처노프는 실제적인 정책 문제에 대한 논의를 통해 각 이론이 갖는 국제관계의 원리와 철학적 주장에 대한 비교가 가능하며, 실증주의와 행태주의가 그러하듯이 탈실증주의, 구성주의, 성찰주의, 그리고 탈근대 이론들 역시 정책결정자들에게 의미 있는 지표 제시가 가능하다고 주장한다. Chernoff(2005), Chernoff(2007)를 참조할 것.

(Holland 2014, 1). 민병원은 메타이론으로서 약점에도 불구하고 복잡계 이론이 기존의 국제정치이론에 대한 보완적 틀이 될 수 있다고 보면서, 아래와 같이 지적한다.

기존의 냉전적 사고방식과 결정주의적 패러다임이 설명해 낼 수 없는 격변의 현상들을 이해하기 위해서는 무언가 새로운 설명이 필요한데, 복잡계이론은 이러한 취지에 잘 부합되는 훌륭한 대안이라고 할 수 있다. 국제정치라는 거대한 '시스템' 속에서 일어나는 비선형 관계들, 그리고 상식을 초월하는 복잡한 변화와 예측을 불허하는 격변의 모습들이야 말로 복잡계이론에서 다루는 주요한 관심 대상이기 때문이다(민병원 2005, 35).[19]

홀랜드는 복잡계의 유형을 복잡물질체계(complex physical system)와 복잡적응체계(complex adaptive system)로 구분했는데, 이 논문이 다루고 있는 지역체제는 후자에 속한다고 할 것이다. 홀랜드는 복잡적응체제의 특성을 다음과 같이 설명하고 있다.

복잡적응체계에서 요소들은 적응적인 주체(adaptive agents)들이며, 주체들이 적응을 하게 되면 요소들 자체가 변화하게 된다. 그와 같은 체계의 분석은 훨씬 더 어려워진다. 특히 적응적인 주체들 사이의 변화하는 상호작용은 단순하게 부가적인 것은 아닌 것이다. 이

---

19 그 효용성에 대해서는 논쟁의 여지가 있으나 웬트의 양자이론에 의한 새로운 존재론의 논의도 이와 같은 보완적 노력으로 볼 수 있을 것이다. Wendt(2015)를 참조할 것.

러한 비선형성은 대부분의 경우에서 편미분방정식의 사용을 배제시킨다. 사회과학과 같은 복잡적응체제를 포함하는 대부분의 분야에서는 주체들의 상호작용에 대한 분석(analyzing)은 물론이고 기술(describing)의 표준적인 도구도 없기 때문에 어려움은 배가되는 것이다(Holland 2014, 1).

루만은 환경은 언제나 체계보다 복잡하고, 체계 내부에서도 복잡성의 격차가 존재한다고 지적한다(루만 2014, 217). 따라서 연구자는 환경과 체제를 구별하고 체계 내부의 복잡성을 관리, 감축하는 방식에 의해 좀 더 정교한 분석을 시도할 수 있을 것으로 생각된다.[20]

홀랜드는 또한 'complex'와 'complicated'를 구분하는 것의 난점을 이야기하고 있다(Holland 2014, 3). 하지만 또 하나의 가능성은 'complex'와 'compound'를 개념적으로 구별하는 것이라 할 수 있다. 김상배는 'complex'를 '복잡'이 아닌 '복합'으로 번역하면서 이를 '두 가지 이상이 또는 두 가지 이상을 하나로 합침'이라고 정의하였다(김상배 2012, 352). 그렇지만 이는 'complex' 보

20   비언(Byrne)과 캘러건(Callaghan)은 제한된 복잡성(restricted complexity)은 일반적 복잡성에 비해 학제성(inter-disciplinarity)이 유지되면서도 공식화와 모델링에 좀 더 유리한 대상이라고 지적한다. Byrne and Callaghan(2013, ch. 2)을 볼 것. 이론적 논의에서 사용되는 중범위 이론(medium-range theory)이나 유형이론(typological theory)의 구축 노력도 이와 같은 범주에서 이해될 수 있다. 이 경우 인과성(causality)의 발견보다는 개연성(plausibility)의 추적이 목표가 되며, 이를 위해 비교사례연구나 과정추적(process tracing)과 같은 방법론이 사용될 수 있는 것이다. George and Bennett(2005), Byrne and Callaghan(2013, ch. 9)을 볼 것. 인과성에 대한 포괄적인 논의를 위해서는 Kurki(2008)를 참조할 것.

다는 'compound'의 뜻에 가깝다고 할 것이다. 따라서 'complex'를 '복잡'으로, 그리고 'compound'를 '복합'으로 번역하고 양자를 구분하는 것이 더 적절해 보인다. 이럴 경우 '복잡성'은 현상 자체의 복잡함을, 그리고 '복합성'은 적응적 주체의 역할이 더해지는 경우, 즉 '복합화'의 결과물을 뜻하게 된다. 이 경우 관계는 상대적으로 복잡성이, 그리고 규칙과 규범은 복잡성과 복합성 모두가, 그리고 전략이나 정책은 복합성이 주로 작동하는 영역이라고 볼 수 있다.[21] 즉 '복잡'과 '복합'의 개념적 구분을 통해 설명이론과 규범이론의 연결과 분리가 동시에 가능해지는 것이다.

복잡성과 복합성의 구별의 구체적인 예로 우리는 적응적 주체가 후자의 방식에 의해 체제의 안정을 도모하는 사례에 대해 생각해 볼 수 있다. 단위 차원의 복합화를 통해 지역 차원의 체제적 안정성 증대를 도모하는 것이 하나의 가능성이 될 수 있는데, 동북아시아 국가들의 '문제 있는 주권'(problematic sovereignty)에서 '창의적 변용'(creative deviation)을 발견하려는 노력이 이에 해당한다고 하겠다. 즉 양안관계에서 일국양제가 아닌 일국양체론, 평화국가와 보통국가의 성격이 혼합된 수정된 보통국가로서의 일본, 그리고 국가연합의 형태로서의 한반도 평화체제 등에 대한 검토를 통해 루만의 지적대로 느슨한 결합에 의한 단위 차원의 안정을 도모하고 아울러 동아시아/동북아 지역체제에서 저비스가 이야기한 안정적 전환을 동시에 모색하는 것이다(Shin 2016). 또 하나의 방법은 전략의 복합성, 즉 복합적 전략(compound strategy)을 구상

---

21   이 경우 주 5에서 언급된 것처럼 복잡성은 '체계'와, 복합성은 '체제'와 상대적인 친화력을 갖는 것으로 생각된다.

하는 것이라 할 수 있다. 신욱회는 동아시아에서 기존의 동맹의 전략과 새로운 지역의 전략을 복합화 하는 것에서 한국 외교정책의 가능성을 탐구하고자 하였다(신욱희 2017).

IV   삼각관계

분석적인 측면에서 복잡성을 감축하는 또 하나의 방식은 적응적 주체의 수를 줄여 보는 것인데, '가장 단순한 복잡계'라고 할 수 있는 삼각관계의 체제를 상정하는 것이 하나의 방법이 될 수 있다.[22] 캐플로우(Caplow)는 삼각관계에 대한 그의 고전적인 연구에서 힘의 분배에 따른 A, B, C 사이의 여섯 가지의 삼각관계의 유형을 다음과 같이 제시하였다(Caplow 1956).

> 첫 번째: A, B, C가 모두 동등한 힘을 보유한 경우
> 두 번째: A가 (동등한 힘을 가진) B, C 보다 힘이 강하지만 압도적이지는 않은 경우
> 세 번째: B와 C의 힘이 동등하고 A가 상대적으로 약한 경우
> 네 번째: A의 힘이 (동등한 힘을 가진) B와 C의 힘을 합친 것보다 훨씬 강한 경우
> 다섯 번째: B와 C의 힘이 다르기는 하지만 합쳐지면 A보다 강한 경우
> 여섯 번째: A, B, C 힘이 모두 다르지만 A의 힘이 B와 C의 힘의 합

22   즉 동아시아/동북아의 전략적 환경, 지역체제, 한중일 삼각관계의 순서로 분석을 정교하게 해 가는 것이다.

보다 강한 경우

저자는 서로가 상대 행위자를 통제하려는 의지를 가지는 각각의
양상에 대한 논의를 통해서 삼각관계의 상황에서는 경우에 따라
힘이 강한 행위자보다 힘이 약한 행위자가 상대에게 선호된다는
점을 보여 준다.[23]
   디트머(Dittmer)는 이와 같은 삼각관계의 틀을 국제정치에
적용하면서 아래와 같은 세 가지의 유형을 상정하였다(Dittmer
1981).

   첫 번째: 세 행위자가 모두 우호적인 관계를 맺고 있지만, 기본적으
   로 불안정한 속성을 갖는 '삼자동거'의 모델
   두 번째: 한 행위자가 다른 두 행위자와 각각 우호적인 관계를 맺고
   있고, 다른 두 행위자는 적대적인 관계를 갖는 '낭만적 삼각관계'의
   모델
   세 번째: 가장 내구성이 있는 것으로, 두 행위자는 우호적인 관계를
   맺고 있지만 다른 한 행위자는 두 행위자와 모두 적대적인 관계를 갖
   는 '안정적 결혼'의 모델

23 각 유형의 검토는 대부분의 경우에서 상대적인 약자에게 유리한 선택이 존재함을
    보여 주고 있다. 즉 두 번째 유형에서 상대적 약자인 B와 C는 협력을 통해 A에 대
    한 우위를 확보할 수 있고, 세 번째와 다섯 번째 유형에서 가장 약한 행위자인 A
    와 C는 다른 두 행위자의 구애를 받을 수 있으며, 세 번째 유형의 A와 다섯 번째
    유형의 C는 어떤 선택을 하더라도 자신의 상황을 개선할 수 있고, 네 번째와 여섯
    번째 유형에서도 약자인 B와 C는 최강자인 A에 편승하는 선택이 가능하다.

저자는 이와 같은 분류를 바탕으로 세 행위자가 벌이는 일종의 '교환게임'의 틀을 제시하고 있는데, 중추(pivot)의 역할을 하는 행위자가 주요 분석 대상이 된다. 디트머는 낭만적 삼각관계에서의 중추적 위치가 가능한 가장 유리한 것이라고 지적하는데, 이는 다른 두 행위자로부터의 호의의 존재와 적의의 부재를 통해 이익을 극대화하고 손실을 최소화할 수 있기 때문이라는 것이다(Dittmer 1981, 510).[24]

저비스의 저작도 삼각관계 안에서 벌어지는 국가 사이의 다양한 관계 유형을 보여 주고 있다(Jervis 1997, ch. 5). 삼각관계가 갖는 세 측면연계(lateral linakage), 즉 양자관계의 상호의존성과 더불어 강조되는 것 또한 힘은 상대적으로 열세에 있지만 중추적인 역할을 담당하면서 관계에 영향력을 행사할 수 있는 국가 행위자의 존재 가능성이다.[25] 즉 삼각관계는 캐플로우가 이야기한 대로 초기의 권력분포에 영향을 받지만, 관계의 양상은 디트머나 저비스가 주장하는 것처럼 각 국가의 전략에 따라 달라질 수 있다는 것

---

24 하지만 중추 역할을 하는 행위자는 다른 두 행위자 사이의 관계에 주의를 기울여야 하는데, 이는 대립이 지나치면 낭만적 삼각관계가 안정된 결혼 관계로 변하게 될 가능성이 있고, 대립이 느슨해지면 중추 역할의 필요성이 줄어들게 되기 때문이다.

25 상대적으로 볼 때 약소국보다는 강대국에 의한 중추 역할이 좀 더 자주 관찰되는 것이 사실이다. 중추적 행위자는 다른 두 행위자의 대립을 기대하게 되는데, 강대국의 경우는 자신의 힘을 통해서, 약소국의 경우는 자신의 외교적 유연성을 통해서 이를 관철하려고 한다. 조직사회학에서도 A라는 행위자가 B에 대한 종속적 연계를 C와의 관계 형성을 통해 완화시키는 2단계(two-step) 전략의 관찰을 통해 기존의 자원의존적 접근(resource-dependence approach)에 대한 보완을 시도하였다. Gargiulo(1993)를 참조할 것. 그래노베터(Granovetter)는 일찍이 자신의 연구에서 상대적으로 약한 연계(weak ties)가 갖는 응집력이 집단 사이의 관계에 주는 의미를 다룬 바 있다. Granovetter(1973)를 볼 것.

이다. 이와 같은 논의는 앞서 검토된 사회적 구조에 대한 관계사회학 이론과 밀접하게 연결되어 있다.

즉 이 경우에는 물리력에 있어서의 '중견국(middle power)'이 아니라 관계에 있어서 중간에 위치하는 행위자, 즉 '중간국(power in the middle)'의 역할이 중시되는 것이다.[26] 이는 버트(Burt)가 제 3자의 '매개(brokage)'에 의해서 구조적 공백(structural hole)이 메워지면서 다른 두 행위자가 연결된다고 보는 초기 네트워크 논의와 유사하다(Burt 1992). 애봇은 자신의 분석에서 의도적인 주체성의 문제로서 이러한 결합(connecting up)의 사례들을 들고 있는데, 이른바 '이음(yoking)'이 이에 해당한다. 애봇은 아래와 같이 이야기하고 있다.

> 이음은 각각의 편이 동일한 존재의 '내부'에 있다고 정의 되게끔 둘 혹은 그 이상의 기존 경계(proto-boundary)들을 연결하는 것을 의미한다. … 사회적 공간이 비어있거나, 혹은 구성되지 않았을 때, 이음은 경계들 사이의 진보적인 연결을 뜻하게 된다(Abbott 1995, 871-872).

국제관계에서 이와 같은 중재자의 역할은 두 강대국 사이의 '양 다리 걸치기(hedging)'와는 다른 기능을 나타내는 것이다. 쿠익(Kuik)은 부상하는 중국에 대한 말레이시아와 싱가포르의 대응 양상을 분석하면서 아래와 같이 주장하였다.

---

26 이 논의는 정치심리학에서 역할구상(role conception)의 문제와 연결된다. Holsti(1970)를 참조할 것.

중국에 대해 순수한 형태의 균형 혹은 편승을 채택하는 국가는 별로 없다는 점에서, 정책적 선택의 한 영역으로서 '양 다리 걸치기'를 개념화하는 것은 국가 전략의 시간적인 연속성과 변화를 관찰하는 데 있어 좀 더 현실적인 방법이다. 구체적으로 이는 정책분석가들로 하여금 연속적인 범주에서의 수평적 이동의 가능성, 방향, 그리고 조건을 생각해 봄으로써 21세기의 전환하는 권력구조 속에서의 국가들의 전략적 선택의 유형을 체계적으로 연구하기 위한 유용한 지침 (pointer)을 갖게 해 준다(Kuik 2008, 181).

이러한 전략적 모호성의 유지와는 달리 삼각관계에서의 중추, 매개, 혹은 이음의 역할은 국가 행위자 사이의 사회 형성이라는, 루만이 이야기 하는 소통을 통한 이른바 체제의 '존재론적 형이상학'의 제공에 해당한다고 할 수 있을 것이다(Albert and Hilkermeier 2014, ch. 4). 따라서 동아시아/동북아시아 지역체제의 핵심적 삼각관계인 한중일 관계에 있어서 한국의 역할 모색도 전략적 측면과 더불어 이와 같은 규범적 맥락에서의 고려가 함께 요구되는 것으로 보인다.[27]

이는 역사적으로 보아 위계적 성격을 가졌던 중국의 천하질서와 일본의 제국질서, 그리고 형식적인 평등성과 실제적인 위계성을 특징으로 하는 냉전기 국제체제의 성격과는 다른 사회적 체제

---

27 이와 같은 전략과 규범 혼용의 역사적 예로 유길준이 제시한 조선의 '중립론'을 들 수 있을 것이다(유길준 1971, 326). 이는 청이 주도하여 조선을 중립화하는 것이 바람직하다는 내용이었는데, 당시 외교를 주도했던 김윤식에 의해서 받아들여지지 않았다.

로서의 지역체제의 구성에 있어 역할 모색 가능성을 의미하는 것이다. 여기서의 관건은 '북한문제'의 해결이라고 할 수 있는데, 이는 결국 한반도에서의 새로운 체제 형성과 동북아 지역체제의 형성이 병행되어야 함을 말해 주고 있다고 할 것이며, 그러한 과정에서의 '이음'의 구체적인 내용이 무엇인가에 대한 고찰이 요구되는 것이다.

V 결론

'지역의 이론과 실천'의 모색을 위한 체제, 관계, 그리고 복잡성과 복합성 논의는 우리로 하여금 설명이론과 규범이론, 그리고 비판이론의 결합 가능성을 검토하게끔 하고 있다. 김주형의 루만 이론에 대한 평가는 이와 같은 측면을 잘 보여 주고 있다.

> 비판과 규범성에 대한 집중은 루만이 계몽적 합리주의의 전통과 관련된 이론뿐만 아니라 좀 더 통상적인 탈근대 혹은 탈구조이론의 좀 더 통상적인 변형들과도 구별되는 비판적 분석의 대안적 패러다임을 발전시키려는 의도적인 노력을 하고 있기 때문에 또한 유용하다. 만약 그러하다면 체계이론의 잠재력과 문제들도 비교적 시각에서 결실 있게 검토될 수 있을 것이며, 이는 체계이론을 현재의 이론적 지평에서 좀 더 두드러진 다른 두 이론적 전통, 즉 자유주의적 보편주의와 탈구조주의와의 대조를 의미한다(Kim 2015, 356-357).

국제사회론과의 비교를 통한 브라운(Brown)의 루만의 체계
이론 평가도 아래와 같이 유사한 주장을 제시한다.

함께 고려된다면 이러한 점들은 그 안에서 국제사회가 통상적으로
위치하는 규범적이거나 경험적인 틀이 다소 불안정하다는 점을 말해
준다. 이러한 점이 '사회'의 개념과 '체계'의 개념 모두를 재검토하는
길을 열어 주게 되고, (루만의) 체계이론이 이에 공헌할 수 있을 것
이다(Brown 2014, 71).

본문에서 언급된 것처럼 관계에 대한 고찰은 기존 국제정치학
의 분석수준 내지는 존재론적 논쟁에 보완적인 이론적, 실천적 논
의를 제공한다. 즉 미시와 거시, 주체와 구조의 양분법 내지는 단
순한 상호구성의 논리를 극복할 수 있는 단초를 발견할 수 있는 것
이다. 그 하나의 예로 지역체제의 형성과 전환에 대한 개념적/경험
적 검토, 그리고 이와 연관된 규범적 지향성과 전략적 모색의 논의
를 연결시키는 것이 가능하다고 볼 수 있다. 구체적으로 본다면 이
는 동아시아/동북아 지역체제를 한중일 삼각관계를 중심으로 분석
하면서, 세 국가가 공유하는 규칙을 생각해 보고 그와 관련된 한국
의 정책을 가늠하는 것을 의미한다. 이러한 시도는 비대칭적 권력
구조에서 No. 3의 행위자가 사회적 체제의 구성 과정을 통해 어떻
게 효과적으로 규범과 전략을 연결시킬 수 있는가의 문제에 대한
답을 구하기 위한 것이라 할 수 있다.

참고문헌

강동국. 2015. "조선시대 국제정치사상과 당대 한반도: 1876-1910년의 병용과 그 사상적 유산을 중심으로." 국립외교원 외교사연구센터 제4회 브라운백 세미나. 서울.

강상중. 2002. 이경덕 역, 『동북아시아 공동의 집을 향하여』. 뿌리와 이파리.

김상배. 2012. "복합세계정치론의 이해: 전략, 원리, 질서." 하영선, 김상배 편. 『복합세계정치론: 전략과 원리, 그리고 새로운 질서』. 한울.

루만, 니클라스. 2014. 디르크 베커 편·윤재왕 역, 『체계이론 입문』. 서울: 새물결.

민병원. 2005. 『복잡계로 풀어내는 국제정치』. 삼성경제연구소.

서울대학교 국제문제연구소 편. 2008. 『세계정치 10: 국제사회론과 동아시아』. 논형.

신욱희. 2017. 『삼각관계의 국제정치: 중국, 일본과 한반도』. 서울대학교출판문화원.

와다 하루키. 2004. 이원덕 역, 『동북아시아 공동의 집: 신지역주의선언』. 일조각.

이용희. 1962. 『일반국제정치학(상)』. 박영사.

자오팅양. 2010. 노승현 역, 『천하체계: 21세기 중국의 세계인식』. 길.

전재성. 2011. 『동아시아 국제정치: 역사에서 이론으로』. EAI.

필니, 카를. 2006. 이미옥 역, 『아시아의 세기』. 에코리브르.

한신갑. 2013. 『막힌 길 돌아서 가기: 남북관계의 네트워크 분석』. 서울대학교 출판문화원.

Abbott, Andrew. 1995. "Things of Boundaries." *Social Research* 62, No. 4(Winter), 857-882.

Albert, Mathias and Lene Hilkermeier(eds.). 2014. *Observing International Relations: Niklas Luhmann and World Politics*. New York: Routledge.

Brown, Chris. 2014. "The 'English School' and World Society," in Mathias Albert and Lene Hilkermeier(eds.). *Observing International Relations: Niklas Luhmann and World Politics*. New York: Routledge.

Burt, Ronald S.. 1992. *Structural Holes: The Social Structure of Competition*. Cambridge, Mass: Harvard University Press.

Byrne, David and Gillian Callaghan. 2013. *Complexity Theory and the Social Sciences: The State of Art*. New York: Routledge.

Calder, Kent. 2004. "Securing Security through Prosperity: The San Francisco System in Comparative Perspective." *The Pacific Review* 17, No. 1(March), 135-157.

Caplow, Theodore. 1956. "A Theory of Coalitions in the Triad." *American Sociological Review* 21, No. 4(August), 489-493.

Chernoff, Fred. 2005. *The Power of International Theory: Reforging the Link to Foreign Policy-Making through Scientific Inquiry*. New York: Routledge.

_____. 2007. *Theory and Metatheory in International Relations: Concepts and Contending Accounts.* New York: Palgrave Macmillan.

Dittmer, Lowell. 1981. "The Strategic Triangle: An Elementary Game-Theoretical Analysis." *World Politics* 33, No. 4(July), 485-515.

Emirbayer, Mustafa. 1997. "Manifesto for a Relational Sociology." *American Journal of Sociology* 103, No. 2(September), 281-317.

Gaddis, John Lewis. 1987. *The Long Peace: Inquiries into the History of the Cold War.* New York: Oxford University Press.

Gargiulo, Martin. 1993. "Two-step Leverage: Managing Constraint in Organization Politics." *Administrative Science Quarterly* 38, No. 1(March), 1-19.

George, Alexander L. and Andrew Bennett. 2005. *Case Studies and Theory Development in Social Sciences.* Mass: MIT Press.

Granovetter, Mark S.. 1973. "The Strength of Weak Ties." *American Journal of Sociology* 78, No. 6(May), 1360-1380.

Hobden, Stephan and John M. Hobson(eds.). 2002. *Historical Sociology of International Relations.* Cambridge, UK: Cambridge University Press.

Hobson, John M.. 2000. *The State and International Relations.* Cambridge: Cambridge University Press.

Holland, John H.. 2014. *Complexity: A Very Short Introduction.* London: Oxford University Press.

Holsti, K. J.. 1970. "National Role Conceptions in the Study of Foreign Policy." *International Studies Quarterly* 14, No. 3(September), 233-309.

Jackson, Patrick Thaddeus and Daniel H. Nexon. 1999. "Relations before States: Substance, Process and the Study of World Politics." *European Journal of International Relations* 5, No. 3(September), 291-332.

Jervis, Robert. 1997. *System Effects: Complexity in Political and Social Life.* Princeton, N. J: Princeton University Press.

Kahler, Miles (ed.). 2009. *Networked Politics: Agency, Power and Governance.* Ithaca and London: Cornell University Press.

Kaplan, Morton A.. 1968. "System Theory and Political Science." *Social Research* 35, No. 1(April), 30-47.

Kim, Joohyoung. 2014. "The Social and the Political in Luhmann." *Contemporary Political Theory* 14, No. 4(November), 355-376.

Kratochwil, Friedrich. 1986. "Of Systems, Boundaries, and Territoriality: An Inquiry into the Formation of the State System." *World Politics* 39, No. 1(October), 27-52.

Kuik, Cheng-Chwee. 2008. "The Essence of Hedging: Malaysia and Singapore's Response to a Rising China." *Contemporary Southeast Asia* 30, No. 2

(August), 159-185.

Kurki, Milja. 2008. *Causation in International Relations: Reclaiming Causal Analysis*. Cambridge: Cambridge University Press.

Mahbubani, Kishore. 2008. *The New Asian Hemisphere: The Irresistible Shift of Global Power to the East*. New York: PublicAffairs.

Parsons, Talcott. 1966. *Societies: Evolutionary and Comparative Perspectives*. Englewood Cliffs: Prentice Hall, Inc.

Qin, Yaqing. 2011. "Rule, Rules, and Relations: Towards a Synthetic Approach to Governance." *The Chinese Journal of International Relations* 4, 117-145.

Russett, Bruce M.. 1967. *International Regions and the International System: A Study of Political Ecology*. Chicago: Rand McNally & Company.

Shin, Wookhee. 2016. "Second Image Reconsidered: Quest for Unit Complexity in Northeast Asia." *Korean Social Science Journal* 43, No. 2(December), 63-73.

Waltz, Kenneth Neal. 1979. *Theory of International Politics*. Boston, Mass: Addison-Wesley.

Wellman Barry and S. D. Berkowitz(eds.). 1988. *Social Structures: A Network Approach*. Cambridge: Cambridge University Press.

Wendt, Alexander E.. 1987. "The Agent-Structure Problem in International Relations Theory." *International Organization* 41, No. 3(July), 335-370.

_____. 2015. *Quantum Mind and Social Science: Unifying Physical and Social Ontology*. Cambridge: Cambridge University Press.

Wight, Colin. 2006. *Agents, Structures and International Relations: Politics as Ontology*. Cambridge: Cambridge University Press.

_____. 2016. "Pluralism and Fragmentation in International Relations Theory: Prospects, Problems and Proposals." The Hanyang and Routledge International Studies Workshops("IR Theory and Practice in Asia: Where Are We and Where Are We Headed?"). Seoul.

Yan, Xuetong. 2011. *Ancient Chinese Thought, Modern Chinese Power*. Princeton, N.J: Princeton University Press.

필자 소개

신욱희 Shin, Wookhee

서울대학교 정치외교학부(Department of Political Science and International Relations, Seoul National University) 교수
서울대학교 외교학과 학사, 미국 예일대학교 정치학 박사

논저 *Dynamics of Parton-Client State Relations*, 『순응과 저항을 넘어서』, "구성주의 국제정치이론의 의미와 한계"

이메일 shinir@snu.ac.kr

제2장

국제정치와 시스템이론

— 동아시아 국제정치이론에 대한 메타이론적 고찰

International Relations and Systems Theory
—A Meta-Theoretical Review of Its Applicability to East Asia

민병원 | 이화여자대학교 정치학과 교수

이 논문은 서구에서 도입된 대표적인 사회과학 프레임워크 중의 하나인 시스템이론을 동아시아 상황에서 비판적으로 검토한다. 수많은 이론 중에서 시스템이론을 집중적인 논의의 대상으로 삼는 이유는, '동아시아'라는 지역 단위체를 규정할 수 있는 여러 개념들 중에 '시스템'이 가장 대표적이면서 동시에 이론화를 위한 가장 기본적인 개념틀을 포괄하고 있기 때문이다. 특히 이 논문은 '시스템'이라는 개념이 동아시아의 상대적 위상을 파악하고 타 지역과의 호환성 있는 비교를 위한 적절한 도구라는 인식에서 출발한다. '시스템' 개념에 대한 탐구를 바탕으로 이 논문은 아직도 어정쩡한 상태를 벗어나지 못하고 있는 '지역 기반의 국제정치이론' 또는 '특수성 속의 일반화'라는 딜레마에 빠져 있는 동아시아 국제정치 이론화의 노력을 재검토하는 데 주안점을 둔다. 이 논문에서는 동아시아 국제정치의 이론화와 관련하여 제기된 여러 질문에 답하기 위해 우선 토착적 국제정치이론을 향한 동아시아 학계의 열망을 살펴보고, 그 기반 위에서 시스템이론을 적용 또는 개선할 수 있는 가능성을 비판적으로 검토한다. 논의의 결과 동아시아의 특성을 반영한 이론체계를 구축하기 위해서는, 동아시아라는 상상의 단위체가 단순한 지리적 차원의 개념을 넘어 외부 환경과 끊임없이 상호작용하면서 질서를 만들어 나가는 동적 메커니즘, 즉 '열린 시스템'으로 이해할 필요가 있다는 점이 강조되고 있다.

This chapter critically discusses the applicability of systems theory to East Asia, which has been one of popular frameworks introduced in social sciences. The concept of 'system' has taken our attention as the most fundamental and promising tool in theorizing East Asian international relations among many alternatives. In particular, this chapter assumes the concept of system to be positively applied to building a region-based international relations theory and comparing it with other regions. Upon these works, the chapter stresses and reviews the dilemma of theorizing international relations in the region, which has been troubled by ambiguous goals of 'region-based theory' or 'generalization within particularity.' Scholarly passions for indigenous theories in international relations of East Asia are also to be introduced, and critical checks of any possibility in our efforts to apply the systems theory to East Asia. The discussions will lead to the conclusion that East Asia must be understood as a dynamic 'open system' which incessantly interacts with external environments and organizes an order. This must be the starting point for any meaningful work in theorizing East Asian international relations with its characteristics.

KEYWORDS 열린 시스템 open system, 메타이론 meta-theory, 지역 region, 특수성 particularity, 일반화 generalization, 국제정치이론 international relations theory

I 들어가는 말

동아시아 국제정치학은 최근 들어 서구의 주류 국제정치이론에 대응하여 토착적인 이론화가 필요하다는 목소리를 높여 왔다. 이러한 현상은 중국이나 일본뿐만 아니라 한국에서도 지속적으로 이어져 왔다. 이러한 노력은 학문적 차원의 정체성을 살리고자 하는 역내 학계의 바람을 대변하는 것이기도 하지만, 보다 근본적으로 서구의 일반 국제정치이론이 동아시아의 현실에 제대로 부합하지 못한다는 경험적 판단에서 비롯된 것이기도 하다. 국제정치이론의 대부분은 서구의 경험과 담론을 바탕으로 구축되었다는 점에서 타지역에 그대로 적용하기에는 많은 무리가 따랐던 것이 사실이다. 특히 합리적 선택 패러다임을 근간으로 하는 현실주의적 접근과 자유주의적 접근, 나아가 비판이론과 구성주의에 이르기까지 이론의 연원은 유럽과 미국의 역사와 문화를 바탕으로 형성된 것이라고 할 수 있다. 이런 맥락에서 토착적 이론화를 부르짖는 동아시아 학계의 외침은 충분한 정당성을 지니고 있다.

동아시아의 독자적인 이론체계를 어떻게 만들어 나가야 할 것인가에 대해서는 앞으로 학자들 사이에 진지한 논의를 필요로 한다. 한국뿐만 아니라 주변국 학계와의 긴밀한 협력관계도 요구되고 있는데, 이 논문은 이와 같은 문제의식을 기반으로 서구에서 도입된 대표적인 이론 프레임워크 중의 하나인 시스템이론을 동아시아 상황에서 비판적으로 검토하고자 한다. 수많은 이론 중에서 시스템이론을 집중적인 논의의 대상으로 삼는 이유는, '동아시아'라는 지역 단위체를 규정할 수 있는 여러 개념들 중에 '시스템'이 가장 대표적이면서 동시에 이론화를 위한 가장 기본적인 개념 틀을 포괄하고 있기 때문이다. 물론 이 개념 이외에도 이론적 성향에 따라 동아시아를 하나의 '국제사회' 또는 '문화'나 '지역'으로 설정하는 것이 가능하지만, 이 논문은 '시스템'이라는 개념이 동아시아의 상대적 위상과 더불어 타 지역과의 호환성 있는 비교에 적합한 도구라는 인식에서 출발한다.

이처럼 '시스템' 개념에 대한 탐구를 바탕으로 이 논문은 동아시아의 토착적 국제정치이론을 위한 '제3의 대안'을 제시하기보다 아직도 어정쩡한 상태를 벗어나지 못하고 있는 '지역 기반의 국제정치이론' 또는 '특수성 속의 일반화'라는 딜레마에 빠져 있는 동아시아 국제정치 이론화의 노력을 재검토하는 데 주안점을 둔다.[1] 시스템이론이라는 메타이론의 관점에서 동아시아 지역을 대상으로 한 토착적 이론화의 노력을 평가한다면 그동안의 성과는 과연 어느 정도인가? 케네스 월츠(Kenneth Waltz)와 같은 구조 현실주의자들이 추구했던 시스템 프레임워크가 동아시아의 현실을 분석하는 데 크게 활용되지 못한 이유는 무엇인가? 하나의 시스템으로서 동아시아의 경계를 설정한다면, 기존의 시스템이론이 지닌 취약성을 극복하고 새롭게 국제정치 현상을 설명해낼 수 있는 가능성은 어느 정도인가? 이 논문에서는 이러한 질문에 답하기 위해

---

1 이론적 개념으로서 '시스템(system)'은 국제정치학에서는 '체제(體制)'라고 번역되어왔으나, 사회학 등 타 학문 분야에서는 '체계(體系)'라는 용어를 선호해 왔다. 자연과학에서는 특별한 선호 없이 분과학문에 따라 다양한 표현들을 사용해 왔는데, 이 논문에서는 과거의 체계이론 전통에 국한되기보다 최근 학계의 추세를 반영하여 시스템 프레임워크를 새롭게 조망한다는 의미에서 학계의 보편적인 표현인 '시스템'을 음역하여 사용하기로 한다. 따라서 '시스템'과 '체계' 그리고 '체제' 사이에 의미상 별도의 구분은 없다고 전제한다.

우선 토착적 국제정치이론을 향한 동아시아 학계의 열망을 살펴보고, 그 기반 위에서 시스템이론을 적용 또는 개선할 수 있는 가능성을 비판적으로 검토한다.

II 토착적 국제정치이론에 대한 열망: 동아시아의 경우

최근 들어 국제정치이론의 서구 편향성에 대한 동아시아 학계의 관심이 높아져 왔다. 이는 한국뿐만 아니라 일본이나 중국 등지에서도 유사하게 나타나고 있는데, 오랫동안 '수입' 단계에만 머물러 있던 국제정치학의 상황을 고려할 때 이러한 '성찰적' 관심은 분명 바람직한 현상이라 할 수 있다. 이러한 추세는 특히 고유의 이론을 추구하는 모습에서 더 강하게 나타나고 있다. 지난 수백 년간 서구에서 발달한 웨스트팔리아(Westphalia) 체제, 즉 근대 국제정치질서가 동아시아로 전파된 지 한 세기가 훌쩍 넘어가면서 서구의 국제정치론을 수입하여 소개하거나 응용하는 작업들이 상당한 정도로 전개되었지만, 동아시아의 경험을 바탕으로 한 이론화의 노력은 아직까지 큰 성과를 거두지 못하고 있는 실정이다. 이러한 맥락에서 토착적 국제정치이론을 갈구하는 동아시아 국제정치학계의 분위기는 자못 진지하다고 할 수 있다.

동아시아 고유의 국제정치이론을 추구하려는 근래의 노력은 현실 정치 차원에서 동아시아의 지역주의를 적극적으로 모색하려는 정치적 움직임을 배경으로 하고 있다.[2] 제2차 세계대전 이후 1960년대부터 일본의 주도로 아시아-태평양 지역의 경제통합체를 만들려는 시도가 지속되어 왔고, 동남아시아국가연합(ASEAN)이나 아시아태평양 경제협력기구(APEC) 등 초기 단계의 협력이 이루어지기도 했다. 특히 1990년대 후반 외환위기 이후에는 동아시아 국가들을 중심으로 글로벌 차원의 위기에 대응하기 위한 본격적인 협조 체제가 구축되기 시작했는데, 이러한 모습은 금융협력이나 무역자유화 등에서 두드러지게 나타났다. 이러한 맥락에서 한국뿐 아니라 일본과 중국 등 동아시아 국가들의 국제정치학계, 그리고 동아시아에 관심을 가진 서구의 학계에서도 자연스럽게 동아시아 국제정치의 현상과 체계적인 이론화에 대한 관심이 증대되기 시작했다.[3]

이와 같은 노력에도 불구하고 동아시아 지역의 국제정치는 여타 지역에 비해 여전히 공동의 정체성이 취약하고 협력의 제도화가 미흡하다는 것이 중론이다(Ravenhill 2009).[4] 사실 동아시아 지역에서 공동의 정체성을 기반으로 한 정치적 또는 경제적 노력은 그동안의 성과에도 불구하고 타 지역에 비해 상대적으로 낮은 평

2   지역주의의 경향을 기술하는 데 있어 '지역주의(regionalism)'와 '지역화(regionalization)'의 개념을 구분하려는 시도가 있다. 후자의 경우 일반적으로 민간 영역에서, 그리고 경제적 교류를 중심으로 이루어지는 자연스러운 통합의 움직임을 가리키는 반면, 전자의 경우에는 국가 행위자가 주도적으로 조정과 협력의 주도권을 쥐고 추진하는 지역 통합의 노력을 지칭한다(Beeson 2005, 971).
3   특히 21세기에 들어와 활발하게 이루어지고 있는 동아시아 국제정치이론에 관한 다양한 담론으로는 Ikenberry and Mastanduno(2003), Pempel(2005a), Acharya and Buzan(2010a), Shilliam(2011), Hobson(2012), Rozeman(2015) 등을 꼽을 수 있다.
4   하나의 '지역'으로서 동아시아는 법적 장치의 수준이나 포괄성, 그리고 정치사회적 체제화의 성도에서 서유럽과 중동, 남미, 심지어 아프리카 등 여타 지역에 비해 상대적으로 취약하다는 것이 일반적인 평가이다(Pempel 2005b, 4).

가를 받고 있으며, 이런 점에서 동아시아 지역주의가 '제도적 경화(institutional sclerosis)' 증상을 보이고 있다는 지적까지 등장하고 있다(Wesley 2009, 50-51). 이러한 동아시아 지역의 한계는 냉전 시기의 질서, 특히 제2차 세계대전 이후의 불완전한 평화체제인 '샌프란시스코체제(San Francisco System)'의 영향이 크다고 할 수 있다. 무엇보다도 유럽 지역에 비해 동아시아의 양극화가 미국이라는 초강대국을 중심으로 한 양자 간 동맹체제로 굳어져 왔다는 점에서 다자주의(multilateralism)를 근간으로 하는 유럽에 비해 '지역'의 개념과 정체성을 발달시킬 수 있는 기회를 충분히 얻지 못했다고 할 수 있다.

이와 같이 현실정치 차원에서 동아시아의 통합과 지역주의가 상대적으로 미진했던 반면, 동아시아 지역의 역사와 문화적 배경을 기반으로 독자적인 국제정치질서를 구축해 왔다고 보는 시각들도 점차 주목을 받기 시작했다. 특히 중국을 중심으로 한 동아시아권에서 위계질서(hierarchy)를 근간으로 하는 조공관계에 대한 소개가 이루어지기 시작했다. 유교문화와 한자 체계를 공유하고 있는 이 지역의 전통적인 국제관계는 비정규적 사행(使行)제도와 책봉(冊封) 승인 등 서양에서는 보기 어려운 역사적 관행 위에 수립된 것이었다. 무엇보다도 동아시아의 조공 관계는 주권국가들 사이의 평등한 관계를 전제로 한 서유럽의 웨스트팔리아체제와 달리 중심과 주변국 사이의 비대칭적 상호의존관계 위에 수립된 것이었다(Kang 2010, 602-603). 서구의 국제관계가 주권국가들 사이의 상호 인정을 중시했다면, 동아시아 조공체제에서는 사행과 책봉 제도를 통한 정당성 확보가 무엇보다 중요했다.

하지만 이와 같은 동아시아 고유의 국제정치질서는 19세기 중반 이후 서구의 도전과 문명표준의 확산으로 말미암아 종언을 고했다. 이때부터 동아시아 각국은 서구 국제정치질서를 일방적으로 수입할 수밖에 없었고, 헌법과 주권관념, 민주주의, 대의제, 삼권분립 등 근대국가의 핵심적인 요소들을 앞다투어 도입해 왔다. 일정한 범위 내에서는 군사, 종교, 가부장제 등 동아시아의 문화 속에 이미 이와 같은 서구식 국가의 요소들이 자리 잡고 있었다고 볼 수도 있다(Huang 2010, 29-44).[5] 어떤 측면에서는 동아시아 지역의 국가들이 오늘날 세계무대의 주역으로 성장함으로써 서구에서 유래한 웨스트팔리아체제의 '완결판(perfection)' 또는 '탈(脫)웨스트팔리아체제'로 자리매김하고 있다는 견해에도 일리가 있다(Fidler 2010, 2-3; Ginsburg 2010, 27).[6] 여러 이견에도 불구하고, 오랫동안 고유한 속성을 유지해 온 동아시아 국제정치의 역사가 이후 서구 근대국가 질서의 프레임워크에 빠른 속도로 편입되어 왔다는 점만큼은 분명하다.

동아시아 지역의 지난한 역사적 경험에도 불구하고 그것을 이해하기 위한 이론화 작업이 상대적으로 미진했다는 점에 대해

---

5   이러한 관점은 전통적인 근대국가의 수립과 확산에 관한 막스 베버(Max Weber)의 설명에 대한 도전이라고 할 수 있다. 동아시아의 근대국가는 서구의 모델이 아니라 그들 자체의 역사적 경험 속에 이미 근대국가의 뿌리를 지니고 있었다는 대안의 설명이 가능하다는 것이다(Huang 2010, 24-25).

6   근대를 지배해 온 웨스트팔리아체제에 대응한 동아시아 국가들의 새로운 모습을 일컬어 '이스트팔리아(Eastphalia)체제'라고 부르는 학자들도 있는데, 궁극적으로 이스트팔리아체제라는 것이 존재한다 하더라도 결국에는 웨스트팔리아체제의 확장판이라는 것이 일부 학자들의 주장이다(Ginsburg 2010, 28-29). 오늘날 동아시아 지역의 국가들이 유럽과 같은 초국가적 통합에 도달하지 못한 채 여전히 근대국가들 사이의 경쟁구도에 매몰되어 있다는 점에서 이러한 주장은 타당하다.

서는 약간의 논의가 필요하다. 비서구 지역으로서 동아시아가 오랜 국제정치의 역사와 전통을 가지고 있음에도 불구하고 만족할 만한 이론화에 도달하지 못한 데에는 다양한 이유가 존재하지만, 무엇보다도 서구의 정치적 영향력에서 자유롭지 않았던 식민지적 상황과 맞물려 학계의 의존적 경향도 지속적으로 강화되어 왔다는 점을 간과할 수 없다.[7] 이에 비해 서구의 국제정치이론은 고전 현실주의부터 신현실주의에 이르기까지 소위 '유럽중심주의(Eurocentrism)'의 전통을 벗어나지 못한 채, 마치 다른 모든 지역들이 받들어야 할 '숭고한(subliminal)' 것으로서 간주되어 왔다(Hobson 2012, 185-186). 그로 인하여 한국을 위시한 동아시아의 국제정치학은 서구에 비해 상대적으로 뒤처져 있다는 극심한 학문적 콤플렉스에 젖어들게 되었다(강정인 2004, 14-15).

물론 동아시아 지역에서 나타나는 이러한 역사적 한계에도 불구하고 동아시아 고유의 경험을 이론화할 수 있다는 희망은 여전히 존재한다. 예를 들어 중국과 인도의 오랜 역사를 통해 수립되어 온 통치철학의 전통, 근대의 식민화 및 탈식민적 경험, 냉전기의 비동맹운동, 국제정치 주요 행위자로서 일본과 중국의 부상 등은 동아시아만의 독특한 역사적 국제정치 질서의 요소로 꼽을 수 있다(Acharya and Buzan 2010b, 10-16). 또한 국제정치에서 일어나는 갈등을 구조적 차원에서 설명하거나 제도의 수립과 효율성에

---

7   한국의 국제정치학계에서도 지난 수십 년간 이러한 문제의식에 대한 성찰이 지속적으로 이루어져 왔다. 이와 관련한 논의로는 이상우(1978), 박상섭(1987), 이호재(1988), 노재봉(1988), 박상섭(1988), 박상섭·하영선(1995), 김달중 외(1995), 전재성·박건영(2004), 민병원(2007)을 참조할 것.

관한 논의 및 역사적 기억의 역할에 관한 담론 등 새롭게 제기되는 국제정치의 제 측면에서 동아시아의 경험을 배제하기는 더욱 어렵게 되었다(Johnston 2012, 69-71). 문제는 이러한 경험의 축적과 토착이론에 대한 열망에도 불구하고 이론화 작업이 매우 더디게 이루어진다는 사실에 있다.

이러한 배경하에 이 논문은 동아시아 국제정치이론을 향한 노력의 일환으로서 동아시아를 하나의 '정치적 단위체'로 볼 수 있는지, 그렇다면 이론적으로 어떤 점들에 유의해야 하는지를 집중적으로 논의한다. 지금까지 글로벌 표준으로 자리 잡아 온 주류 국제정치이론이 서유럽의 지역적 경험을 바탕으로 형성되어 왔다는 점을 부각시킴으로써 동아시아 차원의 독자적인 이론체계를 구축하는 작업이 나름대로의 정당성을 지녀 왔다고 할 수 있다. 이 논문은 그동안의 노력 속에서 암묵적으로 전제되어 온 '동아시아'라는 지역적 단위체의 개념을 집중 탐구하고자 하는데, 이는 당연하다고 간주되는 단위체의 기본 속성에 대하여 탐구함으로써 동아시아 차원의 이론화 작업이 지닌 가능성과 한계를 보다 분명하게 인식할 수 있기 때문이다. 이 논문에서는 특히 동아시아가 하나의 '지역(region)'으로서 다루어져 왔다는 사실에도 불구하고 그것을 하나의 '질서' 또는 '국제사회(international society)'라고 보는 관점은 상당한 혼란을 야기할 수 있다는 점을 부각시키고자 한다. 특히 이 논문은 다양한 자연과학과 사회과학에서 제시되어 온 일반시스템이론(general systems theory)이 동아시아를 하나의 '시스템'으로 바라보는 데 어떤 시사점을 줄 수 있는가를 메타이론적 관점에서 집중적으로 논의한다.

III   시스템이론과 동아시아: 보편이론의 적용 가능성과 한계

여러 국제정치이론 중에서도 월츠를 중심으로 한 신현실주의 접근은 국제정치의 거시적 측면, 즉 '시스템'의 역할에 주안점을 두어왔다. 월츠는 시스템의 개념을 중심으로 국제정치의 거시이론을 구축해 왔는데, 이는 전통적인 '분석(analysis)'에 초점을 맞춘 행위자 기반(agent-based)의 미시적 접근방법이 지닌 한계를 극복하기 위한 것이었다. 따라서 인간의 본성이나 국가의 속성을 강조하는 설명보다는 국제정치의 시스템적 속성이 미치는 거시적 영향에 더 많은 관심을 두었다. 월츠와 신현실주의 이론의 이와 같은 시도는 국제정치학의 중요한 전환점을 이루어 왔다고 할 수 있는데, 이 논문에서는 이러한 구조적 전환 또는 '시스템' 접근방법이 갖는 의미, 특히 이론화 작업에서 갖는 의미를 논의하고, 이것이 동아시아 지역의 토착적 국제정치이론을 세우는 데 어떤 시사점을 던져주고 있는지를 살펴보기로 한다.[8]

이를 위해 이 논문에서는 분석 단위로서 '시스템'의 개념과 그 속성에 대해 먼저 짚어 보고, '열린 시스템'의 문제와 자기 조직화 메커니즘 문제라는 핵심적인 두 측면에서 이 이론이 동아시아 국제정치의 이론화 작업에 대해 갖는 의미를 탐색한다. 이러한 두 가지의

---

8   여기에서 '동아시아'의 지리적 범위는 중국, 일본, 한국의 세 나라를 지칭하지만, 이를 확대할 경우 대만과 북한도 포함된다. 동아시아의 지리적 범위를 이렇게 한정하는 이유는 이들 국가들이 역사적으로 공통의 유교문화권 내에서 역사적 경험을 공유해 왔기 때문이다(Arnason 1999, 97-101).

주요 측면은 자연과학과 사회과학에서 통용되고 있는 시스템이론의 핵심적인 내용들을 기반으로 한 것으로서, 동아시아를 하나의 '시스템' 또는 '체계'로 이해하는 데 핵심 요소라고 할 수 있다. 이처럼 동아시아의 토착적 국제정치이론을 만들어가는 과정에서 무엇보다 중요한 절차 중의 하나가 '동아시아'를 하나의 통합적인 '정치 단위체'로 상정하는 것이 얼마나 정당화될 수 있는가 하는 점이다. 동아시아가 단지 국경선을 마주한 국가들로 이어진 지리적 개념인지, 문화적·역사적 관계 속에서 만들어져 온 복합적 실체인지, 또는 학문적 편의에 의해 임의로 설정된 가상의 이미지인지에 따라 동아시아 국제정치를 이론화하려는 노력의 성패가 좌우될 것이기 때문이다.

1. 분석 단위의 문제: "열린 시스템"으로서 동아시아 국제정치

동아시아는 '지역(region)'을 지칭하는 표현으로서, 국제정치 또는 비교정치 연구에서 중요한 연구 대상으로 자리 잡아 왔다. 하지만 이러한 '지역'의 범위가 어디까지인지, 그리고 그러한 경계를 어떻게 정당화할 수 있는지에 대해서는 진지한 논의가 별로 이루어지지 않았다. 우선 사회과학에서 다루고 있는 '동아시아 지역'의 개념이 단순한 지리적 차원을 넘어 역사와 문화 등 '사회적' 또는 '심리적' 차원에서 공통적인 특성을 전제로 한 것이라는 점에는 큰 이견이 없다.[9] 따라서 지역이라는 개념은 지리적 측면에서 서로 연결되어 있거나 근접해 있는 영토적 공간을 의미하면서 구성원들의 관계가 내부의 응집력(cohesion)을 바탕으로 하고 있어서 외부 세계와 확연하게 구분될 수 있는 '경계(boundaries)'를 지니고 있다는 점을 전제로 한다. 이런 맥락에서 '지역' 개념은 시간적·공간적으로 고정된 것이 아니며, 물리적·심리적·행태적 특성에 따라 반복적으로 재생성되고 재규정되는 단위체라고 인식되고 있다(Pempel 2005b, 3-4).

이처럼 '지역'의 개념이 유동적이고 변화 가능한 것으로 인식될 경우 '동아시아'의 경계와 범주를 설정하고 이론화 작업을 하는 데 있어 유의해야 할 점이 있다. 그것은 '지역'이라는 단위체가 하나의 '닫힌 시스템'으로 간주될 수 없다는 점인데, 지역 외부에서 야기되는 영향으로부터 자유롭지 못하다는 것을 의미한다. 즉 동아시아 지역은 하나의 '시스템'이기는 하지만 그 자체로서 완전한 독립 단위체라고 볼 수 없다는 사실이다. 이를 시스템이론의 용어로 표현하면, 하나의 '시스템'은 외부의 '환경'과 구분되며, 양자 사이에는 '경계'가 존재한다. 시스템이론에서는 전체와 부분이라는 전통적인 차이를 넘어서서 시스템과 환경이라는 새로운 차이를 강조하고 있는데, 이는 '시스템'을 규정하는 기준을 더 분명하게 설정한 것이다. 과거에는 시스템을 '전체'로, 구성요소를 '부분'으로 단순하게 분류함으로써 시스템이라는 개념이 모든 것을 포괄하는 것으로 간주하였다.[10] 하지만 '환경' 개념을 새롭게 도입하면서

9   학자들은 동아시아라는 분석단위가 지리적 근접성과 심리적, 문화적, 사회적 측면을 동시에 지니고 있다는 점을 강조하기 위해 '지정학-심리적(geopsychological)' 개념을 제시하고 있기도 하다(Pempel 2005b, 3-4).

10   예를 들어 과거의 시스템이론에서는 시스템이라는 개념이 단순히 '전체성 (Ganzheit; totality)'을 의미하는 것으로 사용되었기 때문에 "전체는 부분들의 총합 이상이다"는 표현이 종종 사용되었다. 하지만 그 전체가 부분들의 층위에서 어떻게 하나의 단위체로 작동하는가에 대해서는 명확하게 구분되지 않았다 (Luhmann 2007, 65).

점차 '시스템'이 외부의 환경과 어떤 관계를 갖는가에 대한 이론화가 이루어지기 시작했다.

　루만의 사회학 이론은 이와 같은 시스템-환경 사이의 관계에 대하여 정교한 프레임워크를 제공해 왔다. 그에 따르면, 시스템은 외부와 대비하여 분명한 '차이'를 드러내는 과정, 즉 '시스템 분화(Systemdifferenzierung)'의 결과로 간주된다. 여기서 '환경'은 시스템과 그 외부를 통칭하는 새로운 개념으로 제시된 것으로서 모든 잠재적 현상을 포괄하는 가능태이다(Luhmann 2007, 327-329). 즉 하나의 시스템은 환경이라는 거대한 조건 아래 만들어지며 일정한 경계 내부에 존재하는 구성요소들과 상호작용의 집합체라고 규정된다. 이럴 경우 우리는 환경 속에서 다양한 시스템이 상시로 만들어지거나 사라질 수 있고, 또한 다양한 시스템이 복수로 존재할 수 있다고 전제할 수 있다. 이러한 논리를 국제정치에 적용할 경우 지구적 차원에서 자연과 인간 모두를 포괄하는 전체를 '환경'으로 간주할 수 있으며, 동아시아는 그와 같은 외부 환경 속에서 반복적인 상호작용과 정체성 공유를 통해 형성된 하나의 '시스템'이라고 볼 수 있다. 이와 같은 지역 시스템 개념은 동아시아가 외부의 다른 지역 시스템과 공존하는 현상을 설명할 수 있다는 점에서 매우 유익한 발상이다.

　이처럼 '시스템'과 '환경'의 개념적 차이를 구분한 다음에는 양자 사이의 상호작용 역시 분명하게 규정할 필요가 있다. 즉 하나의 시스템은 다른 시스템 또는 외부의 여러 요인들에 의해 영향을 받는데, 이와 같은 관계를 어떻게 이론적 개념으로 설명하는가의 문제가 중요하다. 루만의 시스템이론은 여기에서 시스템과 환경 사이의 중요한 차이를 '복잡성'의 수준으로 설명하고 있다. 그에 따르면 환경은 모든 총체적 가능성을 가리킨다는 점에서 매우 복잡한 것이다. 이에 비해 '시스템'은 환경 속에서 나타나는 일정한 규칙성으로 규정할 수 있는 부분집합이며, 무수히 많은 가능성 중에서 구체적으로 구현된 일종의 '질서'로 간주된다.[11] 다시 말해 환경은 시스템보다 항상 복잡한 '그 밖의 모든 것'이다(Luhmann 2007, 335). 이에 대하여 시스템은 복잡한 가능성 중에서 구체적으로 실현된 규칙적 현상들의 결집체라고 할 수 있다. 만약 우리가 동아시아 지역을 하나의 '시스템'이라고 규정한다면, 동아시아 외부의 다양한 지역과 국가, 국제정치는 모두 외부의 '환경'으로 간주될 수 있다는 것이다.

국제정치학에서 언급되고 있는 '중력중심(center of gravity)'의 개념도 이와 같은 시스템-환경 사이의 관계 개념화를 정당화해주는 현상이다. 이 개념은 두 가지의 의미를 지니고 있는데, 첫 번째는 '가장 중요한 대상'이라는 일반적인 의미로 통용된다. 예를 들어 미국의 헤게모니가 9·11 테러 이후 중동지역에 집중되었다가 '재균형(rebalancing)' 정책을 통해 다시 동아시아 지역으로 회귀한 경우, 이것을 글로벌 차원에서 이루어진 중력중심점 이동 현상이라고 해석할 수 있다. 두 번째로 이 개념은 지역과 외부의 환경 사이에 보다 동적이고 불확실한 상호작용이 작동한다는 의미를 담고 있다. 이러한 중력중심의 개념이 비록 가상적인 것이기는 하

11 루만의 사회학에서는 시스템과 환경을 포함하는 전체로서의 '세계'의 복잡성이 바로 가능한 사건들과 상태들의 총합이라고 본다. 그러나 인간의 인지능력은 이러한 복잡성을 모두 경험하거나 이해할 수 없다. 이와 같은 간극을 메우기 위해 시스템은 복잡성의 정도를 완화하는 기능을 수행하는데, 이를 가리켜 '복잡성 감축(reduction)'이라고 부른다(Kneer and Nassehi 2008, 69-70).

지만, 이를 통해 다양한 힘들이 서로 영향을 미치면서 수렴하거나 변화를 겪는 현상을 설명할 수 있다. 다시 말해 이 개념은 국제정치에서 서로 다른 분석 수준의 단위체들, 예를 들어 지역이나 국가가 국제정치 전체와 어떻게 영향을 주고받으면서 변화를 이끌어내는가를 기술하는 데 유용한 개념이다(Job 2005, 43).

이상에서 논의한 '시스템-환경' 관계는 기존의 일반체계이론에서 가리키는 '열린 시스템(open system)' 개념에 해당한다. 하나의 시스템이 '닫힌' 것이 아니라 '열린' 것이라고 규정할 경우 그것은 단순한 '기계(machines)'가 아니라 살아 움직이는 '유기체(organism)'라고 간주된다. 생명체와 같이 외부 환경과 에너지를 주고받으면서 신진대사와 같은 지속적인 상호작용을 통해 자신의 시스템적 속성을 유지해 나가는 것이 환경 속의 시스템들이 지닌 공통의 속성이기 때문이다. 인간과 사회의 연장선상에 존재하는 국제정치 역시 '시스템'이라는 개념을 통해 설명할 경우 끊임없이 살아 움직이는 대상으로 보겠다는 관찰자의 시각을 전제로 한다. 그런 만큼 '열린 시스템'은 어떤 작용을 통해 살아 움직이는 과정을 내포하고 있는데, 이는 시스템이 외부 환경과 에너지 또는 정보를 유입(inputs) 또는 유출(outputs)하는 교환관계를 형성한다는 것을 뜻한다.[12] 이러한 교환관계는 시스템과 환경 사이에 양방향으로 작용할 수 있다. 예를 들어 상향식(bottom-up) 과정의 영향, 하

---

12 기술적으로 표현하자면, '열린 시스템'은 통계적 확률로는 설명하기 힘든 높은 수준의 질서와 조직화를 통해 스스로를 유지할 수 있다. 일반적으로 '닫힌 시스템'에서는 무질서의 증가 현상을 가리키는 열역학 제2법칙이 작동하는 데 비해, 시스템 내부의 질서와 조직화 현상은 '열린 시스템'만의 특징이다(von Bertalanffy 1990, 192-194).

향식(top-down) 과정의 영향이 동시에 작동할 수 있다. 이와 같이 동아시아 시스템과 구성원 국가들은 글로벌 차원의 정치적 요인에 영향을 미치면서 동시에 영향을 받는 시스템-환경 사이의 상호관계를 만들어낸다고 개념화할 수 있다.

이런 점에서 동아시아와 같은 지역 단위체를 하나의 '지역-시스템'이라고 보는 것이 타당하다(Job 2009, 33-34). 이러한 시각에 따르면, '지역'이라는 분석 수준과 글로벌 차원의 '전체' 국제정치의 분석 수준 사이에 혼합적인 단위가 더 존재할 수 있다. 지역의 경우 영토 단위로 세계를 분할함으로써 지리적 관념의 한계를 넘어서기 어렵다. 이에 비해 '글로벌' 차원의 국제정치 전체를 아우르는 역사적 경험은 아직 확립되지 않았다. 서구의 정치질서가 글로벌 차원의 문명 표준으로 작동해 오기는 했지만, 이것이 세계 모든 곳에서 받아들여지고 정당화되는 것은 아니기 때문이다. 즉 서구의 웨스트팔리아 시스템 역시 전체 환경의 '부분'으로서만 작동해 왔다고 보아야 한다.[13] 그렇다면 '지역' 차원과 '글로벌' 전체 차원을 연결하는 적절한 고리가 필요한데, '시스템' 개념은 이런 점에서 중요한 이론적 기여를 할 수 있다고 하겠다.[14] 이렇게 본다면

13 이와 같은 점을 고려하여 학자들은 '지역안보 시스템(regional security complex)' 개념을 고안하기도 했다. 이는 집단안보 또는 안보공동체와 같은 집합적 현상이 단순히 '지역'을 기반으로 한 지리적 결집체가 아니라 하나의 '시스템' 현상으로 간주되어야 한다는 인식을 반영한 것이다(Buzan and Waever 2003, 40-42).

14 브라이언 잡(Brian Job)은 지역과 글로벌 차원의 중간 영역에서 강대국들의 권력관계가 큰 영향을 미친다고 보고 있는데, 상이한 분석수준 사이의 '침투(penetration)' 및 '안보화(securitization)' 현상 등이 이러한 영향의 사례로 꼽고 있다(Job 2009)

동아시아는 국제정치의 '시스템'으로서 단순한 지리적 단위가 아니면서 총체적 글로벌 환경의 일부로 작동하는 단위로 상정하는 것이 바람직하다고 판단할 수 있다. 동아시아는 적어도 19세기 중반 이전까지 오랜 역사와 문화적 교류를 통해 하나의 '닫힌 시스템'으로 작동해 왔다. 물론 수백 년간에 걸쳐 공행 무역이나 데지마 교역 등 제한적인 교류가 있었지만, 대체로 역내의 정치적·경제적·사회문화적 관계가 외부의 큰 영향 없이 유지되어 왔다. 한마디로 말해서 과거의 동아시아는 고립된 자기완결성을 지닌 '닫힌 시스템'이었다고 할 수 있다. 그렇지만 이와 같은 개념만으로는 이후 빠르게 변화하는 동아시아 국제정치의 모습을 제대로 담아내기 어렵게 되었다. 수천 년간 지속되어 온 지역 질서가 외부의 힘에 의해 무너지면서 문명권이나 문화권과 같은 단순한 '시스템'적 접근만으로 이러한 변화를 설명할 수 없게 된 것이다.

사실 19세기 후반 이후의 동아시아는 서구 제국주의의 침탈과 시스템 내부의 권력 다툼, 그리고 근대화의 복합적인 과정 속에서 외부의 힘에 노출될 수밖에 없었고 과거 시스템의 '경계(boundaries)'를 상실하게 되었다. 또한 20세기 후반 이후 일본이나 중국 등 동아시아의 강국들이 세력을 확장하면서 국제정치의 거시적 구도에도 큰 변화를 야기하기 시작했다. 이처럼 시스템 외부의 '환경'으로부터 영향을 받기도 하고 동시에 그에 영향을 미치기도 하면서 '동아시아'라는 고유의 시스템적 속성은 끊임없이 변화를 겪어 왔다. 특히 20세기 후반에 들어와 빠르게 진행된 세계화의 추세는 19세기 이래로 근대화 프로젝트에 박차를 가해 오던 동아시아의 정체성에 새로운 자극제가 되었다.[15] 이와 같은 역사의 동적 측면을 고려할 때 동아시아를 하나의 '시스템'으로 간주하는 이론화 작업에 수반될 개념적 위험성, 즉 그것이 '주어진 것'이며 오랜 시간 동안 변하지 않는 '닫힌 시스템'이라고 간주하는 오류를 저지를 가능성에 대하여 충분하게 유의할 필요가 있다.

2. 시스템의 작동 메커니즘과 자기조직화 현상

연구대상을 하나의 시스템으로 바라볼 때 우리가 얻을 수 있는 장점 중의 하나는 다양한 개체들을 비교하기가 용이하다는 것이다. 정치, 사회, 경제 등 여러 영역도 하나의 시스템으로 개념화할 수 있으며, 개별 국가나 지역정치도 하나의 시스템으로 간주할 수 있다는 점에서 이러한 주장은 당연할 것이다. 그런데 '시스템'의 개념을 이론화 작업에 활용하는 과정에서 필수불가결한 요소는 그것이 어떻게 탐구의 대상을 야기하는지를 설명하는 구조와 과정, 즉 구성요소들의 상호작용 '메커니즘(mechanisms)'과 자기조직화 원리를 제시하는 일이다. 이러한 메커니즘과 원리는 연구자의 작업이 미시적 차원에서 일어나는 인과적 관계, 다시 말해 변수들의 관계가 어떻게 엮이면서 관찰의 결과로 이어지는가를 보여 주는 중요한 개념적 도구이다. 그만큼 어떤 이론화 작업도 이러한 구조적 특징과 작

---

15 예를 들어 동아시아에서 미국이라는 글로벌 헤게모니 국가가 차지하는 비중은 시스템 환경의 영향으로서 대단히 컸다. 이처럼 시스템 외부로부터 작용하는 힘의 요소를 반영하기 위해 '열린 시스템'의 개념을 적극 도입할 필요가 제기되고 있다 (Beeson 2009, 511-512).

동원리를 보여 주지 않고서는 이론화에 성공했다고 보기 어렵다.

사회과학에서 강조하는 '메커니즘'의 관념은 관찰의 대상이 외부 세계 또는 환경과 구분되는 '경계'를 지닌 하나의 시스템이라는 점을 강조한다. 이를 설명하기 위해 기계장치의 사례가 자주 인용되는데, 예를 들어 기계라는 대상도 그 자체로서 하나의 메커니즘 역할을 수행한다. 이때 기계는 두 가지의 원리에 따라 움직이는데, 첫 번째는 물리와 화학적 법칙 등과 같이 메커니즘을 구성하는 하부 법칙이 작동한다는 점이다. 그런데 이와 같은 하부 법칙만으로 기계라는 전체 시스템을 충분하게 설명할 수는 없다. 기계의 구조가 하부 원칙들이 작동하는 범위와 조건을 규정하는 상부 원칙에 맞추어 설계되어 있기 때문이다. 이처럼 미시 차원의 하부 원칙과 거시 차원의 상부 원칙 사이에 존재하는 보이지 않는 선을 일컬어 '경계조건(boundary conditions)'이라고 부른다(Polanyi 1968, 1308).[16] 이처럼 이론적 설명을 위해 하나의 시스템을 상정할 경우, 우리는 그 내부에서 작동하는 미시적 상호작용을 전제로 하면서 동시에 시스템 단위에서 만들어내는 거시적 현상을 관찰하게 된다.

이렇게 볼 때 우리는 국제정치의 영역과 범위를 설정하는 데 있어 국가 단위체의 차원을 넘어서는 지역-시스템이 복수로 존재할 수 있으며, 이러한 다수의 시스템이 그 외부의 환경과 공존 및 교류하면서 국제정치의 동학을 만들어낸다고 주장할 수 있다. 이

16　경계조건은 기계와 같은 거시 시스템이 작동할 때 외부로부터 미치는 다양한 영향을 구속하고 통제하는 기준을 의미한다. 자연과학자들이 실험을 하는 경우에도 이러한 경계조건을 부과하는 것이 일반적이다. 다시 말해 하부 원칙들이 작동할 수 있는 소선늘이 상무 원직에 의해 만들어지게 되는데, 이러한 조건들이 바로 경계조건이다.

때 각각의 시스템들이 스스로의 '경계'를 어떻게 설정하는가가 매우 중요한데, 왜냐하면 그 결과에 따라 시스템의 속성과 지속성이 결정되기 때문이다. 예를 들어 '동아시아'라는 지역 기반의 시스템 개념을 상정할 경우, 어떤 국가나 지역이 그 안에 포함되고 어떤 국가는 그로부터 배제되는지를 명확하게 설정해야만 이론화 작업이 가능해진다. 경계선을 어디에 긋는가가 시스템의 이론적 속성을 결정짓는 것이다. 하지만 기존의 구조 현실주의에서는 이와 같은 '경계'의 개념이 명확하게 제시되지 않고 있다는 점에서 한계를 보인다. 무엇보다도 월츠의 신현실주의는 국제정치의 시스템이 지구촌 전체를 아우르는 하나의 총체성(totality)이라고 보았는데, 이는 지배력을 행사하는 강대국 중심의 사고에서 크게 벗어나지 못하고 있는 그의 편견을 그대로 드러내준다. 다시 말해 그의 시스템 이론에서는 '시스템' 개념만 존재할 뿐 '환경'이나 '지역', 그리고 '경계'의 개념을 찾아볼 수가 없다.

이러한 신현실주의의 한계를 이해하기 위해 월츠가 이전 세대의 시스템 접근이 지닌 한계를 비판하면서 제안한 그 자신의 시스템 개념을 살펴볼 필요가 있다.[17] 그는 국가의 행동이 구조에 의해 압박을 받을 수밖에 없으며, 따라서 시스템의 내부 속성과 더불어 시스템 사이의 관계에 대해서도 주목해야 한다고 강조했다. 국가 자체의 힘과 마찬가지로 국가들 사이에서 작동하는 힘의 관계도

---

17   월츠는 자신의 구조지향적 이론화가 시작된 계기로서 로즈크랜스(Richard Rosecrance), 호프만(Stanley Hoffmann), 그리고 캐플란(Morton Kaplan)과 같은 학자들의 시스템 개념이 지나치게 환원주의적이거나 미흡한 이론화의 수준에 머물러 있다는 점을 꼽았다(Waltz 1979, 41-59).

중요한데, 월츠는 이를 통해 시스템이 고정적인 것이 아니라 과거와 단절된 방식으로 변화할 수 있다는 점을 부각시켰다. 그의 '시스템'은 구조(structure), 그리고 상호작용하는 단위체 또는 행위자로 이루어진다(Waltz 1979, 38-41). 여기에서 '구조'는 국제정치 구성원들의 배열(arrangement) 또는 질서(order)를 가리키는 말로, 주요 행위자들의 권력 분포에 의해 결정된다(Waltz 1979, 79-81). 그는 구조가 행위자에게 미치는 영향을 탐구함으로써 국제정치 현상의 많은 것을 설명할 수 있다고 주장해 왔다.

이처럼 월츠의 '시스템'은 그의 국제정치이론에서 사실상 유일무이한 거시적 분석단위라고 할 수 있다. 물론 월츠는 국제정치 '구조(structure)'의 개념을 추가함으로써 시스템의 모습을 결정짓는 강대국 간의 관계 또는 힘의 배열(arrangements)에 대하여 설명한 바 있다. 그리하여 강대국들의 관계가 양극체제인지 다극체제인지에 따라 시스템 안정성이 증가하거나 감소한다는 것이 그의 대표적인 명제로 제시되기도 했다(Waltz 1979, 168-169). 이러한 관점은 분명 세계 '전체'를 아우르는 강대국 중심의 질서를 부각시키는 데 도움을 줄 수 있지만, 그 하부 수준에서 발생하는 다양한 지역적 현상에 대해서는 충분하게 설명하기 어렵다. 이런 이유로 인해 동아시아 국제정치를 설명하는 데 있어 월츠의 구조 현실주의 명제는 충분한 이론적 적실성을 보여 주지 못해 왔다. 다만 양극화나 다극화 같은 강대국 정치의 구조가 동아시아 지역질서에 외부의 '환경'으로서 간접적인 영향을 미친다는 것으로 해석될 수 있을 따름이다. 이런 점에서 월츠의 구조 현실주의는 '지역' 또는 하부 수준의 단위체를 설명하기 위한 시스템 경계의 개념을 충분하게 발전시키지 못했다는 비판에 직면한다.

이처럼 월츠의 신현실주의 이론이 시스템 '경계'의 개념을 분명하게 설정하지는 못했지만, 시스템의 작동 과정을 설명하기 위한 내부의 메커니즘을 이론화하는 데 상당한 기여를 했다는 점에 대하여 분명하게 밝힐 필요가 있다. 월츠가 보기에 국제정치의 '구조'는 주요 구성원들 사이의 상호작용에서 발생하는데, 이러한 구조 개념으로부터 우리는 다음과 같은 두 가지의 의미를 추론할 수 있다. 첫째로 구조는 투입 변수가 달라져도 결과적으로 동일한 산출물을 만들어내는 보완적 장치로서 작동한다(Waltz 1979, 78). 시스템이론에서는 이러한 속성을 가리켜 '등(等)종국성(equifinality)'이라고 부른다. 이 개념은 서로 다른 조건하에서도 결과적으로 유사한 현상이 관찰될 경우 그 원인을 거시적 차원의 '구조'에서 찾을 수 있다는 점을 강조한다. 원래 자연과학에서 유래한 이 개념은 최종적인 시스템 상태가 최초의 조건에 의해 확실하게 결정되는 '닫힌 시스템'과 달리, 상이한 최초의 조건하에서도 외부 환경과의 상호작용을 통해 동일한 결과를 만들어내는 '열린 시스템'의 독특한 속성을 강조하기 위해 사용되고 있다(von Bertalanffy 1990, 72).[18] 월츠도 이러한 개념을 통해 미시적 수준의 행위자 변수보다 거시적 수준의 구조 변수가 더 중요하다는 점을 부각시키고자 하였다.

---

18 이와 같은 차이는 물리학과 생물학의 차이와 유사하다. 물리학의 탐구대상은 대부분 '닫힌 시스템'으로서 미시적 변수들 사이의 관계가 변하는 일이 거의 없다. 이에 비해 생물학의 탐구대상은 생명체나 유기물과 같은 '열린 시스템'으로서, 에너지 대사와 같이 외부 환경과 지속적인 교류가 있어야만 시스템이 유지된다는 점에서 열역학 제2법칙과 같은 물리법칙과 더불어 엔트로피 감소의 생물학적 법칙이 동시에 작동하는 경우가 많다(von Bertalanffy 1990, 134-135).

국제정치를 이론화하는 작업에 자기 조직화의 메커니즘 개념을 도입할 경우, 동아시아 지역에 내부의 상호작용 및 외부와의 관계로부터 유래하는 투입요인(inputs)이 어떤 시스템 과정을 거쳐 고유의 현상적 특징을 만들어내는가를 기술할 수 있어야 한다.[19] 아울러 이러한 특징이 '등종국성'의 패턴을 따름으로써 동아시아 이외의 지역에서 나타나는 현상과 비교 가능한 것이어야 한다. 예를 들어 동아시아의 근대화와 경제발전, 민주화, 군사적 갈등 등은 국제정치 및 비교정치 연구의 중요한 현상으로서, 지역 시스템 내부의 자기 조직적 메커니즘이 외부 환경과의 상호작용을 통해 만들어내는 등종국성의 대표적인 현상이라고 할 수 있다. 동일하지 않은 초기 조건에도 불구하고 이처럼 지역 차원의 시스템 사이에서 발견되는 유사성을 설명하는 일이야말로 정치학 연구자들에게 가장 도전적인 과제가 아닐 수 없다.

월츠의 구조적 접근은 이와 같은 논리를 기반으로 하여 지역 시스템의 작동 메커니즘을 제한적으로 이론화하는 데 성공했다고 판단된다. 그의 이론에 따를 경우, 이 지역의 정치적 현상들이 동아시아 시스템과 외부 환경 사이의 상호작용을 통해 이루어진 '자기 조직화' 과정이라고 해석할 수 있기 때문이다. 이렇게 볼 경우 '환경의 영향 → 시스템 내부의 자기 조직화 → 시스템의 대응'이라는 일련의 과정이 하나의 체계적인 이론틀 안에서 일관성 있게

---

19   스피노자의 '코나투스(conatus)' 개념도 시스템이론의 '자기조직화' 개념에 근사한 것으로서 볼 수 있다. 이 개념은 시스템이 '내재성'과 '역량'을 통해 지속적으로 생존해나갈 수 있는 장치를 갖추고 있으며, 이를 통해 자신의 일관성과 동일성을 유지할 수 있다는 점을 강조한다(Damasio 2007, 48).

설명될 수 있다. 동아시아 국제정치가 오랫동안 국제정치의 변방으로 폄하되던 상태에서 벗어나 오늘날 주요한 관심의 대상으로 부상하게 된 역사적 경로와 메커니즘을 이와 같은 자기 조직화의 개념과 모형으로 풀어낼 수 있다. 또한 전쟁이나 위기 등 국가 간의 주요한 사건들도 동아시아가 외부 환경과 상호작용하면서 자체적으로 시스템적 속성을 유지해 나가는 과정의 결과로 볼 수 있을 것이다.

월츠의 신현실주의 이론이 국제정치 현상을 하나의 기계적 메커니즘으로 비유함으로써 기여한 두 번째의 이론적 시사점은, 그러한 기계 시스템의 구조가 행위자에게 일련의 '제약조건'을 부과하는 과정을 분명하게 보여줄 수 있다는 점이다. 행위자들의 상호작용을 통해 구조가 형성되지만, 동시에 이러한 구조가 행위자들의 의도와 선택을 제약할 수 있기 때문이다. 월츠가 보기에 국제정치 시스템은 행위자들에게 간접적인 방식으로 영향을 미치는데, 행위자들 사이의 '사회화(socialization)' 및 '경쟁'이 대표적인 현상이다. 사실 월츠는 모든 국가들이 규모 면에서만 차이가 있을뿐 수행하는 기능에서는 동일하다고 전제하고 있는데, 이런 점에서 그는 모든 국가들을 '유사 단위체(like units)'라고 보았다(Waltz 1979, 95-97). 이와 같은 '조건'에 관한 이론화 작업이 타당하기는 하지만 국제정치의 복잡한 모습을 그려내는 데에는 여전히 미흡한 면이 있다. 특히 국가들이 갈등과 협력 등 상호작용을 하는 과정이 어떻게, 그리고 왜 일어나는가에 대한 '메커니즘'이 여전히 충분하게 제시되지 못하고 있기 때문이다.

이러한 한계를 보완할 수 있는 이론적 개념을 위해 일반시스템이론에서 제기하고 있는 '의미(meaning)'와 '이중의 우발성 (double contingency)'에 대하여 살펴볼 필요가 있다. 루만 등 시스템이론가들은 시스템 내부의 요소들이 상호작용하면서 궁극적으로 그들 사이에 호환되는 '의미'를 만들어낸다는 점에 주목해 왔다. 특히 시스템이론에서는 시스템을 지속적으로 재생산·재규정하는 단위가 '행위자'가 아닌 '커뮤니케이션'이라고 봄으로써 시스템이 어떻게 만들어지고 소멸하는지의 과정을 세밀하게 묘사하고 있다. 시스템 내부의 구성요소들은 외부 환경으로부터 제기되는 복잡성으로부터 일정한 부분을 선택함으로써 시스템 경계의 내부에서 통용되는 질서를 만들어 낸다. 이러한 질서가 바로 앞서 언급한 '복잡성 감축' 현상으로서, 시스템의 거시적 현상에 해당하는 '의미'라고 할 수 있다(Luhmann 1990, 22-23).[20] 월츠의 시스템이론에서는 '의미'라는 개념을 본격적으로 사용하지 않았지만, 시스템의 조직원리(ordering principle)가 곧 구조이며, 이를 통해 무정부상태(anarchy)로부터 시스템 내부의 위계질서(hierarchy)가 만들어진다고 보았다(Waltz 1979, 100). 이와 같은 시스템이론의 '시스템'과 '의미' 개념은 서로 잘 부합하며, 특히 동아시아와 같이 기

---

20 루만을 포함한 여러 시스템이론가들은 '시스템'의 지속성을 보장하는 메커니즘의 기본 속성이 '자기생산(autopoiesis)'라고 보았다. 하지만 이러한 자기생산 기능은 생명을 가진 유기체들이 유전자 조립을 통해 시스템을 지속시켜 나간다는 점에서 사회 시스템과 다르다고 할 수 있다. 시스템이론가들이 보기에 하나의 사회가 '시스템'으로 인식되기 위해서는 자기생산의 기본 단위가 유전자가 아니면서 구성원들 사이에 호환되고 재생산되는 것이어야 했는데, 여기에 가장 부합하는 개념이 바로 '커뮤니케이션'이었다. 이러한 이유로 루만은 시스템의 근본 요소가 인간과 같은 '행위자'가 아니라 '커뮤니케이션'이라고 보았다(Luhmann 2007, 152; Albert et al. 2008, 52-56; Knodt 1995, xx-xxiv).

존의 주류 국제정치이론에 대응하여 제기되는 단위체의 속성을 규정하는데 있어 유용한 도구가 될 수 있다.

시스템의 자기조직화 메커니즘과 관련하여 이론화 작업에서 고려해야 할 또 다른 요소로서 루만 사회학에서 논의하고 있는 '이중의 우발성'을 꼽을 수 있다. 이 개념은 앞서 언급한 '의미'가 만들어지는 과정을 기술하는 데 필요한 것으로, 외부 환경의 복잡한 가능성으로부터 보다 확실한 질서와 의미를 만드는 일련의 과정에서 두 단계의 우발성이 작동한다는 것을 뜻한다. 예를 들어 행위자 A가 행위자 B에 대하여 어떤 움직임을 취한다고 할 때, 시스템이론의 해석에 따르면 이는 수많은 가능성 중에서 적은 수의 실현 가능한 행동을 임의로 또는 우발적으로 선택하는 과정이라고 할 수 있다. 즉 행위자 B의 관점에서는 행위자 A의 선택으로 인해 자신의 선택에 있어 불확실성이 줄어들었기 때문에 시스템 복잡성의 수준이 감소한 것이다. 하지만 시스템은 상호작용에 의해 작동하기 때문에 행위자 B의 선택은 다시 행위자 A에 대하여 영향을 미치게 되고, 따라서 행위자 A의 선택과 행동은 결국 자기 자신에게 되먹임(feedback) 효과를 미치는 '재귀적(self-referential)' 결과로 이어진다. 이와 같이 행위자 A와 행위자 B 사이의 선택이 상호 영향을 미치는 속성을 '이중의 우발성'이라고 부른다(Luhmann 1990, 26; Luhmann 2007, 255-256).

이처럼 자기 조직화 메커니즘의 내부에서 일어나는 일들을 등종국성과 의미의 형성, 그리고 이중의 우발성 관계 등을 통해 묘사할 수 있다면 동아시아와 같은 지역 차원의 국제정치에서도 시스템이론을 훨씬 더 효과적으로 적용할 수 있을 것으로 보인다. 특히 국제정치이론의 역사적 편향성이 서구의 경험에서 유래했다는 점을 고려할 때, 동아시아 지역을 하나의 '시스템'으로 간주함으로써 토착적 국제정치이론을 향한 열망을 실현하는 데 큰 도움을 얻을 수 있다. 무엇보다도 동아시아 역내 관계에서 축적되어 온 상호작용의 고유한 패턴과 의미는 기존의 주류 국제정치이론에 대항할 수 있는 귀중한 자원들이 아닐 수 없다. 이러한 점에서 우리는 월츠가 기존에 제시했던 시스템 개념의 한계를 뛰어넘어 보다 정교한 하부 개념과 이론틀이 마련될 수 있는 노력을 지속할 필요가 있다 하겠다.

IV   맺는 말: 시스템이론의 함의와 동아시아

일찍이 허쉬만(Albert O. Hirschman)은 서구 실증주의 학문에서 나타나고 있는 '이론화의 강박증(compulsion to theorize)'에 대하여 신랄하게 비판한 바 있다. 과학적 접근이라는 미명하에 법칙을 축적하고 일반화를 끊임없이 추구함으로써 학문체계가 특정한 패러다임에 몰입하게 된다는 것이 그의 주장이었다(Hirschman 1970, 335). 이러한 강박관념은 '유일성(uniqueness)'보다 '보편성'을 중시하기 때문에 연구의 대상에 천착하기보다 데이터 분석을 통한 가설검정 작업에 치중하는 경향을 보인다. 이러한 관행은 탐구의 대상을 '이해(understanding)'하기보다 일반화된 법칙을 발견하는 데 지나치게 집착하는 결과를 초래할 수 있으며, 따라서 '이론화의 강박증'은 사회과학자들에게 '이해를 방해하는 요인(hindrance to understanding)'이 될 수 있다는 것이 그의 생각이었다. 결국 단순한 규칙성의 패턴을 찾아 헤매기보다는 탐구 대상을 깊이 '이해'하려는 시도가 더 절실하며, 이러한 노력은 인간 사회에 내재된 본연의 속성에 비추어볼 때 지극히 당연하다는 것이 허쉬만의 주장이었다.

그동안 동아시아 역내 국제정치에 대한 관심이 증가하면서 토착적인 경험을 기반으로 한 고유의 이론화에 대한 목소리가 커져왔다. 이러한 현상은 서구의 국제정치이론에 대한 의존에서 탈피하겠다는 '주체성'의 표현으로서 일견 바람직한 것으로 평가될 수 있지만, 그 형식과 내용을 어떻게 구성할 것인가에 대해서는 아직 눈에 띄는 성과가 없는 실정이다. 즉 '동아시아 국제정치이론'이라고 부를 수 있는 고유의 이론체계가 여전히 부족한 상황에 처해 있는 것이다. 이런 맥락에서 이 논문은 향후의 이론화 노력에 대한 방향성을 정립한다는 목표의 일환으로서 '시스템' 개념을 통해 동아시아를 어떻게 올바로 인식할 수 있는가를 집중적으로 논의하였다. 동아시아라는 지역 단위체는 명확하게 규정하기 어려운 지리적 개념이지만, 동시에 사회과학적으로 널리 통용되고 있다는 점에서 국제정치의 중요한 분석단위로 자리매김하고 있다. 이 논문은 동아시아를 하나의 '시스템'으로 이해하려는 시도가 어떤 점에서 의미가 있고 또 어떤 취약점을 안고 있는지를 비판적으로 검토하였다.

구조 현실주의 시각에서는 '시스템'을 전체 세계를 지칭하는 하나의 거대한 개념으로 상정하였다. 그런 까닭에 월츠가 제안한 시스템 프레임워크는 동아시아의 현실을 설명하는 데 효과적으로 활용되기 어려웠다. 앞서 논의한 바와 같이, 이러한 한계를 극복하기 위해서는 동아시아라는 상상의 단위체가 단순한 지리적 차원의 개념을 넘어 외부 환경과 끊임없이 상호작용하면서 질서를 만들어 나가는 동적 메커니즘으로 이해할 필요가 있다는 점이 강조되었다. 즉 동아시아는 다른 지역 및 글로벌 차원의 강대국 질서와 지속적으로 영향을 주고받는 하나의 '열린 시스템'으로 간주되어야 하는 것이다. 또한 하나의 시스템으로서 동아시아 내부에서 작동하는 자기 조직화의 메커니즘이 어떻게 동아시아 특유의 질서를 만들어 내는가를 보여 주어야 한다는 점도 부각되었으며, 이에 도움이 되는 도구로서 이 논문에서는 경계, 등종국성, 의미, 이중적 우발성 등 시스템이론의 주요 개념들을 검토하였다. 이런 노력을 통해 장기적으로 동아시아 고유의 국제정치이론을 구축하는 데 있어 동아시아라는 단위체를 이론적으로 정당화하고 효율적인 개념화 작업을 전개하는 데 도움을 얻을 수 있을 것이다.

참고문헌

강정인. 2004. 『서구중심주의를 넘어서』. 아카넷.

김달중·박상섭·황병무 편. 1995. 『국제정치학의 새로운 영역과 쟁점』. 나남.

김용구. 2003. "국제정치학사." 『한국정치학회 오십년사: 1953-2003』. 한국정치학회.

노재봉. 1988. "한국국제정치학의 지성사적 고찰." 『국제정치논총』 제28집 1호, 35-40.

민병원. 2007. "국제정치이론과 한국: 비판적 성찰과 제안." 『국제정치논총』 제47집, 37-65.

박상섭. 1987. "한국국제정치학 40년: 현황, 방향 및 가능성." 『한국정치학회보』 제21집 2호, 175-190.

_____. 1988. "한국국제정치학과 외래이론 수용의 문제점." 『국제정치논총』 제28집 1호, 23-33.

박상섭·하영선. 1995. "미국 국제정치학의 추세와 한국 국제정치학의 상황." 『국제정치논총』 제35집 1호, 303-313.

이상우. 1978. "한국국제정치학의 정립을 위하여: 소망스러운 발전방향과 과제의 확인." 『한국정치학회보』 제12집, 137-148.

이호재. 1988. "한국국제정치학의 발전을 위한 방향제시." 『국제정치논총』 제28집 1호, 201-208.

전재성·박건영. 2004. "국제관계이론의 한국적 수용과 대안적 접근." 우철구·박건영 편. 『현대 국제관계이론과 한국』, 592-618. 사회평론.

Acharya, Amitav and Barry Buzan(eds.). 2010a. *Non-Western International Relations Theory: Perspectives on and beyond Asia.* London: Routledge.

Acharya, Amitav and Barry Buzan. 2010b. "Why Is There No Non-Western International Relations Theory? An Introduction." In Amitav Acharya and Barry Buzan(eds.), *Non-Western International Relations Theory: Perspectives on and beyond Asia*, 1-25. London: Routledge.

Albert, Mathias, Oliver Kessler and Stephan Stetter. 2008. "On Order and Conflict: International Relations and the 'Communicative Turn." *Review of International Studies* 34, 43-67.

Arnason, Johann. 1999. "East Asian Approaches: Region, History and Civilization." *Thesis Eleven* 57, 97-112.

Beeson, Mark. 2005. "Rethinking Regionalism: Europe and East Asia in Comparative Historical Perspective." *Journal of European Public Policy* 12(6), 969-985.

Beeson, Mark. 2009. "Geopolitics and the Making of Regimes: The Fall and Rise of East Asia." *Political Studies* 57, 498-516.

Bull, Hedley. 1977. *The Anarchical Society: A Study of Order in World Politics.*

New York: Columbia University Press.

Buzan, Barry. 2001. "The English School: An Underexploited Resource in IR." *Review of International Studies* 27, 471-488.

Buzan, Barry and Ole Waever. 2003. *Regions and Powers: The Structure of International Security.* Cambridge: Cambridge University Press.

Damasio, Antonio. 2007. *Looking for Spinoza.* 임지원 옮김, 『스피노자의 뇌: 기쁨, 슬픔, 느낌의 뇌과학』. 사이언스북스.

Ginsburg, Tom. 2010. "Eastphalia as the Perfection of Westphalia." *Indiana Journal of Global Legal Studies* 17(1), 27-45.

Hirschman, Albert O. 1970. "The Search for Paradigms as a Hindrance to Understanding." *World Politics* 22(3), 329-343.

Hobson, John M. 2012. *The Eurocentric Conception of World Politics: Western International Theory, 1760-2010.* Cambridge: Cambridge University Press.

Huang, Xiaoming. 2010. "Crafting the Modern State: Religion, Family and Military in Japan, China, and Korea." In M. Parvizi Amineh(ed.), *State, Society and International Relations in Asia*, 21-50. Amsterdam: Amsterdam University Press.

Ikenberry, G. John and Michael Mastanduno(eds.). 2003. *International Relations Theory and the Asia-Pacific.* New York: Columbia University Press.

Job, Brian L. 2009. "Grappling with an Elusive Concept." In William T. Tow(ed.), *Security Politics in the Asia-Pacific: A Regional-Global Nexus?*, 31-48. Cambridge: Cambridge University Press.

Johnston, Alastair Iain. 2012. "What (If Anything) Does East Asia Tell Us About International Relations Theory?" *Annual Review of Political Science* 15, 53-78.

Kang, David C. 2010. "Hierarchy and Legitimacy in International Systems: The Tribute System in Early Modern East Asia." *Security Studies* 19, 591-622.

Keene, Edward. 2009. "International Society as an Ideal Type." Cornelia Navari(ed.), *Theorising International Society: English School Methods*, 104-124. New York: Palgrave Macmillan.

Kistler, Max. 2006. "New Perspectives on Reduction and Emergence in Physics, Biology and Psychology." *Synthese* 151, 311-312.

Kneer, Georg and Armin Nassehi. 2008[2000]. *Niklas Luhmanns Theorie Soziale Systeme.* 정성훈 옮김. 『니클라스 루만으로의 초대』. 갈무리.

Knodt, Eva M. 1995. "Foreward." In Niklas Luhmann, *Social Systems*, ix-xxxvi. Translated by John Bednarz, Jr. with Dirk Baecker. Stanford: Stanford University Press.

Luhmann, Niklas. 1990. *Essays on Self-Reference.* New York: Columbia

University Press.

Luhmann, Niklas. 2007〔1984〕. *Soziale Systeme: Grundriss einer allgemeinen Theorie*. 박여성 옮김.『사회체계이론 I』. 한길사.

Pempel. T. J.(ed.). 2005a. *Remapping East Asia: The Construction of a Region*. Ithaca: Cornell University Press.

Pempel, T. J. 2005b. "Introduction: Emerging Webs of Regional Connectedness." In T. J. Pempel(ed.), *Remapping East Asia: The Construction of a Region*, 1-28. Ithaca: Cornell University Press.

Ravenhill, J. 2009. "East Asian Regionalism: Much Ado about Nothing?" *Review of International Studies* 35, 215-235.

Rozeman, Gilbert. 2015. *Misunderstanding Asia: International Relations Theory and Asian Studies over Half a Century*. New York: Palgrave Macmillan.

Shilliam, Robbie(ed.). 2011. *International Relations and Non-Western Thought: Imperialism, Colonialism and Investigations of Global Modernity*. London: Routledge.

Soto, Ana M. and Carlos Sonnenschein. 2006. "Emergentism by Default: A View from the Bench." *Synthese* 151, 361-376.

von Bertalanffy, Ludwig. 1990〔1968〕. *General System Theory: Foundations, Development, Applications*. 현승일 옮김.『일반체계이론』. 민음사.

Waltz, Kenneth N. 1979. *Theory of International Politics*. Reading: Addison-Wesley.

Wesley, Michael. 2009. "Asia-Pacific Institutions." In William T. Tow(ed.), *Security Politics in the Asia-Pacific: A Regional-Global Nexus?*, 49-66. Cambridge: Cambridge University Press.

필자 소개

민병원 Min, Byoung Won

이화여자대학교 정치외교학과(Department of Political Science and International
Relstions, Ewha Womans University) 교수
서울대학교 외교학과 학사, 미국 오하이오주립대학교 정치학박사

논저 『복잡계로 풀어내는 국제정치』, "Not So Universal? The Search for Indigenous
International Relations Theories in South Korea", "국제정치의 인과성과 메커니즘",
"국제정치모델의 다양성과 변화", "국제관계 연구의 인식론", "통섭의 국제정치학"

이메일 byomin@ewha.ac.kr

제3장

동북아의 불완전한 주권국가들과 복합적 무정부상태

Incomplete sovereignty of Northeast Asian states, and
complex anarchy

전재성 | 서울대학교 정치외교학부 교수

주권의 성격과 소유주체는 근대 국제정치체제를 이론화하는 데 핵심 사항이다. 서구 주류이론은 국제법적 주권, 영토, 국민의 차원에서 온전한 주권국가를 상정하고, 이들 국가를 묶는 조직원리로 무정부상태를 상정하고 있다. 이를 기초로 국가들 간의 세력균형, 안보딜레마, 협력, 동맹, 세력전이 등 국제정치의 다양한 현상을 설명하고 있다. 그러나 비서구 지역에서 근대국가가 형성되는 과정은 지배와 왜곡으로 점철되어 왔으며, 주권의 성립은 불완전한 상황에서 고착되었다. 만약 불완전한 주권이 세계정치 전체의 차원에서 고착되어 있고, 주권의 불완전성이 서구의 완전한 주권체제와 유기적 결합 속에 있는 것이라면 단선적 주권 완성을 기대하기는 어렵다. 이러한 점에서 유럽 질서와 다수의 3세계 조직원리가 전체적으로 합쳐져서 지구 전체의 국제정치를 창출해 나가고 있는 복잡성이 근대 국제정치의 핵심이다. 특히 냉전 종식 이후 지구화의 추세가 강해지면서 지구정치 전체 속에서 3세계 지역의 변용은 또 다른 힘으로 국제정치에 영향을 미치고 있다. 본 논문에서는 서구 주류이론을 참고하면서 비서구 국제정치를 이루는 새로운 개념들로는 불완전 주권국가, 복합적 무정부상태를 제시한다. 경험적 연구로는 동북아의 불완전 주권국가들이 상호 승인되는 과정에서 나타나는 불완전 주권국가의 행위적 특성을 살펴본다.

The nature of sovereignty and its possession constitute essential parts in theorizing modern international political relations. Mainstream international relations theory from the West assumes the existence of complete sovereign states equipped with legal sovereignty, territory and people under the organizing principle of anarchy. States act according to the principles of balance of power, security dilemma, cooperation, alliance, and power transition. However, the process of modern state formation in the non-Western regions is characterized by domination and distortion, which left the status of sovereignty in these regions highly incomplete. Complexity comes from the situation where incomplete sovereignty of these states are inextricably combined with Western countries' complete sovereignty which empower them. How the interaction of these two groups are being unfolded and how the incompleteness of non-Western sovereignty remains intact is the core of modern international relations. His article suggests concepts such as incomplete sovereignty and complex anarchy as basic components of theorizing Northeast Asian international relations. Also it examines the recognition game among them as an empirical case.

KEYWORDS 동북아 Northeast Asia, 주권 sovereignty, 무정부상태 anarchy, 승인 recognition, 영토성 territoriality

I 문제제기

동북아는 두 개의 한국, 두 개의 중국, 그리고 비보통국가인 일본을 중심으로 미국과 러시아가 각축을 벌이는 지역이다. 아시아 전체에 걸쳐 지정학적 영향력을 발휘하는 중국과 일본은 물론, 지구적 강대국인 미국과 러시아가 자신을 동북아 국가로 한정짓지 않는 것은 물론이다. 동북아가 국제정치적으로 독립된 지역으로 성립될 수 있는가에 대한 질문은 지속적으로 제기된다. 그러나 국제정치적 지역은 그 정의 과정 자체가 정치적이고 구성적이어서 현실에서 이미 정의된 지역이란 존재하지 않는 것으로 보아야 할 것이다. 오히려 이들 국가들이 동북아라는 지리적 공간에서 다른 지역에서 행하는 국제정치와는 다른 국제정치의 행태를 보이는가에 따라 동북아가 독립된 국제정치 지역인가를 생각해 보는 것이 더 중요하다.

　동북아 국가들은 내부적으로 성공적 정치체제를 완비한 국가들이다. 다른 3세계 지역처럼 정부의 권능이 약하여 민족적, 종파적 이익들에 휘둘려 내전 상황을 허용하거나 테러집단과 같은 정치집단이 은신할 수 없는 지역이다. 강한 국가가 내부적 평화를 이룩하고 온전한 위계질서를 성립했다는 점에서 대내적 주권이 확고한 지역이다. 반면 두 개의 한국과 두 개의 중국은 근대 국가 주권의 구성요소들인 국제법적 주권, 영토, 국민의 범위를 놓고 서로를 인정하지 못하고 각축 중이다. 이러한 현상은 유럽 근대국가 성립과정에 비추어 볼 때, 20세기 이전의 상황과 오히려 유사하다고 하겠다. 주권국가가 온전히 성립되기 전에 나뉘어진 주체들이 독점적 주권과, 영토, 국민에 대한 권리를 놓고 전쟁을 벌였기 때문이다. 일본은 태평양전쟁 패전 이후 전쟁할 수 없는 국가로 헌법적 제약을 가지고 있고 다시 보통국가의 지위를 얻기 위해 노력하고 있다. 내부적으로 개헌에 대한 찬반이 치열하고, 군사적 보통국가가 되는데 대한 국제사회의 정치적 찬성도 중요한 요인으로 작동할 것이다. 따라서 동북아는 국내적 주권의 완비와 대외적 주권의 불완전성이 대비되는 지역이다.

반면 미국과 러시아는 20세기 이전까지 각기 유럽 중심의 국제정치와 일정한 거리를 두고 때로는 개입하고 때로는 고립하다가 1917년을 기점으로 모두 세계적 차원의 제국으로 발돋움한 국가들이다. 개디스의 말처럼 두 개의 제국이 각축을 벌인 것인데, 미국은 동의에 기반한 제국으로, 구소련은 지배에 기반한 제국으로 탄생했다(Gaddis 1997, 49-53). 아시아 국가들이 서구 제국주의를 매개로 유럽발 근대 주권국가체제를 부과받은 시점과 거의 비슷한 시점에 미소의 냉전 대립에 휘말려 들어가게 되었다. 동북아도 예외는 아니어서 20세기 초까지의 제국-식민지 체제를 겪다가 근대 국가로 변용하는 시점에 미소 냉전 논리의 영향을 강하게 받게 되었다. 1945년 경 전후로 동북아 내재적인 불완전한 주권의 논리와 미소의 강력한 제국논리가 합쳐져서 동북아의 국제정치를 규정하게 된 것이다. 냉전의 종식 이후에도 한중일 3국 주권의 불안전성은 지속되고 있으며, 미소 냉전 논리는 미국의 단극체제 논리에 의해 대체되었다.

이러한 상황에서 동북아 국가들 간의 국제정치 관계를 이론화할 때, 서구 주류이론을 그대로 적용할 수 있을까? 서구 주류이론들은 국제법적 주권, 영토, 국민의 차원에서 온전한 주권국가를 상정하고, 이들 국가를 묶는 조직원리로 무정부상태를 상정하고 있다. 그러한 가운데 국가들 간의 세력균형, 안보딜레마, 협력, 동맹, 세력전이 등 국제정치의 다양한 현상을 설명하고 있다. 그러나 근대국가가 형성되는 과정에서 아직 불완전한 단위들 간의 관계, 그리고 이들과 이미 완전히 정립된 단위들 간의 관계가 이들 이론으로 얼마나 설명될 수 있을까? 첫째, 단위의 차원에서 비서구의 불완전한 주권적 단위들이 아직 충분히 근대 이행을 하지 못했기 때문에 향후 시간이 지나면 성공적인 주권국가로 정착될 수 있으리라 생각해 볼 수 있다. 그러나 만약 불완전한 주권이 세계정치 전체의 차원에서 고착되어 있고, 주권의 불완전성이 서구의 완전한 주권체제와 유기적 결합 속에 있는 것이라면 단선적 주권 완성을 기대하기는 어렵다. 역외의 강대국들에게 3세계 국가들의 주권의 불완전성은 활용대상이고 따라서 고착될 가능성이 높을 수 있다.

둘째, 조직원리의 차원에서 유럽의 무정부상태의 지역적 변용으로 3세계 국제정치를 따로 논하는 것이 아니라, 지구 정치 전체의 차원에서 유럽발 베스트팔렌 체제와 3세계의 복합된 조직원리를 전체적으로 보아야 할 필요가 있다. 3세계는 근대주권국가체제로 변화되기 이전에 지역 나름대로의 지역질서 조직원리가 있었고, 그것이 베스트팔렌 체제로 완전히 대체된 것이 아니다. 행위자의 의식은 물론, 전파된 조직원리가 기존의 것과 합쳐지면서 각자의 방식으로 변용되고 복합되었기 때문이다. 원래의 유럽 질서와 다수의 3세계 조직원리가 전체적으로 합쳐져서 지구 전체의 국제정치를 창출해 나가고 있다. 특히 냉전 종식 이후 지구화의 추세가 강해지면서 지구정치 전체 속에서 3세계 지역의 변용은 또 다른 힘으로 국제정치에 영향을 미치고 있다. 기존의 중동 질서가 베스트팔렌 체제를 만나 변용되다가 다시 지구화의 추세 속에서 테러 집단을 산출하여 지구 안보질서에 영향을 미친 것이 하나의 사례이다.

동북아 국제정치의 이론화에서 불완전 주권 국가와 복합적 무정부상태의 작동양식에 주목하는 것은 아직 도달하지 않은 근대주권국가체제의 이미지가 아니라, 서구적 근대화 이전의 조직원리, 근대화 과정의 무정부상태가 어떻게 복합되어 새로운 질서를 창출했는지의 다중적 이미지 때문이다. 본 논문에서는 우선 서구 주류 이론을 참고하면서 새로운 개념을 창출하고, 이들 개념에 기반하여 기존의 이론을 변용한 이후에, 경험적 연구를 시도한다. 새로운 개념들로는 불완전 주권국가, 복합적 무정부상태가 핵심적이다. 경험적 연구로는 동북아의 불완전 주권국가들이 상호 승인되는 과정에서 나타나는 불완전 주권국가의 행위적 특성을 살펴볼 것이다.

II 불완전 국가 주권과 복합적 무정부상태

1. 무정부상태의 복합성과 다양성: 제국형 무정부상태, 내부갈등형 무정부상태, 내부경쟁형 무정부상태

무정부상태는 단위를 주권국가로 하는 상태를 일컫는 말이다. 무정부상태는 정부가 없는 상태라는 말로 국내정치를 부정적으로 정의한 말이다. 그러나 정부가 없는 상태가 질서가 없는 상태를 의미하는 것이 아니므로 무질서상태와 동의어가 아니다. 주권국가는 대내적 최고성을 가지는 동시에 대외적 독립성을 가지는데, 주권국가들 간 대외적 독립성은 상호 인정 위에서만 의미를 부여받는다. 어떠한 형태로 독립적인가, 어느 정도로 독립적인가, 상대방의 독립성을 어느 정도, 어떠한 상태에서 인정하는가 등의 문제는 무정부상태라는 부정확한 개념으로 파악되기 어렵다.

온전한 주권국가들 간 무정부상태가 조직되면 이들 간의 관계를 결정하는 요소들은 단위의 근본적 성격과는 다른 양태와 성질들이다. 국력의 크기, 정부의 형태, 상호작용의 양태 등이 조직원리 위에서 작동하는 운용원리 혹은 작동원리이다. 근대 주권국가 체제의 이념형(ideal type)은 주권국가 이전의 단위들 간의 전쟁, 전쟁으로 영토국가의 능력을 가진 단위들만의 생존, 주권국가들의 내부적 평화건설 및 대내적 위계 확립을 통한 대내적 주권 완비, 서로 간 주권국가로 상호 인정 및 무정부상태 조직원리 안착, 주권국가들의 국력 증진을 위한 경쟁, 국력의 크기에 따른 권위의 확립 및 위계적 작동원리 생성, 세력균형의 지속적 변화 속에 다양한 상호작용 발생, 부분적인 다자주의 확립과 공유주권의 부분적, 혹은 전반적 생성, 이후 탈주권국가 체제의 가능성 발생 등이다.

이러한 이상적인 근대주권국가체제제는 자생적인 경우와 외부에서 부과되는 경우로 구분할 수 있다. 유럽이 물론 자생적인 경우이며, 비유럽의 경우 주권국가체제 혹은 무정부상태 조직원리를 생성하는 과정은 이념형과 다르게 나타난다. 첫째, 미국과 같이 제국형 무정부상태의 경우이다. 미국은 여러 개의 주들이 하나의 연방 국가 체제하에서 통합되는 과정에서 본래적 제국성을 가지게 되었다. 통합의 과정이 제국주의로 연결되면서 세계적 제국을 건설하는 과정으로 나아갔고, 국제정치의 변화에 따라 부침을 겪고 있다(Deudney 1995). 이후 막강한 힘을 보유하면서 근대국가로 정립된 이후에도 다양한 방법으로 세력권과 영향권을 구축하며 운용원리상 제국을 추구하는 경향을 볼 수 있다.

둘째, 내부적 평화건설이라는 국내적 주권이 완비되지 않은 상황에서 무정부상태가 정착하는 경우이다. 근대 주권국가체제는 국가 내부의 완전한 위계와 국가들 간의 완전한 무정부상태의 조합으로 이루어진다. 그러나 중동의 경우처럼 대내적 주권이 완비되지 않은 상태에서 지속적인 내전, 주권국가 이외의 단위들의 지속적 작동의 상태가 지속될 수 있다. 종교, 종족, 초국가적 연합 등의 단위들이 여전히 주권국가와 경쟁하여 인민들에게 안보와 생존수단을 제공하는 경우 국제법적 주권을 부여받은 국가단위라 하더라도 서로 간의 경쟁이 아닌, 다른 단위들과의 경쟁 속에서 난관을 겪을 수밖에 없다(Ayoob 2002).

셋째, 내부적 평화를 성공적으로 건설하고, 주권국가 차원의 단위 정착에 성공하였지만, 온전한 주권을 건설하지 못한 경우이다. 동북아의 경우 국제법적 주권, 영토, 국민이 온전한 주권국가를 이룩하지 못한 분단국가들과 비보통국가의 사례이다. 주권을 소유한 국가와 경쟁하는 다른 단위들, 예를 들어 중동처럼 종족, 종파 등은 존재하지 않지만, 국가의 건설 자체를 놓고 분단된 단위들이 경쟁하는 경우이다. 한국과 중국이 그 사례이다.

따라서 이념형에서 이탈한 상태에서 세계적 차원의 국제법적 주권을 보유받은 국제체제의 경우 무정부상태는 복합성을 띨 수밖에 없다. 제국지향형 단위들은 국제정치의 상황 변화나 자구의 국력 증가에 따라 다양한 방법으로 운용원리의 위계성을 공고히 하고자 한다. 때로는 국제정치 조직원리 자체를 제국체제, 혹은 위계상태로 변화시키려는 시도를 할 수도 있다. 21세기 초 9·11 테러 이후 미국의 부시행정부는 불특정 테러 위협의 증가 속에서 예방공격을 합리화하는 변화를 꾀했다. 선제공격과 달리 예방공격이 타국의 주권을 심대하게 침해함에도 불구하고 미국은 2002년 백악관의 국가안보전략서에서 예방공격을 합리화했다(The White House 2002).

둘째, 내부갈등형 불완전 주권국가들은 지속적인 내전을 겪으면서도 국가의 권능을 초월하는 초국가적 단위들과 경쟁하게 된다. 동시에 지역 외부의 이미 완성된 주권국가들은 이들 국가들 간의 내부 갈등에 개입하여 자국의 이익을 극대화하고자 한다. 국가 내부의 불완전한 위계 상태와 지역의 불완전한 무정부상태 조직원리가 결합하여 국제정치의 무정부상태를 더욱 복잡하게 만드는 상황이다. 중동의 경우 시아파와 수니파 간의 갈등이 국내적으로 격화하면, 국가를 넘어선 초국가 종파주의가 한 국가 내의 갈등에 개입하게 된다. 더불어 역외의 강대국들이 이를 계기로 중동 국제정치에서 이익을 극대화하고자 한다. 시리아 내전의 경우, 시아파 아사드 정권에 대해 시아파 국가인 이란이 지원하여 이란의 지역적 종주권을 강화하고자 시도한다. 미국과 러시아는 시리아 사태에 다양한 형태로 개입하여 중동 지역 정치 안에서 자국의 이익을 극대화하기도 하고, 양자 간 협력과 경쟁을 도모하기도 한다. 결국 중동의 무정부상태는 국내, 국가 간, 지역 외부로부터 다양한 차원의 갈등이 결합하여 복합적 무정부상태의 모습을 보인다(Miller 2007).

셋째, 내부적으로 성공적인 위계를 확립하였지만 온전한 주권국가를 둘러싼 갈등이 지속되는 경우, 이상적 주권국가 건설을 위한 내부 경쟁이 지속되면서 동시에 국가들 간의 근대적 경쟁이 발생한다. 내부 경쟁형의 분단 국가들의 경우 분단된 단위들이 영토와 국민을 독점하려고 노력하는 과정에서 통일의 주도권을 둘러싼 경쟁을 하게 되고 이는 유럽 근대국가 형성과정의 전쟁과 유사한 논리를 띠게 된다. 비보통국가의 경우 보통국가의 온전한 주권적 권리를 보유하고자 내부적 힘의 건설 및 타국에 대한 승인투쟁을 벌이게 된다. 예를 들어 두 개의 한국과 두 개의 중국은 네 개의 단위 모두가 성공적인 내부 위계를 건설하였지만, 통일 주도권 확보를 위한 군사적 경쟁을 벌이고 있고 한국의 경우 전쟁을 치르기도 하였다. 동시에 분단 단위들 간, 그리고 이외의 역내, 역외 단위들과 주권국가들 간의 국제정치와 같은 모습을 보이기도 한다. 두 개의 한국의 경우, 1991년 UN 동시가입을 하면서 양자 간의 관계는 국제정치적 관계이기도 하지만, 분단 상황을 인정한 특수관계이기도 한다. 서로의 주권을 승인한 무정부상태이지만, 동시에 상대방의 존재를 각자의 헌법적 권리 안에서 부정하는 배타적 위계상태이기도 한 것이다.

내부 갈등형과 내부 경쟁형 무정부상태의 특징은 근대 주권국가체제가 안착되지 못하여 과거 토착적 조직원리나 근대 이행과정의 조직원리가 부활할 수 있다는 인식과 제도적 근거가 존재한다는 것이다. 중동의 경우 아랍과 이슬람을 단위로 한 지역 수준의 초국가적 연합이 대안으로 언제든 부활할 수 있다는 인식과 제도적 요소가 존재한다. 이란이 다시 제국의 위상을 찾아 중동의 주권국가 체제를 변화시킬 수 있다는 인식도 존재한다. 이는 주권국가들 간의 힘의 편차에서 비롯된 운용원리상의 위계화와는 다른 보다 근본적인 인식이다. 동북아의 경우 중국이 통일을 지향하면서도 강대국이 되면서 과거 사대질서의 부활을 지향한다는 한국과 일본 등 주변국가의 우려가 존재하고, 중국 스스로도 과거 조직원리에서 강대국화의 에너지를 얻고 있다. 일본 역시 19세기 근대 제국 팽창의 과거를 강대국화, 혹은 군사대국화의 준거로 삼겠다는 인식이 존재하며, 주변국 특히 한국과 중국의 일본 재제국화에 대한 우려는 더욱 크다. 결국 불완전한 근대 이행에서 비롯된 복합적 무정부상태는 내장된 제국성(embedded imperiality)을 가지고 있다.

2. 복합적 무정부상태하의 심화된 안보딜레마: 생존딜레마 게임

무정부상태하에서 국가들은 타국의 의도를 현재와 미래에 확신할 수 없고, 상대방 행위를 감시하거나 강제할 수 없기 때문에 딜레마를 겪는다. 상호 방어적 목적에서 안정과 평화를 위한 협약을 맺더라도 수인의 딜레마에 접하기 때문에 의도의 방어성과 무관하게 군비증강과 안보불안을 겪을 수밖에 없다. 공수무기의 완전한 구별 불가능성도 원인이다. 안보딜레마의 상황으로 지속적인 평화를 유지하려면 끊임없는 보장(reassurance)의 기제를 마련해야 한다.

이때의 국가들은 이론적으로 국제법적 주권과 영토, 국민의 개념에서 온전한 주권국가들로 상정되고 기본적인 법적 생존권을 보장받은 상태이다. 만약 안보딜레마에 처한 두 근대국가가 국제법적 주권을 놓고 논란을 겪거나, 영토 및 주권의 구성적 단계에서 갈등을 겪고 있는 국가라면 안보딜레마는 생존딜레마가 되며 위험은 더욱 커질 수밖에 없다. 국제법적 주권과 안보딜레마가 복합되어 일어난다면 존립 자체의 안정성이 딜레마에 처하게 된다. 영토와 국민의 범위를 놓고 갈등을 겪고 있다면 단순한 군비증강과 안보불안의 문제가 아니라 자국의 영토와 국민의 일부를 상실할 수도 있다는 위험 때문에 갈등은 격화될 수밖에 없다.

분단국가의 경우 분단된 두 주체는 서로 상대방의 존재를 부정하고 통일의 정당한 주체라고 주장하는 경우가 많다. 전형적인 안보딜레마는 방어적 의도를 가지고 현상유지를 목표로 하지만, 국제법적 주권 차원에서 불완전한 주권국가들은 자신 중심의 통일, 다시 말하면 정치적 주권체로서 상대방의 소멸을 추구한다. 따라서 두 주체는 근원적으로 공격적 의도를 가질 수밖에 없거나, 혹은 상대방에게 그렇게 인식될 수밖에 없다. 이 경우 전쟁을 통해 하나의 주체로 통일되거나 혹은 외교 경쟁, 승인 경쟁을 통해 우위를 차지하고자 한다.

두 주체가 영구분단과 두 개의 주권국가로 개별 국가건설을 약속하더라도 이 역시 보장이 필요한 부분이다. 일정한 국면에서 두 주체가 평화공존을 선언하고 군사적 신뢰구축을 추구하더라도 언제나 배반의 가능성을 염두에 두게 된다. 따라서 국제법적 주권을 놓고 분단된 두 주체는 일반적인 주권국가들보다 훨씬 더 심각한 안보딜레마를 겪을 수밖에 없다.

복합적 무정부상태하에 존재하는 내장된 제국성 역시 안보딜레마를 심화시킨다. 토착적 조직원리로서, 혹은 근대 이행과정에서 근대적 제국-식민지 조직원리로서 제국의 팽창성은 비서구지역을 휩쓸었던 조류이다. 토착 제국의 부활이나 제국주의의 부활에 대한 우려가 존재하고 탈제국, 탈식민의 과정이 여전히 미완이라면 과거 제국과 과거 식민지 간의 안보딜레마는 정체성의 정치, 혹은 배상의 정치의 모습을 띠고 더욱 심화된다. 동북아의 경우 한국은 중국과 일본에, 북한은 중국에 생존의 우려를 담은 안보딜레마를 겪고 있다. 전통시대에 한국은 중국의 직접 식민지가 되거나 증공국의 지위를 유지하였고, 19세기와 20세기 초 일본의 제국주의에 식민지화되었기 때문에 내장된 제국성과 미완의 탈식민성은 안보딜레마를 심화시킨다. 일본은 1945년 이후 한국에 대해 온전한 배상과 사과를 하지 않았기 때문에 미완의 탈제국성은 안보딜레마를 심화시키는 요인이 된다. 중국 역시 일본의 반식민지화 과정에서 역사적 상처를 입었고 여전히 일본의 군사적 보통국가화에 대한 우려를 안고 있다. 중일 간의 안보딜레마는 내장된 제국성이 상호적으로 영향을 미치는 형태이기 때문에 경쟁성이 더욱 크다고 할 수 있다.

3. 동북아 한중일 3국 주권의 미완성

근대주권국가의 요소가 법적 주권, 영토, 국민이라고 할 때, 동북아 전통질서의 특징은 상대적으로 명확한 국경을 소유하고 있었다는 점과 대내외적으로 확정된 민(民)의 개념을 가지고 있었다는 점이다. 중세유럽이나 20세기 초 중동과는 달리 한중일 3국은 역사적으로 정복과 할양의 역사는 있지만 명확한 국경개념을 가지고 있었다. 국경이 선의 개념이냐 면의 개념이냐를 둘러싸고 논쟁이 존재하기는 하지만, 상시적 국경 경계의 기술적 문제를 넘어 지리적 경계 이외의 조직원리가 있었다고 보기는 어렵다. 예를 들어 중세 유럽의 경우 결혼 등 인적 관계에 의해 정치적 단위를 유지하고 지리적 경계를 넘는 조직원리를 가지고 있었던 것과 대비된다. 사대 자소 질서하에서 중국은 주변국을 제후국으로 책봉하였지만 제후국들의 지리적 경계를 인정하였고, 중원 왕조의 힘의 부침에 따라 제후국 내부의 정치적 자율성을 인정하였으며, 심지어는 주변국들에 의해 정복당하기도 하였다.

민의 개념 역시 정치적 권위와 밀접하게 연관되어 국가를 넘어선 민의 존재가 있었던 적은 많지 않다. 지리적 국경 내에 살고 있는 민은 하나의 권위하에 배타적으로 소속되어 있었기 때문에 중세 유럽처럼 국가 이하의 단위와 국가 이상의 단위에 복수적으로 소속되어 민의 경계가 모호한 것과는 구별된다. 또한 중동의 경우처럼 국가 이외의 종파나 민족의 경계가 함께 존재하여 정치적 국민의 개념과 혼재된 경우도 거의 없다. 한국과 일본은 종족적 민족주의가 이미 오래 전에 확립되었고, 정치적으로도 근대적 민족주의는 아니지만 국가 경계의 정치적 민의 개념이 확립되어 있었다. 중국의 경우 다민족 제국이었기 때문에 민의 개념이 보다 복잡했다. 그러나 지리적 경계 개념이 명확하여 정복과 복속이 다반사

표 1. 한중일의 불완전한 주권 내용

	법적 주권	영토	국민
남북한	분단	분단, 해양영토 분쟁	분단
중국	분단	분단, 해양영토 분쟁, 다민족 분리운동	분단, 다민족 갈등, 해외화교네트워크
일본	비보통국가 (군사적 한계)	해양영토 분쟁	없음

였지만 통합적 영토하에 정치적으로 일관된 민의 개념이 존재하였고 다만 다변하였다.

한중일 3국이 근대 주권국가로 이행하면서 문제가 된 가장 큰 부분은 법적 주권이라고 보아야 한다. 근대 국가주권 규범들 중 주권적 평등이 가장 받아들여지기 어려운 부분이었고, 내정불간섭 역시 전통 제국 질서를 탈피해야 정착될 개념이었다. 반면 영토적 온전성의 규범과 통합된 국민 개념은 상당 부분 존재하였던 규범이라고 할 수 있다. 한중일 3국은 근대 국가로 이행하면서 여전히 법적 주권의 불완전성을 보유하고 있고, 영토와 국민의 경우 기존의 근대 이전 관념 혹은 사실에서 근대적 관념과 사실로 이행하는 데 갈등을 가지고 있다. 3국 모두 영토와 국민에 대한 통합된 개념을 가지고 있었기 때문에 한국과 중국의 영토적, 인적 분단은 비정상적으로 여겨질 수밖에 없다. 3국 간의 영토분쟁은 근대 이전의 영토들 중 변방에 위치하는 영토 획정이 온전치 못한 데에서 기인한다. 특히 근대 이행 과정에서 전쟁의 전후처리가 온전하지 못했고, 과거와는 달리 해양이 차지하는 중요성이 커지면서 변방의 해양이 중요한 영토갈등의 대상으로 떠오른다. 이전에는 전략적 중요성이 매우 적었던 영토들에 대한 근대적 획정 과정이 미완으로 남은 것이다.

III 국가 주권 승인의 국제정치

1. 동북아의 국내 주권 형성과정과 제국-식민지 조직원리의 수립

1840년 아편전쟁에서 2016년 현재까지 170년 남짓의 기간 동안 동북아는 기존과는 완전히 다른 조직원리의 지역으로 이행한다. 이 과정은 내부적으로 이루어진 것이 아니라 서구 제국주의에 의해 촉발되었다. 서구의 근대국가는 우선 막대한 물리적 힘을 가지고 있었고 동북아 3국을 무력으로 제압했다. 동북아 국가들은 수세적 모방에서 적극적 제국화로 나아간다. 한국의 경우 해방(海防), 원용부회, 양절체제, 자강균세, 국권회복을 통해 근대적 국민국가화와 부국강병을 추진한다(하영선 2007).

　서구의 경우 탈중세 근대 이행은 첫째, 내부적 주권의 성립과정으로 치열한 전쟁을 통한 중앙집권화, 행정통합, 절대주의 국가화의 과정을 거쳤고, 둘째, 외부적 주권의 성립과정으로 근대 주권국가의 체제를 선취한 국가들 간 전쟁을 벌여 국가 주권의 상호 승인을 이루었고, 셋째, 상호 승인된 국가들이 경쟁하면서 지역 전체를 차지하는 제국의 지위를 얻기 위해 전쟁을 벌이면서 한편으로는 '포기의 균형'을 이루어 국가들 간 세력균형체제가 안착하게 된다. 이 과정에서 국내 주권을 위한 치열한 전쟁이 이루어졌고 중세의 기사나 도시국가 등 영토 국가 이외의 폭력은 국가에 귀속되었다. 근대 국가의 체제를 갖춘 서유럽 국가들, 즉, 스페인, 프랑스, 영국, 네덜란드 등은 상호 전쟁을 통해 유럽 전체의 근대 이행을 추동하였고 이 과정에서 다자적 주권 승인이 지속적으로 이루어진 다. 그 정점은 1648년의 베스트팔렌 조약이다. 그러나 상호 승인 이 국가들의 팽창욕구를 근본적으로 잠재운 것은 아니며 강대국들 은 지역 전체를 정복하려는 제국의 꿈을 지속적으로 실현하고자 한다. 나폴레옹의 프랑스, 레닌의 소련, 히틀러의 독일 등은 무정 부상태 조직원리를 제국 조직원리로 변화시키고자 한 소위 혁명적 국가들이며 모두 실패했다. 1945년 이후에는 지역통합을 통해 공 유된 주권의 조직원리로 이행을 시도해 왔다.

서구의 3단계 이행을 동북아에 적용시켜 본다면, 한중일 3국 의 국내 주권 성립과정을 우선 상정할 수 있다. 일본이 가장 빠른 국내적 통합을 이루었는데 1853년 개항 이후 1868년 메이지 유신 으로 천황제 국가를 정립하는 시기이다. 이 과정에서도 중세적 봉 건국가의 이행을 위해 천황의 강화, 대정봉환, 그리고 무엇보다 사 쓰마-조슈번의 전쟁과 같은 무력통합의 과정이 존재했다. 중국 역 시 아편전쟁 패전 이후 근대 국가화의 과정에서 치열한 내부 전 쟁을 겪었다. 1911년 중화민국 수립 이전까지 중국은 한편으로는 서구 제국주의 세력에 의해 반식민지화의 길을 겪는가 하면 지역 별, 민족별 다양한 세력들이 무력을 사용한 투쟁을 벌이다 결국 손 문에 의해 하나의 근대국가로 탄생한다. 그러나 중국은 이후에도 1949년에 이르기까지 군벌과 국공 간 내전으로 완전한 국내적 주 권을 정착시키는 데 더욱 어려움을 겪는다. 이 과정 역시 내전과 전쟁 등 폭력의 과정으로 얼룩진다. 한국은 1876년 개항이후 1897 년 광무제국이 성립될 때까지 갑신정변, 동학혁명 등 엘리트 간, 그리고 민중의 봉기 등 폭력이 벌어지지만 비교적 폭력 수준이 낮은 상태에서 근대국가로 이행한다.

　2단계로 주권국가들 간의 전쟁과 상호 승인의 과정을 들 수 있다. 유럽의 경우 전쟁을 통해 영토와 국민의 경계가 확정되고, 국가들의 권능의 범위와 상호 승인의 과정이 17세기 전후 일어났다. 동북아의 경우 1949년 이전까지 상호 승인은 원천적으로 불가능한 상태였다. 유럽과는 달리 서구 제국주의 세력이 침투해 있었고, 제국-식민지의 조직원리가 근대 주권 국가 원리와 일체화되어 부과되었기 때문이다. 일본은 이미 한국의 개항 시기를 전후하여 정한론을 가지고 있었고 한국, 중국과 주권 평등에 입각한 주권 규범을 받아들이지 않고, 제국화로 나아갔다. 19세기 지구 차원의 주권질서로는 제국-식민지가 이미 정착된 조직원리였기 때문이다. 따라서 일본-한국 간의 대외적 주권 승인은 원천적으로 불가능했다. 일본은 한국을 식민지화하고 중국을 침략했기 때문에, 중일 간의 주권 승인 역시 쉽지 않았다. 일본은 중국과의 전쟁을 통해 주권국가 간 영토, 국민의 확정을 추구한 것이 아니라 만주국 설립 등 중국의 부분, 혹은 전체를 식민지화하려는 의도를 가지고 있었다. 제국-식민지 조직원리에 입각하여 대중 전략을 추구하였기 때문에 역시 중일 간 근대적 승인은 불가능했다. 일본은 더 나아가 1940년대에 이르러 대동아공영권을 추구했으며 이는 제국의 확장을 의미했다. 독일, 소련과 불가침조약을 맺어 이들 혁명적 국가들과 지역적 제국을 함께 도모했고 동북아 국가들 간의 상호승인은 불가능했다. 따라서 유럽과는 달리 "전쟁이 국가를 만들고, 국가가 전쟁을 만드는" 과정은 존재하지 않았는데, 이는 유럽 제국주의가 보편화된 과정에서 국가 건설 시기를 맞이했기 때문이다. 오로지

"전쟁이 제국과 식민지를 만들고, 제국들이 전쟁을 수행하는" 비서구 지역의 특수성이 나타난 것이다.

2. 복합적 무정부상태하의 국가 승인 문제

주권국가로 정초되기 위해서는 정치적으로 주권국가의 지위를 획득하거나 혹은 국제법을 매개로 타국에게 주권국가로 승인받아야 한다. 주권국가로 승인받게 되면 예외적 경우를 제외하고 존속을 보장받는다. 또한 영토적 일체성에 대해서도 보장받고 내정에 대한 불간섭의 권리도 획득한다. 이후 주권의 제한과 관련된 사항은 주권국가의 자발적 양보 혹은 협약에 의한 구속에 의해서만 가능하다. 따라서 주권 국가로 승인받는 과정은 그 단위의 이익을 위해 절대적으로 유리하다.

국제법에서는 국가 승인을 놓고 선언적 효과설(declaratory doctrine)과 창설적 효과설(constitutive doctrine)이 대립하여 왔고 현재에도 논쟁은 지속되고 있다. 우선 국가성을 판별하기 위한 국제법적 요건은 1933년 몬테비데오협약(Montevideo Convention on Rights and Duties of States)에서 정한 바 있다. 동 협약 1조는 1) 상주인구, 2) 확정된 영토, 3) 정부, 4) 다른 국가와 관계를 맺을 수 있는 능력 등 네 가지를 국가 요건으로 들고 있고 이 협약은 미국과 중남미 국가들을 당사국으로 하고 있으나 국제관습법의 내용을 반영한 것으로 평가받고 있다. 결국 국제법상 국가는 영속적인 인구와 일정한 영토, 유효한 정부, 타국과 독자적으로 국제관계를 맺을 수 있는 법적 능력 혹은 독립성을 지녀야 한다는 것이 인정되고 있다(유형석 2009, 408-409).

승인에 대한 선언적 효과설과 창설적 효과설의 대립은 이론상 자연법주의와 법실증주의의 대립과 연결되어 있다. 선언적 효과설이 역사, 정치적 과정에서 독립영역 실체에 법주체성을 구하므로 자연법주의와 연관되는 반면, 창설적 효과설은 승인 행위에 법주체의 탄생근원을 구하고 있기 때문에 법실증주의적이다(유형석 2009, 409). 선언적 효과설은 국가 승인이란 새로운 국가가 자격요건을 확립하고 사실상 성립한 시점부터 타국에 의한 승인 유무에 관계없이 국제법상 법주체로 존재한다고 본다. 따라서 승인을 부여하는 국가 상호 간, 혹은 국제기구에 의한 승인행위가 불필요하다고 본다. 문제는 독립성을 가지는 유효한 정부의 존재라는 요건이 충족되었는가를 실제로 심사할 필요가 있다는 점에서 비판을 받고 있다. 반면 창설적 효과설은 새로운 국가가 외국이나 국제기구의 승인을 받을 때까지 국제법의 목적상 존재가 아니라고 보고, 기존 국가들에 의한 승인작업이 필요하다고 본다. 창설적 효과설이 현실에서 존재하는 국제정치와 상통하는 부분이 크지만 문제가 없는 것은 아니다. 기존 국가는 새로운 국가가 언제 국제공동체에 가입할 것인가를 결정할 권한을 가지게 되므로 주권평등의 원칙과 모순되는 문제가 있다. 또한 비승인주의의 남용, 미승인국 지위의 부요 등 승인문제가 정치적 가치판단에 좌우되는 문제도 안고 있다(유형석 2009, 412). 국제법 학자들은 정치에 의해 승인 문제가 권력정치에 흡수되는 것을 막기 위해 법에 정해진 절차에 있어 권한 있는 기관에 의해 승인여부가 확인되어야 한다는 쪽으로 전통적인 창설적 효과설을 수정하여 새로운 창설적 효과설을 만들어가고 있다(유형석 2009, 413-414). 그러나 국제정치의 입장에서 보면 이러한 법적 보완이 도움이 될 수는 있지만 법적 승인 과정 자체가 국제정치에 의해 결정된다는 점에서 여전히 정치적 과정을 과소평가할 수 없다. 결국 국가 승인 과정이란 국제법과 국제정치 양면을 고려하건대, 기존의 국가들의 기득권이 작동한다는 점, 특히 강대국 정치의 이익이 투사되어 승인의 정치학이 운용된다는 점에 유의할 필요가 있다.

이러한 승인의 정치학은 새롭게 탄생한 국가들을 둘러싸고 치열하게 벌어졌고, 시기적으로는 1945년 전후 탈식민 과정과 일치한다. 여전히 불완전 주권을 소유한 국가의 경우 승인을 둘러싼 경쟁이 지속되고 있다. 내부 갈등형 불완전 주권 국가의 경우 내전과 국제적 갈등 속에서 내정 불간섭의 원칙을 지키기 어렵다. 국제사회는 이미 국제법적 주권을 가지고 있는 국가를 대표하는 내부 세력이 불확실할 경우, 국제법적 승인 이후 승인의 유지, 혹은 정치적 승인 과정에서 어려움을 겪는다. 9·11 테러 이후 미국은 이라크를 침공하였고 기존의 수니파 정권을 무너트리고 시아파 정권을 새롭게 건설하였다. 이후 다른 국가들은 이라크를 대표하는 세력을 둘러싸고 정치적 문제를 겪었고, 결국 이라크 내 기존 수니파 세력은 상당부분 이슬람 국가(IS)에 합류하는 상태에 이르렀다. 이슬람 국가는 이라크와 시리아에 걸쳐 존재하는 세력이며, 이라크 영토 내에 이라크 인민을 대표하는 정치단위가 혼란을 겪고 있다. 시리아의 경우 미국은 시리아라는 국가를 국제법적으로 승인하는 것은 의심의 여지가 없지만, 내전으로 인해 아사드 정권과 반군 사이에서 정치적 승인의 문제를 안고 있다. 러시아가 아사드 정권을 정치적으로 승인하고 있는 반면, 미국은 이슬람 국가의 격퇴문제, 아사드 정권을 지지하는 이란과의 관계 등을 고려하여 정치적 승인에 난관을 겪거나, 혹은 이를 활용하고 있다.

내부 경쟁형 국가의 경우 외부의 승인을 받고자 하는 복수의 세력이 존재한다. 그리고 그 세력들은 이미 내부 위계를 완성하여 국가 혹은 준국가의 형태와 실력을 갖추고 있다. 또는 내부적으로 위계를 갖추었지만, 주권적 권한을 국내적으로 제한하는 비보통국가도 존재한다. 온전한 주권국가의 권리를 갖추고자 하는 세력과 주권을 제한하려는 세력 간의 갈등은 국가 외부의 승인과 연결되어 복잡한 문제를 야기한다. 한국과 중국의 경우, 남북한과 중국, 대만의 네 개 단위가 국제법적 승인을 배타적으로 획득하고자 한다. 승인의 획득은 다른 국가이익보다 훨씬 더 앞서는 중차대한 문제이다. 일본의 경우 전쟁할 수 있는 국가라는 온전한 주권을 획득하고자 하지만, 국내적 찬반 세력의 경쟁이 개헌 문제와 결합하여 지속되고 있다. 일본의 군사보통국가화는 태평양전쟁의 기억을 가지고 있는 동아시아 국가들의 정치적 승인의 문제와도 결합되어 있다. 일본의 개헌은 일본 주권의 문제이지만, 1951년 샌프란시스코 평화조약이라는 다자협약과 긴밀히 연결되어 있는 만큼, 주변국의 인정이 있지 않으면 개헌 이후에도 어려움을 겪을 수 있다. 따라서 동아시아의 두 개의 한국, 중국과 대만, 일본은 국제사회의 승인을 획득하는 것을 가장 근본적인 국가이익으로 삼을 수밖에 없다.

3. 국가주권의 승인을 둘러싼 동북아의 경쟁과 외교

1945년 일본의 패전과 한국의 해방, 중국에서 일본의 패퇴 등으로 동북아의 국제관계는 대변화를 겪는다. 무엇보다 근대 제국-식민지 조직원리가 소멸되고 근대 주권국가 간 무정부상태의 조직원리가 자리 잡는다. 이 과정에서 한국은 분단되고 두 개의 한국 정부가 수립되고, 중국 역시 1949년 공산화 혁명 성공 이후 중화민국과 중화인민공화국의 정부가 수립된다. 만약 외세의 개입이 없었다면 전쟁을 통해 근대 주권국가 성립과정이 종결되었을지 모른다. 북한은 소련과 중국의 지원을 받아 한국 전쟁을 시작했고, 미국을 비롯한 UN 회원국이 개입하여 1953년 7월 27일 정전협정이 체결된다. 만약 소련이 김일성으로 하여금 한국전쟁을 수행하도록 허락하고 지원하지 않았다면 한국전쟁은 발발되기 어려웠을 것이다. 혹은 미국이 침략받은 한국을 지원하지 않았다면 한국은 공산화 통일되고 하나의 근대 국가가 되었을 것이다. 남북한이 한국 전쟁 없이 군사적 대치를 유지했다면 통일되었을지 알기 어려우나 미소의 냉전적 개입이 시도되어 분단이 현재와 같이 지속되었을 가능성을 배제하기 어렵다.

중국 대륙이 공산화되고 장개석이 대만으로 패퇴한 이후 대만에 대한 미국이 지원이 없었다면 대만의 존재 역시 지금보다 훨씬 불안했을 가능성이 높다. 한국 전쟁이 발발하고 미국은 중국의 대만 무력 통일에 대한 불안을 느끼고 있었고 결국 1954년 미국과 대만 간 방위조약이 성립된다.

한국과 중국의 분단과정을 보면 하나의 영토와 국민을 둘러싼 두 개의 권위, 정부가 충돌한 것인데, 무력으로 해결하는 과정이 시도되었고, 그 과정에서 미국과 소련이라는 역외 세력이 강대국 정치, 혹은 냉전적 대결의 논리로 개입하여 하나의 근대국가가 수립되는 과정에 개입한 것이다. 이후 한국과 중국의 주권국가 건설과정은 지역정치 전반, 더 나아가 지구적 차원의 강대국 정치와 연관되었고, 두 국가의 내부 전쟁을 통한 국가 건설과는 유리된다. "전쟁이 국가를 만든다"고 할 때, 이제 전쟁은 지역과 세계 차원의 전쟁으로 확전될 수 있게 된 것이다.

이후 두 개의 한국과 두 개의 중국이 불완전 주권 국가로서 하나의 영토와 국민을 놓고 단일 국가를 지향하는 과정은 무력뿐 아니라 외교적 승인의 경쟁으로 지연되고 확대된다. 앞서 살펴본 선언적 효과가 아닌 창설적 효과를 획득해야 하기 때문에, 자체적인 국가성의 권능을 획득한 네 개의 단위는 창설적 효과를 놓고 경쟁하게 된 것이다. 그리고 주권국가로 인정받는 목적은 다른 모든 국가이익을 압도하게 되고, 이를 활용하는 외부세력에게는 외교정책의 이점이 된다.

일본의 경우 불완전 주권은 평화헌법에서 비롯되었다. 일본은 평화헌법으로 전수방위원칙을 고수하고 있는데, 이는 외부의 공격을 받고 나서 군사력을 사용할 수 있다는 것이며, 자위를 위한 목적으로 최소한의 군사력 사용을 규정하고 있다. 따라서 상대국에 대한 선제공격, 전략 공격을 금지하며, 자국의 영토 내, 주변부에서만 상대국의 침공 격퇴를 위해 작전한다는 사후적이고 수동적 군사전략이다. 무기 체계 역시 자위를 위한 최소한 방위력만을 보유한다는 것이다. 평화헌법의 발안에 대해서는 맥아더 입안설, 맥아더-시데하라 합작설, 시데하라 발안설, 천황의 인간선언에서 비롯된 천황 발안설 등 다양한 논의가 있지만 대체로 포츠담 선언의 이행을 목표로 했던 미군정, 천황과 국체 유지를 지상과제로 삼은 일본 지배층, 천황제에 비판적인 국제여론 및 국내 비판 세력 간의 역학관계 산물로 등장했다. 맥아더가 일본 헌법 초안을 위해 제시한 맥아더 3원칙은 1) 입헌군주제로 천황 승인, 2) 자위 전쟁 포함 일체의 전쟁 포기 및 군비 금지, 3) 일본 봉건제도 폐지 등을 내용으로 하고 있다. 또한 포츠담 선언은 일본 군국주의 청산, 전범 처벌, 무장해제, 재군비 금지 등을 규정하고 있다(이상봉 2006, 289-293).

따라서 일본의 평화헌법은 평화를 원하는 일본 국민의 열망을 반영하면서도 포츠담 선언 이행이라는 국제법적 의무 실행, 일본의 비군사화를 원하는 국제여론이 반영된 복합적인 것이었다. 따라서 일본의 헌법상 제약은 일본 자체의 것이기는 하지만 패전의 상황과 국제법의 맥락에서 국제정치 및 주변국의 의사가 반영된 정치적인 것이기도 했다.

IV 동북아 국가들의 승인 과정과 불완전 주권국가의 국제정치

1. 불완전 주권국가들의 국제정치 특징

불완전 주권국가들이 국제정치에서 행하는 행동들은 온전한 주권국들 간의 국제정치 맥락과는 다르다. 첫째, 동북아 3국이 불

완전 국가로 정립되면서 주권의 완전성 추구는 이들 국가의 대외
전략 목표 중 가장 중요한 목표가 된다. 분단 국가들은 자신이 주
체가 되어 통일된 근대주권국가를 만들고자 한다. 이 경우 타국이
나 국제사회의 승인이 매우 중요한 문제인데, 경쟁하는 다른 단위
를 제치고 영토와 국민에 대한 유일무이한 권위체로 인정받게 되
면 국가의 지위와 힘은 비교할 수 없을 만큼 고양되기 때문이다.
일본과 같은 헌법적 제약을 가진 불완전 주권국가의 경우 온전한
군사적 보통국가로 국내외를 설득시키고, 보통국가로 승인받는 것
이 가장 중요한 외교정책의 목표가 된다. 따라서 근대 주권국가가
추구하는 많은 다른 국가이익들을 희생하고 주권의 완전성을 향한
행동을 하게 되는데 이는 기존의 국제정치이론으로는 명확히 잡히
지 않는 특성이다.

둘째, 불완전 주권국가들의 주권완성 노력이 진행됨과 동시에
각 단위들은 완전한 주권단위인 것처럼 동시에 행세하기도 한다.
이들은 일종의 유사 주권체(quasi-sovereigns)로서 국제법적 주권
체로 다른 국가들과 관계를 맺고 활동한다(Jackson 1993). 특히 미
국과 소련, 혹은 미국과 러시아와 같은 역외의 온전한 주권국가들
과 온전한 주권국가들인 것처럼 행동한다. 그러나 그 과정에서 주
권의 완성노력과 주권국가로서의 행세가 복합되어 나타날 수밖에
없다. 불완전 주권국가들은 두 목표를 동시에 추구하기도 하고, 때
로는 하나의 이익 때문에 다른 하나의 이익을 희생하기도 한다.

셋째, 동북아 3국은 서로 상대방의 주권의 불완전성을 활용
하여 자국의 이익을 극대화한다. 분단국가들을 상대로 외교를 할
때에는 이들이 필요로 하는 승인의 정치를 활용하여 이익을 극대

화할 수 있다. 예를 들어 중국과 일본은 두 개의 한국 정책을 구사해 왔으며 남북한을 승인하는 과정에서 자국의 이익을 극대화한다. 중국과 한국은 일본의 군사적 보통국가화 과정에 외교적 압박을 가하기 위해 노력한다. 일본이 보통국가가 되었을 때 어떠한 국가가 되어야 하는가, 어떠한 형태의 보통국가로서 일본을 승인할 것인가에 대한 의견을 제시함으로써 자국의 이익을 극대화하려 한다.

넷째, 동북아 3국과 역외의 강대국인 미국과 러시아가 관계할 때, 이들 강대국은 승인의 정치를 통해 자국의 이익을 극대화하고자 한다. 동북아 3국은 역외 강대국의 승인을 받아 자신의 지위를 공고히 하고 국익을 증진시키고자 한다. 따라서 강대국과 동북아 3국은 서로의 이익을 극대화하기 위한 복잡한 승인의 정치를 벌이게 된다. 역외 강대국들은 동북아 국가들의 복합적인 무정부상태를 유지함으로써 이익을 얻어내는 상황을 유지하고자 한다. 그렇게 본다면 지구적 차원에서 국제정치는 온전한 국가들 간의 무정부상태와 여타 지역의 복합적 무정부상태들이 이중적으로 복합된 전체라고 보아야 할 것이다.

2. 1945년 이후 동북아 3국과 미소(미러)의 승인 과정: 냉전 초기

1940년대 후반 동북아 3국이 모두 불완전 근대주권국가로 정립을 마치고 이후 승인의 경쟁에 뛰어든다. 이 과정과 동시에 미소 냉전이 시작되는데, 양자의 논리가 결합되면서 승인의 과정은 변화한다. 대체로 승인과정은 냉전 초기 정립기에 일어나고, 이후 강대국 간 냉전 논리가 변화하는 데탕트기에 다시 활발히 변화되며, 냉전이 종식되는 즈음에 또한 승인의 변화가 발생한다. 따라서 동북아 3국 간의 관계에 의한 승인 과정의 변화보다 강대국 정치의 변화 과정이 더 많은 영향을 주고 있음을 알 수 있다.

　우선 첫 번째 시기로 1950년대 전후를 살펴보면, 미국은 한국이 국가를 수립하는 1948년 바로 한국을 승인하고, 1951년 샌프란시스코에서 일본을 승인한다. 대만은 이전 중화민국을 계승하므로 따로 승인의 과정을 거치지 않고 1954년 상호방위조약을 체결한다. 러시아는 1949년 중화인민공화국을 승인할 때까지 복잡한 과정을 거친다. 즉, 중국은 태평양 전쟁 말기, 미소가 장개석의 중국과 협력적 관계를 맺었다. 1945년 8월 중소 간 우호, 협력 조약이 체결되었고, 미국은 중국 대륙 내에서 국민당을 지원하면서 소련과 협력하여, 국민당, 공산당 간의 타협을 추구하였다. 그러다가 1948년 접어들면서 국민당을 지원하여 공산당을 공격하였고, 중국 공산당은 소련과 관계를 강화하여 국민당과 전면적 내전을 추구하였다. 중국은 내전에 승리하여 1949년 10월 1일 중화인민공화국을 성립하였지만, 국민당은 대만으로 옮겨 별도의 국가를 성립시켰다. 러시아는 일본과의 교전국이었지만 샌프란시스코 회의에 참여하여 결국 서명을 거부함으로써 1956년 별개의 양자 공동 성명을 발표하여 외교관계를 시작한다. 그러나 일본과 러시아는 아직도 평화조약을 체결하지 않고 있다. 주된 이유는 북방영토 4개 도서 때문으로, 이들은 에투루후(択捉), 쿠나시리(国後), 하보마이(歯舞), 시코탄(色丹) 등이다. 일본은 북방영토의 반환을 계속 요구하면서 경제, 문화 교류를 유지한다는 정책을 펴오고 있다.

이 시기의 특징은 첫째, 다자적인 상호 승인의 계기였던 샌프란시스코 회담이 목적을 달성하지 못했다는 것이고, 둘째, 미소 냉전의 논리가 상호 간의 승인의 네트워크를 결정했다는 점이다. 미국은 한국, 일본, 대만 등 자유민주주의 국가들과 정식 외교관계를 유지했고, 한국, 일본 역시 대만과 외교관계를 수립했다. 반면, 러시아, 중국, 북한은 즉시 외교관계를 상호수립하여 자유진영에 대립하였다.

제2차 세계대전 이후 동북아 국가들 간의 다자 상호 승인의 장은 1951년 9월 8일에 체결된 미국 샌프란시스코 조약으로 일본과 연합국 사이의 평화 조약이다. 마치 1648년의 베스트팔렌 조약에 비견될 수 있는 사건으로 동아시아 전체가 제국 간 경쟁, 제국-식민지 간 독립전쟁, 그리고 식민지, 혹은 약소독립국들의 근대 주권국가 변환의 시기를 겪은 이후 다자 승인의 과정에 접어든 사건이다. 샌프란시스코 조약에는 48개국이 참가하여 서명하고 1952년 4월 28일에 발효되었다. 미국, 소련, 영국, 프랑스, 네덜란드, 룩셈부르크, 노르웨이, 체코슬로바키아, 폴란드, 그리스, 일본, 베트남, 캄보디아, 라오스, 필리핀, 인도네시아, 스리랑카, 파키스탄, 이란, 이라크, 사우디아라비아, 터키, 시리아, 레바논, 캐나다, 멕시코, 과테말라, 코스타리카, 온두라스, 엘살바도르, 니카라과, 파나마, 쿠바, 아이티, 도미니카 공화국, 콜롬비아, 베네수엘라, 에콰도르, 페루, 볼리비아, 브라질, 파라과이, 우루과이, 아르헨티나, 칠레, 에티오피아, 라이베리아, 남아프리카 공화국, 오스트레일리아, 뉴질랜드가 회담에 참석했다.

미국은 한국 전쟁이 발발한 이후 일본과의 평화조약을 서둘렀는데, 일본은 패전국의 지위를 벗어나 평화조약을 통해 다자적으로 국가의 지위를 승인받기 위해 노력했다. 미국 역시 이전부터 동아시아 공산세력에 맞서기 위해 소위 "역코스 정책"을 취해 일본에게 최소한의 군사력을 요구하는 등 일본의 역할 재설정을 위해 노력했다. 소련 역시 외무부 차관보인 안드레이 그로미코가 이끄는 협상단을 이끌고 회담에 참석했지만, 미국과 영국이 제시한 초안에 반대하면서 견제했다. 소련은 조약체결일인 1951년 9월 8일의 그로미코의 연설을 통해 조약의 문제점을 지적하고 결국 서명을 거부하게 된다. 여기서 소련은 일본 군대의 창설을 막을 수 없고, 중국이 참여하지 않았고, 대만에 대한 중국의 권리를 침해하고 있고, 일본이 미군기지화되고 있으며, 미국이 일본의 여러 섬을 할양받았고, 남사할린과 쿠릴 열도에 대한 소련의 주권이 존중되지 않은 점 등을 들어 반대하고 있다.

중국은 대만과 중화인민공화국 간의 대표문제를 놓고 분란이 계속되었는데 미국은 대만을 초청하기를 주장했고, 영국은 베이징 정부를 초청하고자 했다. 결국 중국은 초대받지 못했고, 중화인민공화국은 조약의 불법성을 주장하며, 비난하게 된다. 동시에 남중국해 영토가 중국의 것이라고 영유권을 주장하였다. 중국과 더불어 남북한 역시 일본의 교전국이 아닌 일본의 식민지였다는 이유로 참가하지 못하였다.

샌프란시스코 조약은 한국전쟁으로 동아시아 냉전이 열전화되면서 일본과 평화조약을 통해 안보협력으로 가려는 미국의 의도가 강하게 반영되어 있었다. 일본 제국주의의 전후 보상 문제나 일본과 아시아 국가들 간의 국교 정상화 등의 문제는 미해결로 남았고, 영토문제에서도 일본의 입장이 강하게 반영되어 이후 큰 부작용을 낳게 된다. 결국 소련, 폴란드, 체코슬로바키아 등은 서명 자체를 거부하였고, 인도네시아, 필리핀 등의 동남아 국가들은 별도의 보상 협상을 주장하였다.

샌프란시스코 조약은 전문(前文), 제1장 평화상태의 회복(제1조), 제2장 영역(제2~4조), 제3장 안전(제5~6조), 제4장 정치 및 경제(제7~13조), 제5장 청구권 및 재산(제14~21조), 제6장 분쟁의 해결(제22조), 제7장 최종 조항(제23~27조)으로 되어 있다. 1장 1항에서 일본과 연합국 간의 전쟁상태 종료, 일본 국민과 일본 및 영해의 주권회복을 주장하고 있어 서방세계의 일본 승인을 명시하고 있다. 2장 영토에서는 한국 독립 인정, 타이완에 대한 권리 포기, 쿠릴 열도 및 사할린에 대한 권리포기, 오키나와의 미국 신탁통치 등을 규정하고 있다.

냉전 초기 승인의 국제정치의 종지부는 1965년 한일 국교정상화로 결론이 나는데, 샌프란시스코 조약과 14년의 시차가 있지만 미소 냉전의 논리와 미국의 동북아 냉전 경영의 전략적 의도가 반영되었다. 대한민국과 일본국 간의 기본관계에 관한 조약은 "양국 국민관계의 역사적 배경과, 선린관계와 주권상호존중의 원칙에 입각한 양국 관계의 정상화에 대한 상호 희망을 고려하며, 양국의 상호 복지와 공통 이익을 증진하고 국제평화와 안전을 유지하는 데 있어서 양국이 국제연합 헌장의 원칙에 합당하게 긴밀히 협력함이 중요하다는 것을 인정하며, 또한 1951년 9월 8일 샌프란시스코시에서 서명된 일본국과의 평화조약의 관계규정과 1948년 12

월 12일 국제연합 총회에서 채택된 결의 제195호(III)을 상기하며"
라고 표현하고 있어 샌프란시스코 조약과의 연계성을 표현하고 있
다. 일본은 이 조약을 통해 하나의 한국을 승인하고 있다. 제3조에
서 "대한민국 정부가 국제연합 총회의 결정 제195호(III)에 명시된
바와 같이 한반도에 있어서의 유일한 합법정부임을 확인한다"고
명시하고 있다. 한일 국교정상화에서 한국은 일본으로부터 유일의
합법정부 승인을 받아내고, 일본은 한국과 국교수립을 통해 보통
국가화로 이르는 외교적 승인 획득에 한 걸음 진전한다.

　결국 이 시기에 자유진영과 공산진영이 양립하게 되면서 미
국과 소련은 각각 배타적 승인을 통해 진영을 구축한다. 미국은 일
본, 대만, 한국을 승인하고, 일본, 대만, 한국 역시 상호 승인한다.[1]
이 과정에서 한국은 일본의 보통국가화에 대해 최대한 목소리를
내고, 일본 역시 냉전이 전개되면서 유리한 고지를 확보하고 경제
력을 바탕으로 한국 승인 과정에서 이익을 극대화하고자 하였다.
독도와 같은 영토문제는 표면화하지 않았다. 두 개의 중국 역시 타
국의 승인 과정에서 활용의 대상이 되고 두 중국은 치열하게 경쟁
하였다. 중국의 국공내전은 불완전하나마 두 개의 주권국가로 정

1　1959년경 대만에 대한 미국의 정책기조는 다음과 같다. That the provisional
　capital of the Republic of China has been at Taipei, Taiwan (Formosa)
　since December 1949; that the Government of the Republic of China
　exercises authority over the island; that the sovereignty of Formosa has
　not been transferred to China; and that Formosa is not a part of China as
　a country, at least not as yet, and not until and unless appropriate treaties
　are hereafter entered into. Formosa may be said to be a territory or an area
　occupied and administered by the Government of the Republic of China,
　but is not officially recognized as being a part of the Republic of China.

표 2. 동북아 국가들의 상호 승인 과정

	한국-미국	1948
	중국-북한	1949
냉전 성립기	소련-북한	1949
	소련-중국	1949
	한국-일본	1965
	미국-중국	1979
데탕트 시기	중국-일본	1972
	UN 내 중국대표	1971
냉전 종식기	한국-소련	1990
	한국-중국	1992

립되는 과정에서의 전쟁이었던 반면, 한국 전쟁은 불완전 주권국가로 정립된 이후의 전쟁이었기 때문에 주권 성립의 과정의 측면에서 보면 성격이 다르다.

분단국가로서 한국과 중국은 국제사회의 배타적 승인을 얻기 위해 노력하기 시작한다. 중화인민공화국은 UN에서의 대표권을 놓고 대만을 배제하기 위해 노력한다. 두 개의 한국은 이미 전쟁을 통해 배타적 승인을 추구해본 상태라 대결과 경쟁이 더욱 치열했다. 전쟁 이후의 외교전, 국제사회의 외교승인전이 활발하게 벌어졌고, 남북 간에도 통일방안을 놓고 경쟁이 벌어졌다. 이러한 외교경쟁, 통일경쟁 뒤에는 무력을 통한 통일의 가능성이 항상 잠재되어 있었다. 남북한은 군사력 경쟁을 하면서 각각 미국, 소련과 중국과 군사동맹을 강화하는 한편, 통일방안을 놓고 대립하여 승인의 문제에서는 양보 없는 제로섬 게임의 모습을 보였다.

3. 데탕트와 미중, 중일 수교

잘 알려진 바와 같이 데탕트는 유럽 국제정치의 변화, 미국의 세계 전략과 지역전략의 변화, 그리고 양대 진영 논리의 지구적 변화 등이 맞물려 1960년대 후반부터 나타난 냉전의 조정과정이었다고 할 수 있다. 이 과정에서 닉슨대통령은 키신저와 함께 평화의 구조전략을 추진하면서 중국과의 관계정상화를 추구하고, 일본은 그 과정에서 중국과 국교를 정상화한다.

승인 게임의 관점에서 두드러진 점은 냉전 전개 과정의 변화, 특히 미중소 강대국 간 상황변화라는 새로운 속에서 중국과 일본이 주권 완성을 위한 노력을 치열하게 추구했다는 점과, 이 과정에서 다른 국가이익보다 승인의 이익을 앞세웠다는 점이다.

우선 1971년 7월 9일, 키신저는 베이징에서 주언라이와 만나 타이완 문제, 인도차이나 문제, 소련과 일본 등 주요국과의 관계, 남아시아 문제, 양국 간 연락채널 확보, 군비통제, 기타 중국이 원하는 문제 등을 주요 의제로 회담한다. 여기서 중국이 가장 중시한 것과 미국도 가장 심각하게 논의한 것은 중국의 주권에 대한 승인 문제였다. 주언라이는 중국의 최대 관심사는 타이완 문제라고 명확히 하였고, 결국 미중 데탕트의 가장 중요한 이슈는 중국의 전통성 인정, 두 개의 중국 불인정, 타이완 독립운동 지원 중지 등이었다. 여타 미중 간의 전략적 협력, 일본 및 한반도 문제는 이러한 중국의 주권 승인 문제를 전제조건으로 이루어진 것이다. 흥미로운 점은 일단 중국의 단일 주권이 승인된 이후 중국은 여타의 문제에서 상당한 유연성을 보였다는 것이다. 결국 주권의 완전성을 향한 전략이 성공하게 되면 다른 국익은 상대적으로 중요성이 줄어드는 것이 동아시아 복합 무정부상태 속 불완전 주권국가 외교전략의 특징이다. 중국은 법적 주권 문제가 승인된 이후, 타이완 주둔 미군 완전철수를 주장하지 않게 되었고, 이는 마오쩌둥의 지시에 따른 것이었다(마상윤 2015, 28-32). 중국은 '미국은 대만에 있는 미군 및 군사시설들을 점진적으로 감축할 것'이라고 하여 대만 문제는 관계정상화 과정에서 해결한다는 유연한 입장을 보였다(이동률 2015, 78).

이후 미국은 중국과 1979년에 수교하게 되고, 대만과의 공동방위조약 폐기, 대만 주둔 미군 철수 등의 정책을 행하고, 향후 대만과의 관계는 미국의 국내법인 대만관계법에 의거하여 조정해 나가게 된다. 이 법에 따르면 미국은 양안 관계를 중시하고 대만에 대한 중국의 군사적 위협이 있을 경우 개입하도록 규정하고 있다. 또한 중국의 위협 속에서 대만에 무기판매 등 지원을 약속하고 있다. 이를 보면 중국의 국제법적 주권을 승인하였지만, 미국은 구체적인 양안 정책 속에서 두 개의 중국 정책을 대체하는 새로운 전략을 구사하고 있음을 알 수 있다. 대만에 실제적인 지원을 계속함으로써 향후 중국의 통일 전략을 견제하고 그 과정에서 중국의 불완전한 주권성을 활용하여 국익을 극대화하는 것이다.

이 과정에서 중화인민공화국이 대만을 대신하여 1971년 UN에서 중국을 대표하는 국가로 승인받았다는 것은 중요한 사실이다. 닉슨 대통령이 중국을 방문하여 관계 정상화를 추구한다는 소식이 알려지면서 UN에서 대만의 입지는 악화되었고 결국 UN 총회 3분의 2의 표를 획득한 중국은 대표권을 획득하게 된다. 이처럼 미소의 냉전, 미중 강대국 정치의 변화라는 체제 변수가 두 개의 중국의 주권 지위에 막대한 영향을 미치게 된다.

미중 간의 데탕트 국면에서 일본은 중국과 관계개선을 시도하고 국교정상화를 이루어낸다. 중국과 일본은 샌프란시스코 강화조약 체결 당시에 중국의 불참으로 평화조약을 체결하지 못한 상태였다. 이후 1952년 4월 28일 일본은 타이페이에서 대만과 일화화평조약(日華和平條約)을 체결하여 평화관계를 이루지만 중화인민공화국의 반대로 논란의 여지가 존재하였다. 그러나 국교가 정상화되지 않은 상황에서 데탕트를 맞이하여 중국은 하나의 중국 원칙을 일본으로부터 확인받아 주권의 완전성을 도모하고, 일본은 중국과의 정상적 관계를 맺어 보통국가를 향한 진전을 이룩하는 데 주력한다.

1972년 9월 29일, 중일 양국 정상은 '중화인민공화국정부와 일본정부의 공동성명'을 발표하여 정부 간 외교관계를 수립하게 된다. 국회의 승인이 필요한 조약의 형식이 아닌 내각의 지권으로 외교관계를 이룬 것이다. 공동성명은 전문과 9항으로 구성되었는데, 전문은 양국 간의 '전쟁상태의 종결'을 논의하면서 '전쟁상태의 종결과 중일 국교의 정상화라는 양국 국민의 요구의 실현은 양국관계의 역사에 새로운 한 페이지를 장식하게 될 것이다'라고 규정하고 있다. 1조는 '일본국과 중화인민공화국 간의 지금까지의 비정상적인 상태는 이 공동성명이 발한 날에 종료한다'고 말하여 "비정상적인" 불완전 주권상태를 거론한다. 승인에 관해서는 '중화인민공화국 정부는 대만이 중화인민공화국의 영토의 불가분의 일부라는 것을 거듭 표명한다. 일본정부는 이 중화인민공화국정부의 입장을 충분히 이해하고 존중하고 포츠담 선언 8항에 기초한 입장을 견지한다'고 논의하여 하나의 중국 정책을 확인하고 있다. 더불어 대사의 교환, 전쟁배상의 포기, 평화 5원칙과 국제연합헌장의 원칙, 평화우호조약과 제 실무협정의 체결협상 등에 대한 합의가 이루어졌다. 중국은 하나의 중국이라는 국제법적 주권의 완전성을 위해 다른 이익에 양보한 것으로 볼 수 있다. 이는 미국과의 관계 정상화에서도 나타난 경우이다. 즉, 일화화평조약의 효력에 관련하여 중국 측이 주장한 '전쟁의 종결'이 아닌 '비정상상태의 종결'로 표기된 점, 배상청구권의 권을 삭제한 점, '미일 안보조항'이나 '대만과의 단교'가 공동성명에 언급되지 않은 점, 중일 국교정상화는 저우언라이의 전략구상과 주도권하에 성취되었다고 볼 수 있다 (손열 2015, 103).

4. 냉전 종식기 한소, 한중 수교

1985년 소련 고르바초프 서기장의 등장과 미소 냉전의 종식은 세계적 사건이었고 동북아 국제정치에도 막대한 영향을 미쳤다. 노태우 정부는 6공화국을 설립하면서 동시에 탈냉전의 추세를 타고 북방정책을 추진하였다. 동구권 국가들과의 수교에 이어 결국 1990년 소련과의 수교, 1992년 중국과의 수교를 이루게 된다. 이로써 미국이 승리하는 냉전의 종식기에 미국의 동맹국이었던 한국은 북한의 동맹국이었던 소련, 중국과 수교하는 데 성공한 것이다.

한국은 1990년 9월 30일 뉴욕의 UN본부에서 소련과 공식수교하기 위해 외교장관 회담을 가진다. 이어 1991년 91년 12월 소연방이 해체되고 독립국가연합(CIS)이 탄생됨에 따라 소연방을 법적으로 승계한 러시아공화국과 양국 간 외교관계가 자동 승계되어 1992년 11월 18일 보리스 옐친 러시아 대통령이 방한했을 때, 11월 19일 15개조의 대한민국과 러시아연방 간의 기본관계에 관한 조약을 체결했다. 옐친 대통령은 KAL기 격추사건과 한국전쟁에서의 구소련의 책임 등을 사과·해명하는 한편, 원유, 전자, 산림개발 및 목재가공을 비롯한 23개 프로젝트를 제시했다. 그 밖에 이중과세방지협정, 세관 간 협력협정, 경제공동위원회 구성 규정, 문화협정, 군사 교류 합의서 등 6개 협약이 체결되었다.

한소 수교는 북한으로부터 격렬한 반발을 가져왔다. 중국은 한국과의 국교정상화에서 신중한 자세를 보였지만 1980년대에 들어 이미 한중관계가 경제적, 사회문화적으로 발전하고 있었던 만큼 수교는 불가피해졌다. 결국 1992년 8월 24일 한국과 중국은 그간의 적대관계를 청산하고 국교를 정상화한다. 한국대표 이상옥 외무장관과 중국 대표 첸지천(錢基琛) 외교부장은 베이징에서, 상호불가침, 상호내정불간섭, 중국의 유일합법정부로 중화인민공화국 승인, 한반도 통일문제의 자주적 해결원칙 등을 골자로 한 6개 항의 "대한민국과 중화인민공화국간의 외교관계수립에 관한 공동성명"을 교환했다.

5. 남북한 관계

중화인민공화국과 중화민국이 국공내전 시기부터 각축을 벌이다가 결국 1971년 UN에서의 중국 대표권을 중화인민공화국이 대체하고, 이후 중국이 미국, 일본, 그리고 한국까지 하나의 중국 원칙을 관철함으로써 양안의 주권 경쟁은 일방의 승리로 결론지어졌다. 이후 중화민국, 즉 대만은 국가성을 상실하고, 이전과는 전혀 다른 어려운 처지에 놓이게 되었다.

남북한은 1948년과 1949년에 각각 국가를 수립하였고 북한은 한국전쟁을 통해서, 한국은 다시 북진통일을 주장하면서 무력을 통해 하나의 배타적 국가성을 획득하고자 노력했다. 그러나 동북아 냉전의 과정에서 남북한 간 전쟁은 이미 주변 강대국에 의해 영향을 받게 되었다. 남북한은 국제사회에서 독자적인 주권을 인정받기 위해 외교경쟁을 벌이면서 국력 축적의 노력을 기울였다. 남북한의 주권성은 이후 복잡한 단계를 거치게 되는데, 한국은 미국, 일본, 소련, 중국과 차례로 수교한다. 반면 북한은 소련, 중국과만 수교하고, 미국, 일본과는 수교하지 못한 채 현재에 이르고 있다. 남북한 간의 관계는 서로를 인정하지 않는 관계에서 1991년 UN에 동시가입하면서 국제무대에서는 두 개의 주권국가로 승인받기에 이른다. 그러나 1991년 12월에 체결된 남북기본합의서에서는 향후 통일을 지향하는 특수 관계로 규정한다. 또한 한국의 헌법과 북한의 노동당 규약은 모두 한반도 전체와 한국민 전체를 자신의 배타적 주권하에 있는 것으로 규정하고 있다. 따라서 남북한 간의 관계는 서로 다른 법적 규범하에서 복합적인 주권성을 가지고 있다. 향후 남북한이 배타적이고 단일적인 주권을 주장하며 경쟁을 벌일지, 아니면 정전협정을 평화협정으로 바꾸고 두 개의 한국 원칙하에 두 개의 국제법적 주권을 인정한 상황에서 통일을 지향할지는 아직 미정이다. 이는 변화하는 국제정치와 남북한

간의 세력균형, 그리고 상대방에 대한 각자의 전략에 따라 결정될 것이다.

V 결론

동북아는 다른 지역과 다른 독특한 특성을 가진 지역이다. 한국, 중국, 일본 등의 국가가 존재하지만 온전한 주권을 소유한 국가가 없고, 역외 강대국인 미국과 러시아가 역시 동북아 국제정치의 중요한 세력으로 존재한다. 이들 간의 국제정치는 기존의 서구 주류 이론으로 분석이 쉽지 않다. 불완전한 주권국가들 간의 국제정치는 복합적인 무정부상태의 조직원리를 가진다. 주권 완성의 노력을 기울이는 국가들은 한편으로는 정상적인 주권국가가 가지지 않는 주권 완성을 목표를 위해 노력하는 한편, 정상적인 주권국가처럼 행세하여 이익을 추구하기도 한다.

그러나 무엇보다 미국과 소련(러시아)의 강대국 관계가 한중일 3국 간의 국제정치를 크게 규정했다. 이들 3국은 주권 완성의 노력의 과정에서 영토, 국민의 요소를 온전하게 하는 한편, 국제법적 주권을 획득하고자 노력하였다. 한국과 일본은 영토와 국민의 요소에서 전통적으로 명확한 경계를 유지했으므로 크게 논란거리가 없었다. 다만 독도와 같은 지역에 일본이 영유권을 주장할 뿐이다. 중국은 넓은 영토를 가지고 있어 육지와 해양에 분쟁지역이 많고, 내부적으로도 다민족국가로서 민족의 경계에 대한 논란이 있다. 그럼에도 불구하고 국제법적 주권의 요소가 가장 중요한 요인이 되었다. 분단국가의 성격과 비보통국가의 성격이 국제법적 주권과 맞물려 있기 때문이다.

국제법적 주권은 일방적 선언으로 획득되는 것으로 이해되기도 하지만 국제정치의 세계에서는 타국과 국제사회의 승인이 매우 중요하다. 따라서 한중일 3국과 미국, 소련(러시아) 간의 승인의 게임이 주권 완성의 게임과 맞물려 가장 중요하게 진행되었다. 분단을 극복하고 통일의 주도권을 가지거나, 보통국가로 주변국의 인정을 받기 위한 노력으로 승인의 게임이 중요했던 것이다. 이러한 전략적 의도는 서구의 온전한 주권국가의 행동과는 구별되는 것으로 단위의 측면에서나 조직원리의 측면에서 새롭게 분석되어야 한다.지구적 강대국들은 3세계의 불완전 주권국가들 간의 관계에 개입하고 복합적 무정부상태를 온전함으로써 자신의 이익을 극대화할 수 있다. 그 구체적 방법에 대해서는 또 다른 분석이 필요하다. 그리고 지구적 강대국 간의 무정부상태와 3세계의 복합적 무정부상태가 또다시 접합되어 지구적으로 어떠한 복합적 전체를 만들어내고 있는지도 향후에 분석이 필요하다.

참고문헌

마상윤. 2015. "적에서 암묵적 동맹으로: 데탕트 초기 미국의 중국 접근." 하영선 편,
『1972 한반도와 주변 4강 2014』. 동아시아 연구원.

손열. 2015. "미중 데땅트와 일본: 1972년 중일 국교정상화 교섭의 국제정치." 하영선
편, 『1972 한반도와 주변 4강 2014』. 동아시아 연구원.

유형석. 2009. "국가승인이론의 재검토." 『법학연구』 33, 407-427

이동률. 2015. "중국의 1972년 대미 데탕트 암묵적 동맹으로: 배경, 전략, 역사적
함의." 하영선 편, 『1972 한반도와 주변 4강 2014』. 동아시아 연구원.

이상봉. 2006. "전후 일본보수정치와 평화헌법: 평화헌법의 출현, 존재방식, 의의에
대한 비판적 연구." 『국제정치연구』 제9집 1호, 287-320.

하영선. 2007. 『한국 근대국제정치론 연구』. 서울대학교출판부.

Ayoob, Mohammed. 2002. "Inequality and Theorizing in International Relations:
The Case for Subaltern Realism." *International Studies Review* Vol. 4,
No. 3, 27–48.

Deudney, Daniel H.. 1995. "The Philadelphian system: sovereignty, arms
control, and balance of power in the American states-union, circa
1787–1861." *International Organization* 49-2, 191-228.

Gaddis, John Lewis, 1997. *We Now Know: Rethinking Cold War History*.
Oxford: Oxford University Press.

Jackson, Robert. 1993. *Quasi-States: Sovereignty, International Relations and
the Third World.* Cambridge: Cambridge University Press.

Miller, Benjamin. 2007. *States, Nations, and the Great Powers: The Sources of
Regional War and Peace*. Cambridge: Cambridge University Press.

The White House. 2002. *National Security Strategy 2002*. Washington D.C.:
The White House.

필자 소개

전재성 Chun, Chaesung

서울대학교 정치외교학부(Department of Political Science and International Relations, Seoul National University) 교수
서울대학교 외교학과 학사 및 석사, 미국 노스웨스턴대학교 정치학 박사

논저 『동아시아 국제정치』, 『정치는 도덕적인가?: 라인홀드 니버의 초월적 현실주의』, "2008년 경제위기와 미중관게의 변화, 한국의 전략", "구성주의 국제정치이론에 대한 탈근대론과 현실주의의 비판 고찰", "강대국의 부상과 대응국의 전략 연구"

이메일 cschun@snu.ac.kr

제4장

"상시적 망각"과 "적극적 기억"의 국제정치학

"Casual Forgetting" *in* and "Active Remembering" *for* IR

은용수 | 한양대학교 정치외교학과 교수

* 본고는 저자의 기 출판된 졸고 "비주류 IR이론과 한국의 국제정치문제"를 기반으로 수정/보완되었음을 밝힙니다.

국제관계학(IR)에서 비주류에 '위치되어(situated)' 있으면서도 상대적으로 더욱 주변부에 머물고 있는 탈식민주의 이론을 전면에 내세우고 이들의 복잡한 이론적 층위와 인식적 함의를 체계적으로 분석하고자 한다. 이를 통해 현재 IR 주류이론의 편협성/패권성이 갖는 인식적, 실천적 문제를 환기시키고 나아가 대안적 접근을 모색하는 데 공헌하고자 한다. 이는 푸코(Foucault)의 1969년 저서 『지식의 고고학(*Archaeology of Knowledge*)』에서 말하는 '담론'의 정치성에 대한 이해를 바탕으로 담론적 '폐쇄(closure)'를 문제시하는 작업이며, 신시아 엔로(Cynthia Enloe), 쉬라 엘-말릭(Shiera S. el-Malik) 등의 페미니스트 IR 이론가들이 설파하는 '적극적 기억(active remembering)'을 대응수단으로 차용한 시도라고 할 수 있다. 달리 말해, IR의 지배적 이론(가)들의 폐쇄적이고 정형화된 담론 속에서 '상시적'으로 망각되는 비주류 이론을 '적극적'으로 기억함으로써 새로운 대안을 인식과 실천의 장으로 복귀해내고자 하는 것이다. 이를 좀 더 구체적으로 논증하기 위해, '적극적'으로 기억된 주변부 이론을 '렌즈'로 삼아 한국에 큰 영향을 끼치고 있는 국제정치문제를 관통시켜보고 문제해결을 위한 대안적 시각과 방법을 제시한다.

Drawing on the insights from discourse advanced in Foucault's 1969 work, *Archaeology of Knowledge*, this paper first problematizes the current state of International Relations (IR) theory in which a few theoretical perspectives dominate the epistemic terrain of the field, by serving as a 'political' yardstick of judging what counts as 'scientific' knowledge and 'good' research. Then this paper undertakes an "active remembering" of a theoretical perspective that is casually forgotten in the theoretical discussion about international politics, namely postcolonialism. The aim of "active remembering" is to illustrate epistemic and pratical benefits that postcolonialism can bring to us and to broaden the parochial status of IR scholarship. Furthermore, this paper puts on a postcolonialist lens to look at Korea's international political issues in different ways to generate alternative approaches. In conclusion, this paper shows that although postcolonialism remains at the margins of contemporary IR scholarship, it can still make significant epistemic contributions to the study of IR and practical contributions to addressing the challenges that South Korea and East Asia face.

KEYWORDS 국제관계학 IR, 비주류/주변 marginalized, 탈식민주의 postcolonialism, 담론 discourse, 푸코 Foucault, 상시적 망각 casual forgetting, 적극적 기억 active remembering, 신시아 엔로 Cynthia Enloe, 성찰 reflexivity, 한국외교 Korean foreign policy

I   국제정치학(IR) 비주류이론과 "적극적 기억"

본고는 IR의 '비주류' 이론에 주목한다. 달리 말해, IR의 이론적, 실천적 '담론'에서 주변화되어 있는 이론들을 "적극적"으로 기억하여 담론의 중앙무대로 복귀시키는 데 공헌하고자 한다. 왜인가? 이 질문은 본고의 목적이자 존재 이유를 묻는 중요한 질문이다. 따라서 논의의 시작부터 명료히 밝힐 필요가 있다. 즉, 왜 비주류 이론에 대한 "적극적 기억(active remembering)"인가? 이 질문의 답을 구하는 것은 다음과 같은 반문으로부터 시작될 수 있다. 비주류 이론에 주목한다는 것은 주류(mainstream)이론을 부정한다는 의미인가? 달리 말해, 주류이론의 존재는 부정과 비판의 대상인가? 주류이론의 학술적 이득은 미비한 것인가?

물론 그렇지 않다. 학술적 논의에서 '주류'이론은 어디서나 존재한다. 그리고 그것은 진리탐구 (혹은 적어도, 특정한 역사맥락적 상황에서 발생한 사회정치현상의 이해와 설명)에 실질적 기여를 해 왔다고 할 수 있다. 이러한 인식적(epistemic) 기여가 없었다면 주류의 위치를 처음부터 갖지 못했을 것이다. 나아가 주류의 위치를 '유지'하고 있다는 것은, 라카토스(Lakatos)의 시각으로 보자면 하나의 지식/연구프로그램으로써 "진보"를 이루고 있는 것으로 볼 수도 있다(Lakatos 1970, 116-122). 비단 학계만이 아니다. 기실 주류-비주류의 관계는 인류사와 늘 공존해 왔다. 남녀관계든, 가족관계든, 사회관계든, 국제관계든, 어떤 형태의 관계에서든 권력게임이 발생하는 경우라면 '주류-비주류'의 관계는 언제, 어디서나 존재한다.

문제는, 관계 자체가 아니라 그 관계가 '지배-피지배' 혹은 '맞고-틀림'이라는 위계규율적 가치판단의 도구로 전환되고 고착화되는 것에 있다. '관계' 혹은 "관계성(relationality)"이라는 개념이 근본적으로 맥락적이고 비결정적 속성을 내재하고 있다는 사실을 상기한다면 더욱 그렇다. 즉 관계에서 주류가 (주류의 지역, 학자, 이론, 사상, 가치, 제도 등이) 유일한 혹은 정의로운 판단자의 역할을 (자)행하면서 관계 전체를 위계적으로 규율(discipline)하는 것에 문제가 있는 것이다. 문제의 심각성은 (비록 명시적으로 보이지 않아도) 이론체계에서 더욱 구조화된다. 이론은 고도로 체계화된 규칙을 갖는 일종의 담론으로써, 세상을 바라보는 렌즈와 같은 역할을 한다. 따라서 우리의 행동에 실질적 영향력을 행사한다. 내가 무엇을 어떻게 할 것이냐는 '실천'의 문제는 내가 무엇을 볼 것이냐는 '선택'의 문제로부터 시작되기 때문이다. 복잡한 세상에서 무엇을 볼지 혹은 무엇이 보이는지에 활용되는 도구가 바로 이론이다. 어떤 이론을 통해 보느냐에 따라 보이는 세상이 달라진다. 달리 보이는 세상에서 행동이 달라지는 것은 자명하다. 그렇다면, 어떤 학술분야의 이론체계에서 '지배-피지배'의 위계규율적 질서가 견고하게 형성/유지되어 비주류에 대한 배제와 주변화가 진행되고 있다면, 세상을 다르게 볼 수 있는 시각은, 따라서 다르게 행동할 수 있는 가능성은, 크게 줄어들 수밖에 없다. 요컨대 인식행동체계의 '획일성'이라는 심각한 문제가 파생될 수 밖에 없는 것이다.

IR은 그 어느 학술분야보다 이 문제를 잘 보여준다. IR이 독립된 학문으로 자리 잡기 시작한 제1차 세계대전부터 이른바 "대논쟁(Great Debates)"이라는 이름으로 다양한 이론적 시각들이 논의되었으나, 결국 구조적 현실주의, 신자유제도주의, 그리고 (웬트 류의) 구조적 구성주의가 '주류'로써 IR의 이론적 지형을 지배하고 있는 것이 21세기 IR의 현 주소다(Jackson 2011; Reus-Smit 2013). 더욱이, 이들 모두가 동일한 실증주의적 인식론 '내부'에 머물러 있다는 사실은 앞서 언급한 인식행동체계의 획일성이라는 문제에 더 큰 경고음을 울린다(Kurki and Wight 2013; 은용수 2015). 물론 현재 진행 중에 있는 것으로 여겨지는 4차 대논쟁에서 다양한 탈 실증주의 이론들이 '등장'하였으나, 이것이 출판, 특히 교육행위에 서 심각하게 받아들여지고 있거나 '실천'되고 있다고 볼 수 없다.

간단한 사례를 보자. 트립(TRIP: Teaching, Research and International Policy)이라고 불리는 설문조사가 있다. IR을 가르 치고 연구하는 전 세계 학자들을 대상으로 매년 실시되는 설문조 사다. 최근 진행된 여러 차례 조사에서 무려 75% 이상의 응답자 가 IR은 서양(미국)중심적 학문이라고 답했다. 비록 지난 10여년 간 "비서양" IR 이론의 필요성에 대한 논의가 (중국을 중심으로) 매 우 활발히 진행되어 왔고, 그보다 먼저인 1980년 후반부터 탈실증 주의 학자들을 중심으로 IR의 '이론적 다원화'에 대한 요구가 지속 적으로 제기되어 왔으나, "IR＝서양(미국)의 사회과학"이라는 스 탠리 호프만(Stanley Hoffmann)류의 판단은 여전히 유효한 것이 다(Hoffmann 1977, 41). 특히 아이켄베리(Ikenberry 2009: 203)는 "연구프로그램 설정과 이론적 논쟁에서 미국은 21세기에도 여전 히 '중심지(epicenter)'"라고 말하고 있고, 유사한 맥락에서 앤 티 크너(Tickner 2011, 609)도 "과학적 정당성(scientific legitimacy)" 이 미국의 IR에 의해 지배되고 있음을 비판적으로 논한다. 여기서 더 큰 문제는 '주류'인 미국 국제정치학계의 인식 및 방법론적 지형이 매우 협소하다는 점이다. 미국에서 IR을 가르치고 연구하는 학자 4,126명을 대상으로 실시된 트립(TRIP) 조사에서 70%가 스스로를 "실증주의자"라고 답하고 있다(TRIP 2011). 이러한 이유로 'IR 이론의 이해'와 같은 기초필수과목에서 대표적인 탈실증주의 이론인 페미니즘을 가르친 경우는 2004년까지 거의 없었던 것으로 조사되었다(Maliniak et al. 2011: 437-464). 나아가 탈식민주의나 비판이론 등의 여타 탈실증주의 이론들이 IR 수업시간에 '등장'하는 비중은 페미니즘보다 훨씬 적다(Mead 2010; Hagmann and Biersteker 2014). 미국 대학에서 IR 교과서로 널리 사용되는 저서 18권을 상세 분석한 매튜와 캘러웨이(Matthews and Callaway)의 2015년도 연구논문에 따르면 가장 많은 비중을 차지하고 있는 이론은 여전히 압도적으로 현실주의 이론이며 그 뒤를 자유주의와 구성주의가 멀찌감치 따르고 있고, 나머지 10% 이하의 비중에서 마르크시즘, 페미니즘 등이 언급되고 있다(Matthews and Callaway 2015, 197-200). 요컨대 탈실증주의에 속하는 이론들, 그중에서도 탈식민주의는 IR에서 매우 주변화되어 있는 것이다.

주변화의 원인은 이론들의 학술적, 인식적 가치가 없거나 미비하기 때문이 아니다. 1980년 후반의 4차 대논쟁 이후 출판된 수많은 저술에서 이미 논증됐듯, 탈실증주의는 국제정치영역을 학제적 차원에서 확장하고, 성찰적 개념을 제시하며, 철학적 기반을 견고하게 만드는 등, 가시적인 공헌을 해 왔다. 성찰(reflexivity), 실재주의(Realism), 안보화(securitization), 화행(speech act), 실존적 위협(existential threat), 젠더(gender), 오리엔탈리즘, 세계시민주의(cosmopolitanism) 등등, 유용한 지적자원을 IR에 제공해준 것이다. 이와 함께 기존의 소수 (실증주의적) 주류이론들이 갖는 한계는 지속적으로, 무수히 많은 저술을 통해 제기되어 온 것이 사실이다. 그럼에도 불구하고, 탈실증주의에 속하는 이론들이 여전히 주변부를 맴돌고 있는 이유는 왜일까?

이와 관련하여 푸코(Foucault)가 일찍이 자신의 저서 『지식의 고고학(Archaeology of Knowledge)』을 통해 논한 담론의 폐쇄적 속성과 그에 따른 정치적 결과를 상기해 볼 필요가 있다.[1] 푸코의 담론이론은 앞서 언급한 IR 이론 간의 위계적 관계와 탈실증주의 이론의 주변화 현상이 형성 및 유지되는 동학을 이해하기 위한 중요한 통찰이기도 하다. 이를 간략히 요약하자면, 담론 (특히 지배적 담론)은 다음과 같은 기능을 발휘한다고 할 수 있다. 첫째, 가능성(대안)의 범위를 협소하게 하고, 둘째, 특정한 발화자와 언표에 정당성을 부여하며, 셋째 이를 통해 향후에 발생될 수 있는 담론의 "무대(stage)"를 규정한다. 요컨대 담론은 무엇이 발화되는지

---

1   이 책은 1969년 프랑스어로 최초 발간되었으며, 그 뒤 영어와 한국어 등 많은
    언어로 번역되었다. 여기서는 다음의 영어판을 참고하였다. (*Archaeology of*
    Knowledge, Routledge Classics. London: Routledge, 2001. 물론, 푸코의 담론
    에 관한 이론은, 상기 저서를 포함하여 푸코의 다른 저작들을 통해서도 매우 다양
    하게 해석되고 있다. 하지만 본 논문에서는 '지식의 고고학'에 담긴 푸코의 "담론
    적 폭력"(discursive violence)의 생성과 결과에 관한 통찰을 논의의 중심에 둔
    다. 이는 푸코의 이론을 다양하게 해석한 많은 학자들 가운데서도 특히 사라 밀
    스(Sara Mills)가 자신의 저서(*Michel Foucault, Routledge Critical Thinkers.*
    London: Routledge, 2003)에서 제시한 푸코에 관한 해석에 동의하는 것이다.
    즉, 담론 그 자체가 어떤 내용을 담고 있는지 그것이 어떤 의미가 있는지를 파악
    하는 것에 중점을 두기 보다는 그러한 담론의 생성 및 유지 메커니즘과 그것에 내
    재된 정치권력적 속성에 주목하는 것이라고 할 수 있다.

를 (언표들의 집합을 통해) 보여 주기도 하지만, 동시에 그러한 언표들의 형성하는 체계와 규칙("formation discursive")을 생산함으로써 일종의 규범적 도구가 된다. 무엇이 발화될 수 있으며, 어떻게 발화되어야만 하며, 따라서 무엇이 수용 가능한(acceptable) 발화 행위인지에 대한 "경계(boundary)"를 만든다는 것이다(Foucault 2001: 215-229). 이렇게 구성된 담론경계로 인해 이른바 "정당한(legitimate)" 것으로 여겨지는 언표와 이를 반영하는 정책과 행위는 그 종류와 범위에서 제약을 받을 수밖에 없다. 담론경쟁이 곧 정치 권력투쟁과 연동되는 지점도 바로 여기에 있다. 담론경쟁에서 승리하여 주류/지배적 담론이 되면, 그 담론을 사용하는 발화자와 그들의 언표는 정당성을 갖게 되고 이는 곧 타자에 대한 규율의 논리로 이어지게 된다. 즉, 주류 담론에 속하지 않거나 이에 상응하지 못하는 시각/이론은 정책적 고려의 대상에서 배제되고 따라서 실천의 무대에서 사라진다. 푸코가 말하는 "담론적 폭력(discursive violence)"의 정치적 결과인 것이다. 그리고 이러한 과정과 결과가 고착되면서 주류와 비주류의 경계는 더욱 위계적으로 구조화되고 비주류의 시각과 이론은 "상시적으로 망각(casual forgetting)"되며, 이는 다시 기존 이론 중심의 담론 유지 및 재생산으로 이어지게 되는 결과를 낳게 된다(Enloe 2007; el-Malik 2015).

IR도 마찬가지다. 소수의 (서양중심적, 실증주의적) 이론(가)들이 "과학적" vs. "비과학적"이라는 언표/상징을 중심으로 담론형성 규칙을 만들고, 이를 따르지 않는 이론과 그들의 언표들은 결국 배제되어 주변부에 남게 된다. 이러한 담론적 "폐쇄(closure)"에서 "과학적"이라는 언표는 경험적 검증과 반증으로 상징되는 "실증주의"라는 언표와 상응되어 이해된다. 그리고 이러한 '언표적 규칙'은 오랫동안 IR의 이론적, 방법론적 담론에서 진리값을 부여해 주는 준거틀로 작동해 왔다. 합당하다고, 따라서 수행될 수 있다고 여겨지는 이론과 방법론은 위의 규칙을 따라야만 하는 것이다. 그렇지 않으면 자연스럽게 담론의 장에서 배제되거나 혹은 무시된다. 예컨대 대표적인 주류이론가인 로버트 코헤인이 국제정치학회(ISA) 회장연설에서 한 다음의 발언을 보자. "[실증주의에 기반을 둔] 신현실주의와 신자유주의의 경쟁자라고 할 수 있는 성찰주의적 [탈실증주의적] 이론들은 경험적 평가를 받아야 한다. 경험적 검증의 가능성(testable)을 갖고 있어야 하며, 그렇지 않을 경우 학계에서 도태될 것이다"(Keohane 1989, 173-174). 탈실증주의의 "도태"를 예상한 코헤인의 근거는 다름 아닌 실증주의에 기반을 둔 "경험적 검증"이다. IR 이론은 경험적 검증이 가능한지 아닌지의 여부만으로 평가될 필요가 있다는 것이다. 그러나 탈실증주의는 바로 그 경험적 평가, 나아가 경험 자체의 불완전성을 출발점으로 삼고 있는 이론이다.

달리 말해, 실증주의에 기초한 소수의 이론들(구조적 현실주의, 신자유제도주의, 그리고 웬트류의 구조적 구성주의이론)이 IR의 주류 패러다임으로 담론을 지배하면서 이들 (실증주의) 이외의 '다른' 인식론에 기초한 접근들은 '비과학적'이라는 언표로 "낙인"찍히게 되어 결국 담론의 장에서 배제되거나 "망각"되어 가는 것이다(Epstein 2012; Zarakol 2014, 311). 소수의 (서양중심적, 실증주의적) 이론을 중심으로 경계지어진 담론적 폐쇄로 인해 다수의 (비서양, 탈실증주의적) 이론, 경험, 시각들은 "상시적 망각"속에 머물러 있게 된다. 그럼에도 특정한 담론은 특정한 발화자와 언표에 정당성을 부여하기 때문에 그것에 속하지 않는 이론의 주변화나 망각은 '자연스러운 것'으로 인식되곤 한다. 이는 결과적으로 기존의 주류 이론을 중점으로 하는 협소한 지식생산체제의 '공고화'로 이어지게 된다.

이와 같은 배제와 망각의 현상은 당위적 차원은 물론이거니와 지적진보의 경험적 차원에서도 바람직하지 않다. 지적외연의 확장과 진리추구를 위해서는 무엇보다 다양한 이론, 인식론, 방법론이 학술적 담론의 장에서 논쟁되어야만 한다. 1975년, 파이어벤트(Feyerabend)가 이미 주창한 "아나키스트 진리론(anarchistic theory of knowledge)"을 굳이 거론할 것도 없이,[2] 다양한 이론 간의 열린 경쟁과 열린 비판을 통해 진리에 한 걸음 더 다가갈 수 있음은 자명한 사실이다(Popper 2002[1959]: 16).[3] 과학의 진보를 연구하는 과학철학분야에서 이미 실증주의의 패권은 무너졌으며, 이제는 실재론과 반실재론에 속한 다양한 시각들이 과학을 정의하는 담론의 무대에서 등가적으로 논쟁되고 있는 사실은 IR에 시사하는 바가 매우 크다. 이뿐만이 아니다. 주지하듯, 무엇을 안다는 것(knowing)은 그 앎에 상응하는 행동(acting)을 수반하게 된다.

2   이론적 단일주의와 방법론 중심의 통합주의를 거부하는 파이어벤트에 관한 자세한 해석은 John Preston의 저서 *Feyerabend: Philosophy, Science and Society* (특히 7장)를 참조할 것.
3   물론 포퍼 역시 경험적 접근을 중시했으나, 그것은 반증의 '방법'으로써 강조된 것이다. 지적진보와 진리추구에서 그가 근원적으로 중요하게 여긴 것은 이론과 가설에 대한 반증의 수단(방법)이 아니라 목적으로써 반증이라는 "비판적 행위" 자체였으며, 이러한 이유로 패러다임의 정상과학을 주창하는 쿤의 사상을 매우 위험하게 생각하며 거부하였다.

따라서 지배이론의 담론적 "폐쇄"로 인해 앎의 범위가 협소해졌다면, 그 범위 '밖'에 존재하는 (좀 더 정확히는 그 범위 밖으로 '내몰린') 새로운 실천의 가능성은 줄어들 수밖에 없다. 이는 급변하는 21세기 국제정치경제 현실의 문제를 해결하려는 실용주의적 시각에서 보아도 바람직한 현상이 아니다. 요컨대 진리에 한걸음 더 근접한 지식을 생산하고, 복잡한 현실의 정치문제에 대한 실용적 해결을 위해서라도 이론의 다양성과 지식생산체계의 다원주의는 필수요건이다.

하지만 이를 실현하는 것은 그리 간단한 문제가 아니다. 인식적 편협성이 지속되는 것과 이를 극복하려는 다원주의가 생성되는 기제에는 앞서 언급한 담론의 형성 및 유지 메커니즘을 비롯해서 매우 복잡한 지식사회학적 측면들이 복합적으로 작동하고 있기 때문이다.[4] 본고와 같은 비교적 짧은 글에서 이와 같은 지식생산의 사회적 과정과 정치적 결과에 수반되는 문제들을 모두 다 논할 수는 없을 것이다. 다만 여기서 간략히 정리하자면 지식자원적 층위, 제도와 담론적 층위, 그리고 정치적 층위라는 세 가지의 측면에서 관련 요인과 상호역학을 살펴볼 수 있다. 이는 올리 웨버(Ole Waever)가 사회학자 피터 바그너(Peter Wagner)의 통찰을 원용하여 자신의 1998년 논문 "The Sociology of a Not So International Discipline"에서도 사용한 지식사회학적 분석틀이기도 하다.

예를 들어, IR이 특정한 이론/패러다임에 의해 지배되고 있다

---

4   이에 대한 상세한 논의는 저자의 최근 저서(Eun 2016)에서 다룬 바 있다.

라면, 그 메커니즘은 다음과 같이 이해될 수 있다. (지식자원적 층위에서) 특정 패러다임의 내적 타당성에 맞게 지식이 생산되고 그렇게 생산된 지식과 생산방식은 (제도 및 담론적 층위에서) 고등교육기관, 연구소, 학술단체 등 학계의 제도화된 기구와 조직을 통해 확산 및 구조화되며, 이것이 (정치적 층위에서) 사회와 정치 현실에 반영되며 또다시 그 지배적 패러다임 내부의 지적자원과 상응하는 결과를 가져오는 '상호구성적' 메커니즘으로 이해될 수 있다. 여기서 가장 큰 문제는 지배적 패러다임의 지적자원에 분명한 한계가 있더라도, 제도 및 담론적 층위에서 이미 형성/유지되고 있는 기존의 지식생산체제에 대부분의 IR 지식생산자와 소비자들은 의식적 혹은 무의식적으로 편승한다는 사실이다. 본고는 여기서 의도적으로 탈주한다. 나아가 주류이론의 지식자원적 층위와 제도 및 담론적 층위를 흔들어 구조 전체를 불안정하게 만들고자 한다. 달리 말해 본고에서는 현재 IR에서 감지되는 이론 간의 위계규율적 관계와 폐쇄적 담론형성에 대한 강한 문제의식을 갖고 이를 해소하는 데 일조하고자 한다. 이를 위한 '첫걸음'으로써 다음의 작업을 할 것이다.

우선 IR에서 비주류에 위치된 이론들 중에서 상대적으로 더욱 주변부에 머물고 있는 탈식민주의 이론을 전면에 내세울 것이다. IR의 협소한 담론 속에서 "상시적"으로 망각되는 비주류 이론을 "적극적"으로 기억함으로써 지배 담론이 "폐쇄"해놓은 대안의 가능성을 명료히 보여 주고자 한다. 이는 신시아 엔로 (Cynthia Enloe), 쉬라 엘-말릭(Shiera S. el-Malik), 매리시아 잘뤼스키(Marysia Zalewski) 등의 페미니스트 IR 이론가들이 남성중심의 "담론적 폭력"의 문제에 대한 대응으로 설파하는 "적극적 기억(active remembering)"이라는 행위를 탈주의 수단으로써 차용한 시도라고 할 수 있다(Enloe 2001; 2004; 2007; Zalewski 2013; el-Malik 2015). 달리 말해, IR의 지배적 이론(가)들의 폐쇄적이고 정형화된 담론 속에서 "상시적"으로 망각되는 비주류 이론을 "적극적"으로 기억함으로써 새로운 대안을 인식과 실천의 장(field)으로 복귀해내고자 하는 것이다. 이를 좀 더 구체적으로 논증하기 위해, "적극적"으로 기억된 주변부 이론을 '렌즈'로 삼아 한국에 큰 영향을 끼치고 있는 국제정치문제를 관통시켜 보고 문제해결을 위한 대안적 시각과 방법을 제시한다. '배제'되어 있는 이론으로 동일한 현실의 문제를 재구성할 경우 어떤 인식적, 실행적 이득을 획득할 수 있으며 또한 어떤 대안적 접근이 가능한지를 명료하게 보여 주는 것은 '지배-피지배'라는 위계규율적 지식생산의 문제를 해소하기 위한 첫걸음이자 필수적인 작업이라 할 수 있다.

II 주변부로 내몰린 IR이론들: 탈식민주의

IR, 특히 한국의 IR에서 가장 망각되어 있는 이론은 아마도 탈식민주의일 것이다. 일례로 한국의 주요 IR학술지라고 할 수 있는 한국국제정치논총, 한국정치학회보, 한국과 국제정치에 실린 지난 30년간 논문들 전체 중에서 탈식민주의를 국제정치의 맥락에서 직접적으로 다룬 연구는 구갑우의 논문 단 1편에 불과하다. 이는 탈식민주의 이론의 '주변화 문제'가 한국 IR에서 얼마나 심각한지를 잘 보여 주는 사례다. 피식민의 역사를 선명하게 갖고 있으며 그것에 대한 '기억의 정치'가 현재 진행형인 한국의 현실을 고려할 때, 이러한 주변화는 이해하기 어려운 현상이다. 그럼에도 앞서 언급했듯이 이러한 주변화 문제를 해소하는 것은 그리 간단한 일은 아니다. 특히 이 과정에서 가장 먼저 부딪히는 난관은 탈식민주의가 우리에게 제공하는 학술적, 실천적 이득은 무엇인지 명확히 다가오지 않는다는 데 있다. 따라서 이를 알아내는 것이 본 논문의 주된 목적이다. 그렇다면, 여기서 무엇보다 먼저 답을 찾아야만 하는 질문이 있다. 탈식민주의는 무엇인가?

주지하듯 탈식민주의를 단순히 하나의 입장으로 정의하는 것은 매우 어려운 일이며, 그러므로 이것을 문자 그대로의 의미로써 "주의(ism)" 혹은 학파(school of thoughts)로 칭하는 것 역시 부적절하다. 이러한 측면에서 일부 학자들은 통일된 하나의 인식틀로 묶여 있는 "주의(ism)"라는 용어보다는 탈식민적 "관점(perspective)"이라는 단어의 사용을 선호하기도 한다(Epstein 2014:294). 물론 IR을 포함하는 사회과학의 어느 분야에서든 개념의 모호성 혹은 중첩성이란 문제는 늘 따라다닌다고 할 수 있으나 탈식민주의의 경우는 더욱 그렇다. 그 이유는, 아래에서 상술하듯 탈식민주의의 매우 복합적인 속성과 그것이 갖는 다면적인 함의에 기인한다.

거칠게 요약하자면 탈식민주의는 피지배자의 경험과 시각으로 지배세력에 의해 형성 및 유지되는 모든 형태의 위계적이고 차별적인 인식체계, 역사(기록), 질서 및 제도를 비판하고 해체/극복하여 불평등을 해소하고 궁극적으로는 주체성을 회복하고자 하는 이론, 담론, 그리고 실천운동이라고 정의할 수 있다. 그리고 이렇게 정의되는 탈식민주의는 '문제의식'의 측면, '논리적 근거와 전개'의 측면, 그리고 '지향점'의 측면으로 다시 세분하여 살펴볼 수 있다.

1. 탈식민주의 '해체'하기

첫째로 탈식민주의를 '문제의식'의 측면에서 살펴본다는 것은, 과거 식민주의의 유산이나 지배이데올로기가 해체/극복되었는가, 아닌가를 논의의 출발점에 둔다는 의미이다. 탈식민주의의 '탈'(脫, post)이란 접두어는 무엇 '다음에 오는(coming after)' 시간적 의미와 동시에 무엇을 '넘어서 가는(going beyond)'이라는 주체적 극복의 의미를 동시에 지닌다. (서구의) 제국주의가 '외형적'으로 종식된 현재, (비서구의) 우리는 어느 지점에 와 있는가에 대한 판단 혹은 성찰은 다양한 차원에서 다르게 이뤄질 수 있다. 특히 제2차 세계대전 종전을 기점으로 식민주의가 '물리적'으로 사라졌다고 하더라도, 그것의 지속성이 정치 및 경제(제도)의 차원, 특히 인식/정신적 차원에서 '지속'되고 있음을 강조하면서, 탈식민주의라는 용어 대신 '신'식민주의(neo-colonialism)라는 용어가 사용되기도 한다.

예를 들어 서구(미국과 유럽)의 금융자본 독점과 신자유주의 시장경제체제로 인해 21세기에도 여전히 서구에 의한 "글로벌 사우스(Global South)"의 착취가 계속되고 있음이 강조된다. 그리고 이러한 문제의식은 사미어 아민(Samir Amin)이 말하는 "리버럴 바

이러스(Liberal Virus)"라는 개념과(Amin 2004), 존 스미스(John Smith)가 말하는 "21세기 제국주의"와 자본의 "초착취(Super-Exploitation)"에 관한 논의에서 잘 감지된다(Smith 2016). 특히 안토니오 네그리(Antonio Negri)는 신자유주의 금융 권력이 민족국가라는 틀을 넘어 인간 개개인의 삶 속까지 규율하고 있고 이는 자유주의라는 이름에 기대고 있기에 더욱 은밀하고 전방위적일 수 있음을 지적하면서 큰 우려를 나타낸다(Negri 2008). 다른 한편 월터 미뇰로(Walter Mignolo), 아니발 끼하노(Aníbal Quijano), 엔리케 두셀(Enrique Dussel) 등, 라틴아메리카의 탈식민주의 학자들은 "지식의 식민성/유럽중심성" 혹은 "권력의 식민성(coloniality of power)"이란 개념을 성찰적으로 사용하면서, 서구의 식민지배를 겪은 피지배지의 연구자들이 '스스로'를 배제하고 타자화하고 있음을 문제시 한다(Mignolo 1992; 2011; Dussel 2003). 즉 여전히 라틴아메리카 지역의 연구자들이 토착 지식과 문화를 열등하게 인식하고, 서구의 지식생산체계를 지식발전의 가장 타당한 토대로 받아들이는 경향이 남아 있음을 강하게 비판하는 것이다.[5] 이런 맥락에서 탈식민화를 "포스트콜로나이징(postcolonising)"으로 쓰기도 하지만, "식민성(coloniality)"의 극복을 중시하는 입장에서는 '해체'식민화 즉 "디콜로나이징(de-colonising)"이란 용어를 선호하기도 한다(Epstein 2014:295-300). 나아가 탈식민주의가 갖는 용어의 양가적 속성 때문에 한국의 일부 문화비평학자들은 아예 '포

---

5   이러한 경향이 비단 라틴아메리카에만 해당하는 것인지에 대한 성찰적 문제제기가 한국 IR 학계에서 더욱 거세게 제기되어야 할 것이며, 이런 측면에서 강정인, 김학노 등의 연구를 주목할 필요가 있다.

스트콜로니얼리즘'이라는 영어단어를 그대로 옮겨 쓰기도 한다(이만식 1999; 박진임 2005). 이와 같은 용어의 중첩성은 개념적 오해를 불러일으킨다는 측면에서 비판 받을 수도 있으나, 오히려 탈식민주의가 문제시하는 것이 무엇인지를 더욱 일관되게 보여 주는 측면도 있다고 할 수 있다. 탈식민주의든, 신식민주의든, 해체식민주의든, 혹은 "포스트콜로나이징"이든 "디콜로나이징"이든, 다양한 용어가 중첩되어 사용되기에 이들이 갖고 있는 문제의식이 무엇인지에 관해 더욱 민감하게 반응하게 되며, 결국 어떤 용어를 사용하든 차별적 억압, 착취, 위계적 타자화로 이해될 수 있는 "식민성"의 해체가 이뤄져야 한다는 '문제의식'에는 모두 동의하고 있음을 알 수 있게 된다.

그렇다면, '왜 이러한 문제의식을 갖게 되었는가'라는 질문이 자연스럽게 따라붙을 수밖에 없다. 이 질문을 고민하는 것은 앞서 언급한 탈식민주의의 두 번째 측면인 '논리적 근거와 전개'를 살펴보는 작업이기도 하다. 전술한 바와 같이 탈식민주의는 피식민자의 경험과 시각으로부터 출발한다. 오랜 기간 비서구는 서구 식민주의의 '착취'나 문화연구의 '대상(object)'에 불과했다. 이에 대한 대응과 극복으로써 탈식민주의는 식민주의의 사고체계를 끊고, 지배규율적 현상과 질서를 해체하여 '여기-나'의 시각으로 재구성하려 한다. 탈식민주의를 흔히 "위치 지워진(situated)" 시각으로 부르는 이유도 바로 여기에 있다(Shiva 1997). 김은중 (2011, 27; 2014, 21)의 표현을 빌리자면, 핵심은 나의 "삶(몸)과 터에 뿌리 내린" 지식이고, 관점이며 비평인 것이다. 이는 추상적 이성이 아닌 주관적 경험과 장소에서 비롯되는 관점의 중요함을 극명히 강조하는 수사이며 동시에 실천기법이다. 세상을 알기 위한 첫걸음으로써 '이성'이 아닌 당사자의 주관적 '감정'과 역사적 '경험'에 착근된(embodied) 관점을 이론과 지식(생산)의 중심에 놓는 것이다. 따라서 이러한 접근을 통한 앎은 부분적이며 특수적이고, 지역적이며 역사 맥락적일 수밖에 없다. 하지만 도나 해러웨이(Donna Haraway)가 강조하듯, 탈식민주의는 이러한 "부분적(파편적)"이해와 접근이 더욱 "객관적"인 것이며, 진리추구에 더 적합하다고 본다(Haraway 1988, 583).

위와 같이 피지배자의 주관적 감정과 경험을 인식과 실천의 중심에 두는 탈식민주의는 곧 서구(근대서양철학)의 이성중심주의와 그것의 '보편화'에 대한 강한 거부라고 할 수 있다. 탈식민주의 입장에서 볼 때, 식민주의의 근거가 되는 근대서양철학의 이성주의와 자유주의, 그리고 이에 대한 보편화는 식민지배자의 착취와 지배를 정당화하는 정치적 프로젝트에 불과한 것이다. '근대'의 서양은 '이성적' 행위자이며 '과학'을 발전시킨 '계몽'된 문명 주체라는 믿음에 서구 식민주의는 기반을 둔다. 이성적이고 근대화된 서구에 비해 비서구는 '열등'하고 '비이성적'이고 '감정적'인 객체로 타자화된다. 그러므로 이들은 '계몽해야 할 대상', 즉 '식민의 대상'으로 합리화되는 것이다. 달리 말해, 근대서양=이성=정상=보편이라는 도식에 따라 위계적으로 타자화된 비서양은 전근대적이고 비이성적인 '객체'이며 계몽의 대상이 되어 결국 식민주의로 이어졌고, 이는 심지어 서구가 비서구를 위해 이행해야만 하는 일종의 "도덕적 책무(moral responsibility)"처럼 합리화되고 정당화되기도 했다(Jabri 2013, 18-24). 서양의 합리적 근대성이 곧 해방적 근대성으로

(오인되어) 이해되는 배경도 여기에 있다(두셀 2011:230-240).

이렇게 볼 때, 근대성과 식민(성)은 깊게 엉기어 있음을 알 수 있다. 근대를 위한 식민, 식민에 의한 근대가 동면의 양면처럼 서로를 구성하고 있는 것이다. 흔히 근대는 "객관적인 과학, 보편적인 도덕과 법, 자율적인 예술을 … 발전시키고자 했던 18세기 계몽주의 철학자들에 의해 정식화"된 것으로 이해된다(Habermas 1980, 1-7). 하지만 이는 계몽과 근대기획의 기저에 흐르는 수탈적 자본주의와 서구식민주의의 비서구 인종에 대한 착취, 정복, 억압, 지배행위, 그리고 이것의 정당화 논리를 제대로 간파하지 못한 것이다(Mignolo 2011). 서양의 철학과 정치학(그리고 이것을 무비판적으로 수용하는 시각)에는 근대성에 은폐된 식민성이 잘 드러나지 않는다. 이를 문제 삼고 극복하고자 하는 움직임이 바로 라틴아메리카 탈식민주의 학자들이 진행하고 있는 "근대성/식민성/탈식민성 기획"이다. 이 프로젝트의 주요 참가자인 끼하노는 "식민성과 근대성/합리성(Coloniality and Modernity/Rationality)"이라는 제하의 논문에서 근대(성)의 시작은 18세기 계몽주의 철학이 아니라, 16세기 초 유럽의 라틴아메리카 정복으로부터 비롯된 식민과 자본주의체제였음을 밝히고 있다(Quijano 2007, 168-178). 근대는 전근대의 탈주술적 기획으로써 인간의 이성에 기초한 보편타당한 논리가 아니라 식민주의라는 규율, 지배, 그리고 폭압의 논리라는 것이다.

근대서양철학에 내재된 인간 이성에 대한 '보편적' 믿음과 그것에 기초한 인간행동에 대한 '보편화된 설명'은 곧 인류는 반드시 그렇게 (서양이 이해하는 이성의 방식으로) 행동해야만 한다는 '규율적' 기능을 발현하게 된다. 근대서양의 이성주의가 곧 "인식적 이

상향(epistemological ideal)"이 되는 것이다(Epstein 2014, 299). 예를 들어, 무엇이 타당하고 과학적인 지식인지를 판단하는 기준은 '이성적이며 계몽된'(것으로 여겨진) 근대서양에 의해서 규정되고 따라서 이러한 규정에서 벗어난 지식은 폐기나 거부의 대상이 된다(Shiva 1997). 이는 과학 이전이 이미 과학을 '보증'하는 '정치'가 작동했음을 잘 보여준다. 이런 점에서 볼 때, 서구식민주의는 근대 서양의 사상과 규범의 확산에 핵심적 역할을 했다고 할 수 있다. 나아가 서구제국주의자들은 '서양의' 철학과 과학을 '지구 보편적'인 것으로 (잘못) 인식하게 하고 수용시켰다는 점에서 핀모어와 시킨크(Finnemore and Sikkink)가 말하는 대표적인 "규범 주창자(norm entrepreneurs)"였다고 말할 수 있을 것이다(1998:893). 이는 '서구 중심적' 사상이 인간의 인식과 행동체계에 관한 '보편적' 판단 잣대가 되어 서구 식민주의에 정당화를 부여하는 논리로 활용되었음을 의미한다. 그리고 이러한 과정에서 피식민자와 피식민지의 주관적 역사 경험과 관점은 소거 및 삭제된다. 서양근대철학의 이성주의와 이에 대한 지구 보편적 믿음, 그리고 이를 정치적, 물리적으로 행사한 제국주의와 식민주의 속에서 지역적 경험과 주관적 감정은 그저 배제, 계몽, 삭제의 대상이 될 뿐이다.

결국 이것은 '순수이성' 철학이 아닌 지배 권력의 정치적 프로젝트에 기인하여 발생한 부당한 결과이기 때문에 이에 대한 자연스러운 문제의식으로써 탈식민주의는 "식민성"의 해체 혹은 극복을 주창하는 것이다. 그리고 해체와 극복을 위한 첫 단추가 바로 탈식민주의에서 강조하는 "위치 지워진", 즉 나의 "삶과 터에 뿌리내린" 시각으로 수행하는 비판적 성찰이다. 이것에 기초해서 식민주의 사고체계를 해체하여 지배 논리로부터의 해방(liberation)되고자 한다. 이를 위해 탈식민주의는 식민주의 지배 논리나 규범의 내용보다는, 그러한 논리와 규범의 '기원'과 '재생산'의 메커니즘이 무엇인지 밝히는 것에 집중한다. 어떻게 (서구의) '특정한' 사고체계가 지역과 문화의 차이를 넘어 '보편화' 되었는가라는 질문에 천착하게 된다. 요컨대 규범의 내용 그 자체보다는 규범'화' 과정과 정치적 기제를 연구의 중심에 두는 것이다. 물론 해방의 목적은 '서양=이성=보편'이란 도식을 통해 지워진 혹은 소거된 지역적, 특수적, 부분적인 경험과 지식을 '여기-나'의 시각으로 성찰하면서 되살려내는 일이다. 그리고 이 과정에서 탈식민주의는 다양한 측면에서 현재진행형인 규율, 억압, 착취, 불평등으로부터의 해방과 '지배-피지배' 구조의 해체를 시도한다. 예를 들어 신자유주의 경제시스템과 서구금융권의 자본독점에 의한 양극화와 21세기형 경제적 식민화로 불리는 이른바 "엑스트라 액티비즘(Extra-activism)"의 해체할 것을 강조할 수도 있으며 (알바로 리네라 2015; Kidd 2016) 혹은 푸코(Foucault)의 언어를 빌리자면, 우리의 생활세계에서 일상적, 그리고 미시적으로 작동하고 있는 감시와 검열이라는 "생체권력(bio-power)"과 "육체에 각인된" 내 안의 순응성으로부터 해방될 것을 우선시할 수도 있다 (Foucault 2006). 무엇보다 정신과 (무)의식에 깊게 침윤된 '식민성'의 해체를 '근대성'에 대한 저항과 동시에 수행하는 것을 강조할 수도 있다(Quijano 2007; Mignolo 2011). 그리고 해체, 해방, 저항의 방식으로써 에드워드 사이드(Edward Said)가 말하는 "논 세르비암(Non-Serviam)", 즉 자기성찰과 주체적 저항정신이 우선시 될 수도 있고(Said 1996, 32-47), 호미 바바(Homi Bhabha)가 논했던 것처럼 식민지배자를 "흉내내기(mimicry)"함으로써 지배자의 정체성 분열을 유도하여 지배자(논리)가 전복될 수 있음을 상징화시킬 수도 있다(Bhabha 1994, 47-55). 혹은 가야트리 스피박(Gayatri Spivak)처럼 헤게모니 권력에 종속되어 있거나 권력의 접근을 거부당한 하위주체(농민, 노동자, 여성 등), 이른바 서발탄(subaltern)에게 "말을 걸고" 그들의 목소리를 중심에 두는 서술 작업이 강조될 수도 있다(Spivak 1999, 110). 나아가 프란츠 파농(Frantz Fanon)처럼 지배 권력의 해체와 식민성의 극복을 위해 무력투쟁과 폭력이 수반되는 행동이 가장 우선시될 수도 있다(Fanon 2008 [1952]).

무엇을 강조하고 우선시하든, 탈식민주의가 공통으로 중시하는 것은 피지배자 자신의 삶과 장소에 착근된 시각을 통해 (서구중심적) 이성주의/보편주의가 해체되고, 지배 정당화 논리체계에서 해방되는 것이라고 할 수 있으며, 이는 결과적으로 주변부의 (삭제/소거되었던) 주관적이고 지역적이며 따라서 부분적인 경험과 감정을 전면에 (재)등장시켜 자기 정체성을 회복하는 작업으로 이어지게 된다. 파농의 다음과 같은 발언을 보자. "태생적으로 지닌 열등감을 제거하는 것이 불가능하기에, 난 스스로를 흑인이라 단언하기로 했다. 다른 사람들이 날 인정하길 주저하기에 단 하나의 해결책만이 있다. 그것은 자신을 알리는 것이다"(Fanon 2008 [1952], 11). 그리고 이러한 문제의식은 탈식민지적 민족주의 운동, 예컨대 에메 세자르(Aimé Césaire)가 주도했던 흑인 정체성 회복 운동이자 범아프리카 민족주의 담론이라고 할 수 있는 "네그리튀드

(Négritude)"에서도 잘 감지된다.[6]

하지만 여기서 고민이 필요한 질문이 있다. 그렇다면, 탈식민주의가 궁극적으로 지향하는 목표지점은 토착 주의인가? 이 질문은 서두에서 소개한 탈식민주의를 이해하는 세 번째 측면과 연결되는 부분이기도 하다. 지금까지 논한 탈식민주의의 문제의식과 그것의 논리적 근거 및 전개가 최종적으로 가리키는 지점은, 이미 언급한 바와 같이 주변화되거나 억눌린 자기 정체성(주체성)의 회복이라고 할 수 있다. 그러나 이것이 탈식민주의의 지향점을 모두 포괄한다고 단정지어서는 안 된다. 오히려 자기 정체성의 회복만을 강조할 경우, 탈식민주의에 대한 오독으로 이어질 수도 있다. 물론 탈식민주의는 (서구중심적) 이성/보편주의와의 "연결고리를 끊어내고(delinking)" 대항 담론과 저항운동으로써 (비서구의) 주관적이고 지역적인 경험과 감정을 되살려내려고 한다(Amin 1990). 하지만 이와 동시에 '되살려낸' 지역적 시각으로 또다시 '보편화/타자화'하지 않는 것이 탈식민주의 입장에서는 매우 중요해진다. 달리 말해 지배자 중심의 정형화, 혹은 들뢰즈(Deleuze)의 표현을 빌리자면, "코드화" 혹은 "영토화"라는 기제를 통해 만들어진 "차이"와 "구별짓기"의 경계에서 "탈주"하고(들뢰즈, 가타리 2003), 주변부의 삭제된 경험, 감정, 관점의 회복을 추구하지만, 그것의 보편화를 추구할 경우 결국 해체하려는 "구별짓기" 구조가 그대로 유지/재생산되고 따라서 또 다른 형태의 차별과 배제가 수반될 수밖에 없으므로 자기 중심적 보편화에 대한 강한 거부를 하

6   '네그리튀드'에 대한 좀 더 깊은 논의는 오생근(2007)을 참조할 것.

게 되는 것이다. 오리엔탈리즘(Orientalism)을 넘어 옥시덴탈리즘 (Occidentalism), 그리고 이것을 다시 넘어 '포스트'옥시텐탈리즘 이 탈식민주의 논의에서 주목받고 있는 이유도 바로 여기에 있다 (Coronil 1996; Fernando 1996; 천 2001; 마갤릿, 부루마 2007; 김은 중 2014). 즉 동양을 서양의 시각으로 타자화하고 왜곡시켜 재현 (representation)하면서 서양의 우월성을 보편화시키는 오리엔탈 리즘과 마찬가지로 옥시덴탈리즘(Occidentalism) 역시 그 대상만 뒤바뀔 뿐 자기중심적 보편화, 타자화, 권력관계 속에서 왜곡되는 타자에 대한 재현 등의 문제들이 그대로 남아 있는 사고체계이기 때문에 탈식민주의 시각에서는 경계해야 할 대상인 것이다.

2. 탈식민주의의 '공감적 다원주의'

이처럼 탈식민주의는 인식적 보편화를 거부한다. 그렇다고 그 대 응으로써 특수성만을 강조하거나 혹은 일반화에 기초한 이론의 유 용성을 부인하는 것 또한 아니다. 이론에는 다양한 '기능'이 있으 며(Guzzini 2013), 탈식민주의는 여기서 이론의 설명과 예측의 기 능이 아닌 비판과 성찰적 기능을 강조한다. 나아가 이론, 관점, 설 명의 '부분성(partiality)'을 단점으로 여기는 것이 아니라 오히려 그것을 강조함으로써 이른바 사회과학 이론이 추구하는 '보편성 (universality)'의 한계를 들춰내고 이론(관점)의 범위를 의도적으 로 제한하려 한다. 그러므로 탈식민주의의 시각에서는, 이론적 논 의의 '일반화'가 '보편화'로 혼용되지 않도록 하는 것이 중요하며, 일반화가 동화(同化, homogenization)로 오인되어 마치 동의어처럼 적용되지 않도록 경계하는 것 역시 매우 중요해진다. 이와 함께 탈식민주의는 이론화 과정에서도 이론(가)의 주관적이고 부분적인 경험과 시각을 잃지 않는 일반화를 강조한다. 이런 맥락에서 '무엇을' 설명하는 이론이냐라는 질문은 '어디서', '누구에 의해' 이론화가 되었는가라는 문제와 불가분의 관계로 인식된다. 이러한 인식을 바탕으로 탈식민주의가 그 무엇보다 중시하는 것은 바로 상대방에 대한 공감(共感, empathy) 혹은 공감적 사유라고 할 수 있다. 그 이유는 자명하다. 보편적인 것으로 (잘못) 여겨지는 역사나 사상을 나의 '삶과 터'의 맥락에서 해체하고 재구성하여 나의 세계를 만들어간다는 것은, 하나의 세계, 하나의 사상, 하나의 이성, 하나의 근대성이 존재하지 않음을 전제로 하는 것이다. 이러한 전제는 곧 나의 세계뿐만 아니라 상대방의 세계를 평등한 주체로 인정하는 것이며, 다양한 세계, 다양한 역사, 다양한 문화와 사상이 '동등하게 공존'함을 추구하는 것이다. 따라서 이를 위한 상대방의 세계를 그들의 주관적인 경험, 시선, 감정의 맥락에서 이해하는 '공감'의 사유행위가 매우 중요해진다. 탈식민주의가 궁극적으로 지향하는 곳도 바로 이 지점이다.

물론 여기에서 공감은 '예외'를 인정하는 행위와는 차원이 다르다. 타자의 어떤 경험과 시각을 특수한 것, 예외적인 것으로 이해하고 인정한다는 것은, '하나의 시각'이 이미 주류로써 존재하고 이것이 정상적이고 보편적인 판단 기준으로 작동하고 있음을 시사한다. 탈식민주의는 이를 해체하려는 담론이며 운동이다. 따라서 탈식민주의의 입장에서 공감은, 타자를 나와 '동등한' 존재로 받아들인 상태에서 타자가 느끼는 감정과 특수한 경험을 이해하려는 적극적 사유 및 실천행위라고 할 수 있다. 즉 낯설게 보이고, 비정상적이며 특수한 것처럼 여겨지는 것들에 대한 자동반사적인 거부나 외면이 아니라 그러한 것에 대한 적극적 받아들임이며 나아가 "되어보는" 것이다. 공감의 기저에는 근대서양의 추상적이고 자기중심적인 존재론과 윤리의식이 아닌, 내 이웃의 고통과 아픔에 대한 책임을 통감하는 "타자 윤리학"과 이러한 공감을 통해 차별, 구별, 경계를 '초월'하려는 "타자의 변증학(analectics)"이 놓여있으며(Dussel 2003: 5-8),[7] 이는 결과적으로 정치적, 그리고 인식적 차원의 다원주의와 맞닿게 된다.[8]

이렇게 종합해 보면, 서두에서 논한 탈식민주의의 '탈(脫, post)'이라는 용어가 갖는 의미의 중첩성, 즉 무엇 '다음에 오는(coming after)' 시간적 의미 + 무엇을 '넘어가는(going beyond)'이라는 극복의 의미는 다음과 같이 이해될 수 있다. (서구중심의)보편주의를 '초월'하여 다원주의를 '공감적'으로 이루고자 하는 이론이며 실천. 이처럼 탈식민주의가 지향하는 다원주의 (혹은 본고에

7   앞서 언급한 들뢰즈와 가타리가 "코드" "영토", "탈주"의 개념과 병행시켜 자신들의 논의 후반부에 제시하는 "되어보기(becoming)"라는 개념은 탈식민주의 학자 두셀의 "타자의 윤리학" 개념과 인식적 맥락을 같이 하고 있는 것으로 이해할 수 있을 것이다. "되어보기"에 대한 좀 더 자세한 개념적 해설은 이정우(2008)을 참조할 것.
8   여기서의 다원주의는, 서양철학의 자유주의와 개인주의에 기반한 다원주의를 가리키는 것이 물론 아니다. 민주주의나 자유 등 서양중심적 (서양기원적) 사상이 보편적 기준으로 작동하는 가운데 다양성을 인정하는 자유주의 서양철학에는 사상, 문화, 사회 간의 차별적 구조와 위계적 권력관계에 대한 비판적 고찰 및 해체에 대한 시도가 논외로 되어 있다. 이에 비해 탈식민주의의 (공감적) 다원주의는 문화, 사상, 정치경제체제, 이데올로기 간의 '동등한 주체성'을 강조하고 배제와 차별적 타자화와 이분법을 '해체'하고 '초월'하는 것을 목표로 한다는 점에서 상이한 개념이라고 할 수 있다.

서는 '공감적 다원주의'라고 명하는) 인식적 태도가 주는 함의와 공헌
은 우선 학술적 차원에서 명료하게 드러난다.

예를 들어 서구 중심적으로 규율과 배제의 기능을 발현하는
보편성(universality)이 아니라, "복수보편성(Pluri-Versality)", "복
수 중심적 세계(Polycentric World)"와 같은 대안적 개념들이 두셀
과 아민 등의 탈식민주의 학자들에 의해 사용되면서 진보, 진리,
과학에 관한 기존의 편협했던 서구 중심적 논의가 더욱 확장되고
풍부해질 수 있었다(Amin 1990; Dussel 2003). 문화연구에서도 마
찬가지다. 일례로 문화다양성에 대한 연구만 하더라도 기존의 '다
문화주의'를 넘어 '상호문화주의'가 강조되고 있다(안태환 2009:
112-121; 양운덕 2001: 48). 탈식민주의 시각에서 보자면, 다문화주
의는 지배문화의 해체가 아닌 문화적 다양성을 문화상대주의적 입
장에서 인정하여 결국 현상유지의 성격을 내재하고 있으며 또한
문화와 21세기 신자유주의 자본과의 결탁을 비판적으로 고찰하
지 못하고 있다.[9] 따라서 '지배-피지배'라는 문화 간 권력관계를 들
춰내고 그것을 초월하여 문화 "주체들 사이의 '평등한' 대표 가능
성을 지향"하는 '상호문화주의'가 새롭게 대안으로써 논의되고 있
는 것이다(안태환 2009: 116).[10]   더불어 탈식민주의는, 근대서양의

9   이에 대한 다층적 비평은 슬라보예 지젝(Slavoj Zizek)의 연구(Zizek 1997)에서
     찾아볼 수 있다.
10   탈식민주의 학자들이 '상호문화주의'를 강조한다고 해서 문화적 다양성 확장에
     큰 공헌을 한 다문화주의를 전적으로 부정하는 것은 결코 아니다. 다만 다문화주
     의가 놓치고 있는 문화의 '권력관계 문제'를 좀 더 구조적인 차원에서 비판하고
     이를 해소하려는 시도에서 '상호문화주의'가 논의되고 있다고 이해할 수 있다. 이
     점을 명료하게 할 수 있도록 "문화적 순혈주의"의 경계를 지적해주신 박건영 교
     수님께 감사드린다.

이성중심적 세계관과 실증적 자연주의에 의해 배제되어 왔던 공감, 즉 '감정'의 영역을 사회'과학'의 영역으로 복귀시킴으로써 새로운 지적발견의 계기도 마련하였다. 예컨대 사회학에서는 감정의 개념과 영향력에 관한 '미시와 거시' 논쟁을 거치면서 감정과 사회적 맥락이 불가분의 관계에 있음을 전제로 한 '감정사회학'이 새로운 연구영역으로 자리 잡았으며(Barbalet 1998; 김홍중 2013), IR에서도 국가를 "감정적 행위자(emotional actor)"로 보고 감정의 집단화와 정치화가 이뤄지는 매커니즘을 사회정체성과 연결시켜 파악하는 이론적 연구가 시도되고 있다(Hutchison and Bleiker 2014; Holmes 2105). 물론 감정연구는 IR에서 최근에서야 본격적으로 이뤄지고 있는 시도들이고, 아직까지 비주류로써 주변화되어 있는 상황이다. 주지하듯 현실주의와 자유주의 등 IR 주류이론은 근대 서양철학의 이성주의와 개인주의(즉 개인주의 합리성)에 기반한 이론이다. 더불어 실증주의 과학관을 그대로 받아들여, 보편화된 설명과 예측 그리고 경험적 검증을 타당한 연구의 판단'잣대'로 삼고 있다. 하지만 앞서 지적한 바와 같이 탈식민주의를 통해 새로운 (좀 더 정확한 표현으로는 삭제, 소거 혹은 배제되어오던) 문제와 이슈를 사회과학의 전면에 내세워 이론적으로 혹은 경험적으로 연구한다는 것은, 지적 외연의 확대란 차원에서 매우 의미 있는 시도라고 할 수 있다. 뿐만 아니라 탈식민주의의 '공감적 다원주의'는 기존이론에 대한 비판적 대안을 제공하면서도 배제나 차별이 아닌 '공존'을 추구한다. 이러한 측면에서 사회과학의 지적기반을 '견고화'하는 차원에서도 매우 중요한 공헌을 하고 있다고 볼 수 있다. 나아가 탈식민주의에서 강조하는 당사자의 "삶과 터에 뿌리내린"

경험과 시각으로 재조명되고, 재구성되며, 재발견된 지식은, 미뇰로와 끼하노가 말하는 지식과 권력의 "식민성"을 극복하는 매우 중요한 방법이며(Quijano 2000; Mignolo 2011), 압둘 잔모하메드(Abdul JanMohammed)가 말하는 서구중심의 "인식적 폭력"에 대항하기 위한 필수조건이기도 하다(성정혜 2012: 92).

그렇다면, 이러한 탈식민주의의 학술적 공헌이 한반도의 '현실'문제에는 어떤 의미가 있는 것일까? 아래 절에서는 탈식민주의가 한반도를 둘러싼 국제정치나 외교의 문제에 어떤 대안적 시각과 통찰을 제공할 수 있는지 알아보고자 한다.

III 탈식민주의를 통해 본 한국의 대표적 국제정치현안: 북한 문제

1. 한국의 대북정책: 현실주의 혹은 자유주의

한국이 직면한 가장 시급한 국제 및 외교 문제 중 하나는 바로 북핵문제와 통일문제를 총칭하는 이른바 '북한 문제'일 것이다. 김대중 정부를 시작으로 지난 20여 년간, 한국 정부가 취한 대북정책을 개괄적으로 요약하자면 현실주의와 자유주의로 이해될 수 있다.[11]

11 한국의 대북정책을 현실주의 혹은 자유주의 (나아가 구성주의까지), IR의 주류이론으로 분석한 연구는 상당히 많기에 본 절에서는 더 이상의 자세한 논의를 하지 않는다. 더불어 여기서는 지난 20여 년간의 대북정책을 상술하기 보다는 그것들의 주요특징들만을 간략히 살펴보고자 한다. 물론 단순화의 위험성이 있지만, 앞서 적시한 바와 같이 본고의 주된 목적은 탈식민주의와 같은 비주류 이론, 그 중

즉 햇볕정책으로 일컬어지는 자유주의/기능주의 기반의 포용정책과 호혜성을 강조하는 현실주의 강경정책으로 분류될 수 있는 것이다(황지환 2011). 예를 들어 김대중 정부의 대북정책은 대표적인 포용정책으로써 기능주의적 통합론 및 제도주의 협력론에 기반을 두어 "접촉, (경제적 물자) 제공, 대화를 통한 북한의 변화 모색"을 햇볕정책이란 이름으로 추진하였으며(구영록 2000), 노무현 정부의 대북정책은 "평화번영정책"이란 이름으로 김대중 정부의 '햇볕정책'을 계승하면서 외연을 동북아시아로 확장시켜 적극적인 대북포용정책과 함께 '동북아경제중심'과 '동북아시대구상'을 국가미래비전과 외교정책목표로 설정하여 실행한 바 있다(조찬래 2008).[12] 이에 비해 이명박 정부는 "북한이 핵을 포기하고 개혁·개방에 나선다면 10년 후 북한의 1인당 국민소득이 3,000달러"가 되도록 지원하겠다는 구상을 "비핵·개방 3000 정책"으로 명하면서 "엄격한 상호주의"를 대북정책으로 실행하였다(최진욱 2008).[13] 지금의 박근혜 정부는 "튼튼한 안보를 바탕으로 남북 간 신뢰를 형성함으로써 남북관계를 발전시키고, 한반도에 평화를 정착시키며, 통일기반 구축"을 목표로 하는 "한반도 신뢰 프로세스"를 대북정책의 기

에서 상대적으로 더욱 주변부에 위치된 이론을 렌즈로 '동일한' 현실의 문제를 '다르게' 보는 데 있다. 예컨대 서구중심적이며 이성주의 (합리주의)에 기반을 둔 현실주의와 자유주의 이론이 놓치고 있는 감정의 문제와 탈식민주의가 지향하는 '공감적 다원주의'가 현실에서 얼마나 그리고 어떻게 중요하게 작동할 수 있는지를 고찰하고자 하는 것이다. 따라서 상세한 정책설명보다는 탈식민주의를 '통해' 그 정책의 주요한 특징들을 재조명/재구성 하는 것에 초점을 맞추고자 한다.

12 관련된 정부문서는 다음을 참조할 것: 대통령 기록관, '제16대 대통령 동북아시대구상'; 대통령 기록관, '제16대 대통령 청와대정책브리핑'.

13 관련된 정부문서는 다음을 참조할 것: 대통령 기록관, '제17 대 대통령 국정지표'; 대통령 기록관, '제17 대 국정운영백서'.

조로 내세우고 있다(통일부 2013). 나아가 청와대와 통일부는 "신뢰란 서로 대화하고, 약속을 지키며, 호혜적으로 교류·협력하는 과정을 통해 점진적으로 축적"되며, 북한의 "평화를 깨는 잘못된 행위에 대해서는 반드시 대가를 치르도록 함으로써 〔북한을〕 협력의 길로 나오게"할 수 있다고 설명하고 있다.[14]

그러나 북한 문제 해결을 위해 서로 다른 정부가 추진한 대북정책들은 결과적으로 보면 그 목표를 달성했다고 볼 수 없다. 2006년, 2009년, 2013년, 그리고 2016년까지 이어진 총 4차례의 북한 핵실험과 뒤이은 수차례의 장거리 미사일 발사(시도)는 지난 20여 년간 진보와 보수를 망라한 한국정부들이 취한 대북정책의 실효성에 의문을 제기하게 한다. 더욱이 "기존 대북정책의 한계를 극복하기 위해 새로운 접근법을 구사해야 할 시점"(통일부 2013)이라는 인식하에 추진된 박근혜 정부의 "한반도 신뢰 프로세스"는 '개성공단 전면폐쇄'라는 사건이 상징하듯 남북 간 신뢰보다는 불신과 상호비난이라는 정반대의 결과를 낳게 되었다. 진보적 정부와 보수적 정부 모두 북한문제 해결을 위한 대북정책에 (정도의 차이는 있으나) 한계를 드러낸 것이다. 왜일까? 무엇이 문제인가? 탈식민주의 시각을 상기해 보면 문제의 원인을 새롭게 파악할 수 있다.

2. 탈식민주의로 북한 문제 톺아보기

앞서 자세히 논의한 바와 같이, 탈식민주의의 궁극적 지향점은 "식

14   청와대, '박근혜 정부 3년 정책 모음'

민성"의 극복과 '공감적 다원주의'다. 이성과 서구 중심의 보편적 접근을, 행위 당사자의 주관적이고 특수한 경험과 감정으로 해체하고 재구성하여 삭제 및 주변화 되었던 주변부의 세계를 살려내고 다원성을 회복하는 것이 탈식민주의의 '고갱이'다. 그렇다면, 탈식민주의 시각에서 북한 문제 해결은 기존의 대북정책이 얼마나 (서구) 이성중심적으로 보편화되어 있는지를 비판적으로 고찰하는 것에서부터 시작된다고 볼 수 있다. 이런 맥락에서 북한의 군사주의에 어떻게 대처할 것인가라는 결과론적이고 현상적인 질문에 앞서, '왜' 그러한 군사 강경노선을 취하게 되었는지에 대한 역사 '기원적' 질문을 중심에 놓을 필요가 있다. 예를 들어, 어떤 나라가 군사 강경적이라면, 그 나라의 역사적 맥락 '안에서' 군사 강경성의 의미와 기원에 천착해야 하는 것이다. 달리 말해 탈식민주의 시각에서 보자면, 기존의 자기중심적 보편화를 넘어 당사자 (북한)의 주관적인 역사경험을 세밀하게 조망하여 그들의 감정과 행위의 발생기원에 관한 이해가 중요해지는 것이다.

좀 더 구체적으로 박근혜 정부의 '신뢰 프로세스'를 예로 먼저 들어보자. "기존 대북정책의 한계를 극복"하고 "북한 핵 문제 해결, 남북관계 발전, 한반도 평화정착, 통일기반 구축"을 달성하기 위해 박근혜 정부는 남북 간 신뢰구축을 "최우선적" 과제로 제시하였다.[15] 매우 중요하고 필수적인 과제설정이었음도 불구하고, 원하는 결과는 달성되지 못했다. 그 이유는, 탈식민주의 시각에서 보자면 자명하다.

---

15   통일부, '한반도 신뢰프로세스 정책설명'

'신뢰'는 '감정'이다. 감정 중에서 가장 높은 수준의 '공감적' 감정이 신뢰다. 그러나 이러한 감정(신뢰)를 얻기 위한 정부의 대응은 이성적, 결과론적 차원의 접근이었고 엄격한 '현실주의' 정책이었다. 예컨대 박근혜 정부는 "튼튼한 안보를 바탕으로 … 북한이 국제적 기준과 모든 합의를 준수하는 관행을 만들고 … 북한의 무력도발을 용인하지 않고 … 북한을 국제사회의 책임 있는 일원으로 견인"[16] 하는 것을 신뢰구축의 가장 중요한 수단으로 여겼다. 이러한 차원에서 강력한 대북억지 수단, 예컨대 사드(THAAD)배치, 한·미·일 삼각동맹강화, 국제사회(UN)를 통한 강력한 대북압박 및 제제는 정당화된다. 여기에는, 문제 발생의 '역사기원적' 분석과 이를 통한 행위 당사자의 '감정세계'에 대한 이해와 공감이 자리 잡을 곳이 없다. 한반도와 북한의 "삶과 터에 뿌리내린" 시각에서 보는 문제원인의 역사적 이해와 공감적 해법 모색이 빠져 있다. 대신, 남북 간 신뢰라는 '감정'의 문제가 '이성'으로 접근되고 있다. 신뢰(감정)문제를 해결하기 위해 억지, 균형, 상호주의라는 서구중심적으로 보편화된 '이성'의 수단이 현상적이고 결과론적 차원에서 동원되고 있는 것이다. 더욱이 여기서 북한은 이른바 '국제사회'에 편입시켜야 할 대상으로 취급된다. 북한은 계몽과 교화의 대상인데, 그 교화와 계몽의 주체는 '서구화된' 한국이며 미국 중심의 국제사회로 인식되고 있는 것이다.

이처럼 감정의 문제를 이성의 수단으로 해결하려는 오류, 그리고 문제해결 이후의 모습에서 자기중심적인 (즉 한국/서구중심적)

16   청와대, '박근혜 대통령 취임사'; 통일부, '한반도 신뢰프로세스 정책설명',

모델만을 설정하고 있는 오류는 남북 간 신뢰구축을 매우 어렵게 할 수밖에 없다. 물론 이러한 오류는 비단 박근혜 정부만의 문제는 아니다. 이명박 정부의 "비핵·개방 3000 정책"의 기본 전제 역시도 타자의 계몽과 규율, 그리고 그것의 자기중심적 접근이 깔려 있다. 열등한(궁핍한) 타자/북한이 우월한(부유한) 자아/한국/서구사회'처럼' 변하기만 하면, 경제적으로 지원하겠다라는 "비핵·개방 3000 정책"은 전형적인 서구중심주의 접근이며 "권력의 식민성", 즉 자기중심적 보편화가 너무도 명확히 발화되고 실행된 정책이었다. 특히 이 정책에는 두 층위의 자기 중심성이 깔려 있다. 하나는 나'처럼' 우선 변해야 한다는 전제로써의 자기중심적 층위가 있고, 그렇게 전제를 충족시키면 '더욱 더' 나처럼 될 수 있도록 개입하겠다,라는 실천으로써의 자기중심적 층위가 있다. 물론 여기서의 '나'는 서구중심적 자본주의 세계와 동일시되며, 이러한 동일시는 다음과 같은 믿음으로 이어지곤 한다. 세계가 "자본주의 국제사회에 편입하는 것은 '보편적' 세계사의 흐름"이며 따라서 "북한을 국제사회에 편입시킴으로써 핵 문제 해결"을 이룰 수 있고, 따라서 한국은 북한의 행동에 대한 적절한 "인센티브와 디스인센티브를 유연하게 구사"하여 북한을 국제사회에 적극 편입시킬 필요가 있다(서재진 2008, 20).

이명박 정부와 달리 남북 간 대화와 교류를 강조하고 실행했던 김대중 정부와 노무현 정부 역시도, 북한을 '밖'으로 끌어내어 국제사회로 '편입'시키는 것을 중시한 바 있다(고유환 2005, 28-29; 하상식 2009), 김대중 전 대통령의 다음과 같은 발언이 이를 잘 보여 준다. "우리정부의 대북정책목표는 남북 간 불신을 … 협력단계로 전환하고 … 북한이 개방과 시장경제로 전환하고 책임 있는 성원으로 국제사회에 참여"하도록 하는 것이다(김대중 1999). 요컨대 북한 문제에 있어 보수정권이든 진보정권이든 간에 경제적이고 도덕적인 정당성은 '국제사회'에 우선적으로 부여된다. 여기서 국제사회는 물론 '서구화/자본화된' 사회를 가리키며, 이곳으로 북한을 유도하는 주체도 서구화/자본화된 한국이다. 이런 측면에서 대화와 접촉을 중시했던 김대중, 노무현 정부 역시 '자기중심적 보편화'를 해체하려는 탈식민주의의 강한 비판을 받을 수 있다. 특히 경제적 지원을 통해 북한을 변화시키고 국제사회로 끌어낼 수 있다는 믿음 ("햇볕론")과 경제적 협력(남북경협)의 성과가 지속되어 넘치면 정치, 안보와 같은 다른 영역에서의 교류와 협력으로 흘러갈 수 있다는 '기능주의'는 전형적인 서구의 자유주의사상에 기반한 정책이다. 이런 측면에서 볼 때, 한반도에 착근된 복잡한 문제를 기능주의, 제도주의와 같이 서구중심적으로 보편화/단순화된 수단으로 해결하려 했다는 점에서 진보정권도 보수정권과 동일한 종류의 오류를 범했다고 할 수 있다.

물론 북한의 변화는 필요하다. 하지만 그 변화가 계몽과 교화로 인식되고, 나아가 그 계몽과 교화의 주체가 '서구화된' 한국이며, '미국 중심'의 국제사회라면 북한의 변화나 북한 문제의 근원적 해결은 요원할 수밖에 없다. 신뢰, 대화, 협력, 교류, 지원, 햇볕, 개혁, 개방, 비핵화, 통일(대박) 등 북한 문제와 관련된 다양한 담론과 정책이 만들어졌지만, 여기에는 선과 악 혹은 우등(優等)과 열등(劣等)이라는 이분법적이고 위계적인 사고체계가 공통적으로 흐르고 있다. 탈식민주의적 시각에서 보자면 북한 문제 해결의 시작은 바로 이러한 이분법적이고 위계적인 사고체계로부터의 '해방'이다. 그리고 이것은, 신뢰나 두려움과 같은 주관적인 감정의 문제를 추상적인 이성의 수단으로 해소하려는 서구근대성의 '해체'와 병행되어야 한다. 이러한 해방과 해체를 기초로 하여 북한의 의도나 행위를 그들의 주관적인 역사 경험 '속에서' 파악하고 이해할 필요가 있는 것이다. 예컨대 탈식민주의 입장에서 다음과 같은 질문을 해볼 수 있다. 북한의 강경군사 노선은 어디서부터 시작된 것일까? 그들의 강경군사 노선 기저에는 어떤 '감정'이 자리 잡고 있는 것일까? 이러한 질문을 고민한다는 것은 자기중심적 보편화를 벗어나기 위한 첫걸음이다. 그리고 자기중심적 보편화의 해체는 상대방과의 '신뢰'를 쌓기 위한 필수 조건이다. 이러한 측면에서 북한체제가 수립된 이후 그들이 관통한 역사적 경험과 궤적을 간략하게나마 살펴볼 필요가 있다.

냉전시기 사회주의를 표방하고 있는 북한에 미국은 북한 존립을 위협하는 '항시적' 위협이었다. 무엇보다 북한은 한국전쟁에서 미국의 개입과 함께 체제 존립의 근간이 무너질 뻔한 경험을 했으며, 이는 이후 북한의 대미 위협인식을 갖는 데 직접적인 원인으로 기능하게 된다. 그리고 이러한 북한의 대미 위협감은 지속적으로 강화되는 것을 넘어 내면화되었는데, 대표적으로 1960년대 쿠바 미사일 사태와 베트남전쟁, 그리고 공산권의 붕괴에 이은 미국 중심의 국제질서와 미국의 이라크 침공과 "악의 축" 발언 등은 북한의 대미 위협감을 강화/유지시키는 큰 요인이 되었다.

하지만 냉전시기 북한이 느끼는 위협감과 고립감에 더 큰 변수로 작동한 것은 일반적으로 알려진 것과 달리, 중국(및 소련)과의 관계였다고 할 수 있다. 이른바 '혈맹(血盟)'으로 알려진 것과는 다르게 북중관계에서 발생한 긴장과 갈등은 1950년대부터 시작되어 냉전 종식 이후까지 오랜 시간 지속되었다. 냉전시기 '한·미·일 남방삼각동맹체제'가 안정적으로 유지된 것과 달리 '북·중·소 북방삼각동맹체제'의 결속력은 상대적으로 약하고 매우 불안정했다. 물론 북한은 체제수립 과정과 한국전쟁, 그리고 전후 복구과정에서 중국과 소련으로부터 많은 원조를 제공받았지만, 중국과 소련의 내정간섭은 북한 정권의 존립을 흔들 정도의 심각한 위협이었다. 1956년 '8월 종파사건'이 이를 잘 보여준다. 한국전쟁 이후 3년 만에 북한 내의 연안파와 소련파가 8월 전원회의에서 김일성을 제거하려 했다. 결과적으로 이 계획은 사전에 누설되어 좌절되었고 관련 인사 상당수가 비밀리에 중국으로 도피했거나 숙청됐다.[17] 하지만 중·소 양국은 '8월 종파사건'과 관련된 인사들에 대한 북한 지도부의 처리방식을 매우 탐탁치 않게 여겼으며, 이에 미코얀과 펑더화이가 이끄는 양국의 공동대표단이 평양을 방문하게 된다. 그 결과 양국의 대표단이 참석한 가운데 열린 조선노동당 중앙위원회 9월 전원회의에서 북한 지도부는 최창익과 박창옥을 당중앙위원으로 복귀시키고, 윤공흠, 서휘, 리필규 등의 출당조치를 취소하는 결정을 내리게 된다. 이처럼 정권을 전복하려던 세력을 중·소 양국의 압력으로 다시 복귀시킨 '8월 종파사건'은 중국과 소련에 대한 북한의 불신과 위협감을 키운 결정적 사건이었다.

여기에 더해 1960년대 베트남전쟁에서 중국은 미국에 대한

---

17 '8월 종파사건'의 원인과 결과에 대한 자세한 내용은 다음을 참조할 것: 박영실, 『8월 종파사건』 (파주: 백년동안, 2015), pp. 133-147.

사회주의진영의 공동대응에 소극적인 태도를 보였고, 뒤이은 문화대혁명 이후 문혁지도자들과 홍위병들의 북한과 김일성에 대한 노골적인 비난은 북한의 고립감과 체제안보에 대한 위협감을 더욱 고조시켰다. 소련과의 관계도 마찬가지였다. 1962년 쿠바 미사일 사태를 해결하는 과정에서 나타난 소련의 모습에 대해 북한은 "소련이 미국에 굴복"했다고 평가할 정도로 소련에 대한 불신을 갖게 되었다. 흔히 북한은 미국과 남한 등 자본주의진영에 대항하여 중국 및 소련과의 공고한 연대와 협력을 과시한 것처럼 알려져 있지만, 실제 북한과 중국 (그리고 소련)의 양자관계는 우호적인 시기가 오히려 '예외적' 현상으로 여겨질 정도로 끊임없는 긴장과 갈등으로 점철돼있었다. 더불어 1970년대 미·소, 미·중 간의 데탕트는 중국과 소련 양국에 대한 북한의 불신을 더 키운 사건이었다. 실제로 최근 한국외교부가 공개한 1980년대 외교문서에 따르면, "소련(러시아)은 믿을 수 없고(cannot rely on), 중공(중국)은 믿지 않는다(doesn't rely on)"는 김일성의 발언이 나오며, 이는 북한이 중국과 소련에 대해 강한 불신을 갖고 있었으며 사회주의 진영 내에서도 매우 큰 고립감을 느끼고 있었음을 잘 보여준다(연합뉴스 2016.4.17). 더욱이 1990년 한·소 수교와 1992년 한·중 수교는 북한의 고립과, 이에 따른 불안감을 극대화한 사건이었다고 할 수 있다. 결과적으로 1950년대부터 1990년대까지 북한이 중국과 소련 관련하여 겪은 일련의 역사적 경험들은, 미국이라는 '항시적' 위협과 더불어 북한으로 하여금 존립에 대한 불안감, 두려움, 고립감을 지속시키고 내면화시킨 계기가 됐다고 볼 수 있다.

이와 같이 북한의 역사 경험을 살펴봄으로써 북한의 군사주의에 관한 '역사 맥락적' 이해가 가능하며 그들의 감정 세계를 파악할 수 있게 된다. 이는 북한을 무조건적으로 악하고 비합리적인 객체로 여기는 '본질주의적 타자화(essentialist othering)'에서 벗어나는 발판이 될 수 있다. 달리 말해, 자아 (한국/서구) 중심의 '우등-열등'이라는 이분법적 구분과 그 속에서 북한을 계몽의 대상으로 전제하는 위계적 접근에서 벗어나 상대방에 대한 공감적 이해가 가능해질 수 있는 것이다. 여기서 주의할 것은, 공감이 동조(同調)나 동화(同化)가 아니라는 점이다. 누군가에게 공감한다고 그 상대방과 같아질 필요도 없으며 오히려 그래서도 안 될 것이다. 이는 "복수보편성"과 '다원주의'를 지향하는 탈식민주의 시각에서 보면 더욱 그렇다. 공감의 핵심은 자기중심적 구별과 차별의 초월이다. 초월하여 타자의 존재를 하나의 세계로 인정하는 것이다. '추상적 이성'이 아닌 타자의 '특수한 역사 경험'을 살펴봄으로써 그들의 '주관적 감정'세계를 이해하고, 이를 바탕으로 선과 악, 우월과 열등이라는 이분법적이고 자기중심적 인식 행동체계를 초월하는 것이 공감의 핵심이다. 이러한 공감이 수반될 때 비로소 기존과 '같은' 방식의 대화나 교류라 하더라도 '다른' 결과를 얻을 수 있는 것이다.

특히, 이러한 공감은 신뢰의 필수요건이다. 박근혜 정부가 스스로 강조하듯 "신뢰 부재 상황에서의 일시적 해법으로는 북한 문제 해결이 어려운 만큼 신뢰를 형성하여 근원적 해결을 추구"해야 한다. 타당한 판단에도 불구하고, 신뢰라는 주관적 감정의 문제를 추상적 이성의 방법으로 접근한 오류를 범했다. 더욱이 한국/미국 중심의 서구모델을 '보편적인' 기준으로 삼고, 북한을 이 모델에 맞춰 계몽·개혁·개방시켜야 하는 악하고 열등한 타자로 전제고 있기 때문에 대화나 교류를 하더라도 신뢰를 얻을 수 없는 것이다. 이러한 '자기중심적 보편화'를 전제로 하는 대화나 교류는, 오히려 상대로 하여금 위협을 느끼게 하는 기제로 작동할 수도 있다. 요컨대 제제나 봉쇄 혹은 경제적 지원이나 남북대화, 그 어떤 수단이든 그것이 '자기중심적 보편화'와 '본질주의적 타자화' 속에서 실행되고 있다면 북한 문제는 지속되고 악화될 수밖에 없다.[18] 그렇다면 탈식민주의 시각에서 우리가 해야 할 것은 명확하다. 지난 20여 년간 실행된 대북정책들에서 감지되는 한국중심(좀 더 정확히 서술하자면 '서구화된 한국'중심)의 자기 보편화에서 벗어나고, 북한의 주관적인 역사 경험과 감정의 역사 기원적 분석을 통해 또 하나의 '감정'인 신뢰 쌓기를 위해 디딤돌을 놓는 것이다.[19] 이는 결국 북한 문제 해결의 첫걸음이자 가장 중요한 걸음이기도 하다.

18 이러한 문제의식은 김학노, 김두현의 한국의 '통일담론'에 관한 연구에서도 찾아 볼 수 있다. 비록 '감정' 문제를 논하진 않았으나, 한국이 북한을 어떻게 인식하는 지를 "서로주체적" 담론과 "홀로주체적" 담론이란 개념으로 구분하여 논하면서 한국이 갖고 있는 "대북자세", 즉 북한을 어떤 주체로 볼 것인가라는 질문이 통일 문제에 있어 매우 중요함을 설파한다(김학노·김두현 2013, 49).

19 북한뿐이 아니다. 이미 핵 협상 타결을 이룬 이란의 경우에도 당사자인 이란의 감정 (예컨대 존중감, 모욕감, 체면 등)의 문제가 매우 중요한 요소임이 강조된 바 있다(Mousavian and Shabani 2013, 21). 이런 차원에서 김성경의 남북통일에 관한 최근 연구는 주목할 만하다. 김성경은 '북한 붕괴론'과 같은 북한 정권에 대한 기존의 고정된 관점에서 벗어나 북한 사회에 대한 새로운 이해를 위해 북한주민의 '마음'을 들여다 볼 필요가 있음을 강조한다. 이를 통해 "이성 중심의 근대적 사고의 비판이라는 한 승위와 묵한 사회의 이해의 다원화"를 추구하는 것이다(김성경 2016, 1-5).

IV 맺는 말

본 논문은 탈식민주의를 '문제의식'의 측면, '논리적 근거와 전개'의 측면, 그리고 '지향점'의 측면으로 세분하여 살펴봄으로써 복잡하게 얽혀있는 탈식민주의의 의미를 좀 더 체계적으로 이해하고자하였다. 이를 통해 탈식민주의는 보편성과 팽팽한 긴장 관계를 갖고, 추상적 이성이 아닌 주관적 감정과 지역적 경험을 전면에 내세우며, '공감적 다원주의'를 추구하고 있음을 논하였다. 그리고 이는 앞서 살펴본 바와 같이 매우 큰 학술적, 실천적 함의를 갖는다고 할 수 있다. 자세히 전술한 것처럼 "복수보편성", "상호문화주의", "포스트옥시덴탈리즘" 등 탈식민주의가 제공하는 대안적이면서도 상호병행적/공존적 개념은 우리의 이론적 논의를 매우 풍성하고 견고하게 한다. 그리고 이는 개념 이론적 차원에만 머무는 것이 아니다. 서두에서 언급했듯, 이론은 단순한 개념체계를 넘어선다. 이론은 세상을 보는 렌즈의 역할을 하여 우리의 '행동'에 실질적 영향력을 행사한다. 내가 무엇을 어떻게 할 것이냐라는 실천의 문제는 내가 무엇을 볼 것이냐라는 선택의 문제로부터 시작되기 때문이다. 이런 차원에서 탈식민주의라는 비주류 이론을 '렌즈'로삼아 북한 문제를 관통시켜볼 때, 문제 해결을 위한 대안적 시각과 행동이 마련될 수 있는 것이다. 물론 이러한 대안적 접근이 현실화되기 위해서는 국내외 정치적 구조와 비용의 차원에서 추가적인 고민이 필요할 것이다. 그럼에도 탈식민주의의 지향점인 '공감적 다원주의'와 이를 바탕에 두고 있는 "타자의 윤리학/변증학"은, 동일한 문제를 다르게 볼 수 있게 하면서 비판과 동시에 대안을 제시하고 있다는 점에서 매우 큰 의미가 있다고 할 수 있다. 그리고 이는 비단 북한문제에만 국한되지 않는다.

탈식민주의는 역사 왜곡, "위안부", 사과의 진정성, 보상 등등, '일본문제'로 총칭될 수 있는 한국의 또 다른 주요 국제현안에도 시사하는 바가 적지 않다. 일차적으로, 2015년 12월 28일 한일 양국의 외교부 장관 회담을 통해 발표된 "위안부" 문제의 '합의'가 적절했는지에 대한 비판적 고찰이 필요하다. 신기영이 최근 자신의 논문에서 적절히 지적하듯, 위안부 문제는 국내적 차원, 외교관계적 차원, 글로벌 규범의 차원에서 복합적으로 얽혀 있는 다층적 문제이기 때문에 정부 간 "양자틀" 속에서 도출된 합의로는 해결되기 어렵다(신기영 2016, 282-285). 여기에 더해 위안부 문제는 신기영이 강조하듯 "글로벌 수준"의 규범적 차원에서 논의될 수 있는 문제이기도 하지만(신기영 2016, 289), 동시에 탈식민주의적 관점에서 보자면, 한국의 '특수한' 역사경험과 감정의 문제이기도 하다. 한국여성은 일본군의 이른바 '위안소 제도'의 최대 피해자였다. 중국, 대만, 인도네시아 등의 여타 아시아 국가의 여성들과 네덜란드의 여성들까지 많은 여성들이 일본군 성노예제로 인한 피해를 입었으나, 피해자의 규모와 피해 기간 및 피해정도의 차원에서 가장 큰 피해를 입은 것은 바로 한국의 여성들이었다. 때문에, 전시 여성에 대한 성폭력 근절 및 해결이라는 일반론/글로벌적 규범의 측면으로 한국의 "위안부" 문제를 접근하는 것에는 한계가 있을 수밖에 없다. 오히려 문제의 해결을 위해서는 '한국의' 피해여성이라는 '당사자'로부터 시작되어 그들의 '감정'과 경험이 2015년 한일 양국의 회담문에 과연 적절히 반영되었는지 비판적으로 되짚어 봐야 할 것이다. 당사자의 "몸과 터에 뿌리내린" 매우 복잡한 감정의 문제를 정부 간 협상과 경제적 보상이라는 이성의 수단으로 접근하는 오류를 또 범한 것은 아닌지 비판적으로 자문해 봐야만 한다. 다른 한편, 일본을 타자화하고, 도덕적으로 열등한 객체로 인식하며, '무조건적' 가해자로만 취급하는 한국사회의 '보편화된' 자기중심적 태도에 대해서도 비판적 성찰이 요청된다. 한국을 병합한 가해자로서의 일본도 있고, 20세기 강대국 정치에 의해 굴종된 (피폭된) 일본도 있을 수 있다. 역사수정주의적 우익의 일본도 있으며, 역사반성적 진보의 일본도 있다. 일본에는 다양한 모습이 있기 때문에, 일본을 무조건적 가해자로만 '보편화'하는 것은 지양되어야 한다.

그리고 무엇보다 탈식민주의 시각에서 중요한 것은, 서구제국주의에 의해 삭제되거나 소거된 한국, 일본, 그리고 중국 등 비서구 (아시아)의 문화, 경험, 역사, 사상이 무엇인지 파악하고 이를 함께 복원하는 시도일 것이다. 한·중·일 간 서로 다른 역사해석으로 서로를 향해 날을 세우기에 앞서, 서구중심적 역사(기록과 교육)에서 주변화되어 있거나 삭제된 아시아의 역사, 문화, 사상, 감정 세계를 되살리는 일이 먼저다.[20] 한·일 간, 그리고 중·일 간 서로를 향한 깊은 불신과 '피해자(자아)-가해자(타자)'라는 이분법적 도식의 해체는 "식민성"의 극복과 병행될 때 비로소 가능하며, 이는 한중일 간 협력과 치유의 첫걸음이 될 수 있다. 앞서 강조했듯, 결국

20 이에 대한 체계적 저술작업이 국제정치적 맥락에서는 최근에서야 비로소 시도되고 있다. 다음을 참조할 것: https://www.routledge.com/IR-Theory-and-Practice-in-Asia/book-series/IRTPA

탈식민주의는 서구중심적 보편주의를 '초월'하여 다원주의를 '공감적'으로 이뤄가고자 하는 것이므로.

참고문헌

강정인. 2003. "서구중심주의의 이해."『국제정치논총』제43집 3호.

고유환. 2005. "노무현 정부의 대북정책 2년 평가와 과제."『통일문제연구』제17집 1호.

구갑우. 2012. "탈식민적 분단국가의 재생산: 남북한과 아일랜드-북아일랜드의 사회적 장벽 비교."『한국과 국제정치』제28집 3호.

구영록. 2000.『한국과 햇볕정책: 기능주의와 남북한관계』. 법문사.

김성경. 2016. "북한주민의 일상과 방법으로서의 마음." 제3시대그리스도교연구소 제191차 월례포럼.

김은중. 2011. "권력의 식민성과 탈식민성: 유럽중심주의와 제3세계주의를 넘어서." 『이베로아메리카연구』제22집 2호.

_____. 2014. "포스트옥시덴탈리즘과 라틴아메리카 '이후'."『이베로아메리카연구』 제25집 1호.

김학노. 2008. "국제정치(경제)학의 미국 의존성 문제."『국제정치논총』제48집 1호.

김학노·김두현. 2013. "햇볕정책 이후 통일담론의 지형."『한국과 국제정치』제29집 3호.

김홍중. 2013. "사회적인 것의 합정성을 찾아서: 사회 이론의 감정적 전환."『사회와 이론』제 23집.

박영실. 2012.『중국인민지원군과 북·중관계』. 선인.

박진임. 2005. "포스트콜로니얼리즘과 여성 – 안수길의 〈새벽〉, 〈북간도〉, 〈원각촌〉을 중심으로."『한국현대문학연구』제17집.

샤오메이 천. 2001. 정진배 외 역,『옥시덴탈리즘』. 도서출판 강.

신기영. 2016. "글로벌 시각에서 본 일본군 위안부 문제: 한일관계의 양자적 틀을 넘어."『일본비평』15호.

서재진. 2008. "남북 상생·공영을 위한 비핵·개방·3000 정책의 이론적 체계 연구" 통일연구원.

성정혜. 2012. "혼종성에 강요된 수치없음과 수치:『수치』에 나타난 동질화의 폭력."『탈경계 인문학』제5집 3호.

아비샤이 마갤릿, 이안 부루마. 2007. 송충기 역,『옥시덴탈리즘』민음사.

안태환. 2009. "라틴아메리카의 근대성/(탈)식민성 기획과 상호문화성의 상응성."『라틴아메리카연구』제22집 3호.

알바로 가르시아 리네라. 2015. "좌파의 7가지 과제를 해결하는 법."『르몽드 디플로마티크』제88호.

양운덕. 2011. "두셀의 해방철학과 트랜스모던."『트랜스라틴』제15호.

연합뉴스. 2016. 이귀원, "〈외교문서〉 김일성 "소련은 믿을 수 없고 중국은 믿지 않는다""" 2016년 4월 17일. http://www.yonhapnews.co.kr/bulletin/2016/04/08/0200000000AKR20160408136700014.HTML (접속일: 2016.6.14.).

에드워드 사이드. 2007. 박홍규 역,『오리엔탈리즘』. 교보문고.

엔리케 두셀. 2011. 박병규 역,『1492년, 타자의 은폐:'근대성 신화'의 기원을 찾아서』.

그린비.

오생근. 2007. "에메 세제르의 네그리튀드와 초현실주의." 『프랑스어 문학과 현대성의 인식』 서울: 문학과 지성사, 2007.

은용수. 2015. "왜 메타이론(metatheory)인가?: IR에서 메타이론적 논쟁과 이해의 유용성." 『한국정치학회보』 제49집 4호.

_____. 2016. "비주류 IR이론과 한국의 국제정치문제." 『국제정치논총』 제56집 3호.

이만식. 1999. "해체이론과 포스트 콜로니얼리즘." 『비평과 이론』 제4집 1호.

이정우. 2008. 『천하나의 고원–소수자 윤리학을 위하여』 돌베개.

조찬래. 2008. "노무현 정권 대북정책의 평가와 과제." 『통일전략』 제8집 1호.

질 들뢰즈, 펠릭스 가타리. 『천 개의 고원』 김재인 옮김, 서울: 새물결, 2003.

최진욱. 2008. "이명박 정부의 대북정책과 북한의 반응." 『통일정책연구』 제17집 1호.

하상식. 2009. "대북포용정책 10년의 성과와 한계." 『국제관계연구』 제14집 2호.

황지환. 2011. "북한문제 인식의 문제점과 새로운 접근의 필요성." 『통일과 평화』 제3집 2호.

Amin, Samir. 1990. *Delinking: Towards a Polycentric World*. London: Zed Books.

_____. 2004. The *Liberal Virus: Permanent War and the Americanization of the World*. London: Pluto Press, 2004.

Barbalet, J. M. 1998. *Emotion, Social Theory and Social Structure: A Macrosociological Approach*. Cambridge, UK: Cambridge University Press.

Bhabha, Homi K. 1994. *The Location of Culture*. New York: Routledge.

Daniel, Maliniak, Amy Oakes, Susan Peterson and Michael J Tierney. 2011. "International Relations in the US Academy." *International Studies Quarterly* 55-2.

Dunne, Tim, Lene Hansen and Colin Wight. 2013. "The end of International Relations theory?" *European Journal of International Relations* 19-3.

Dussel, Enrique. 2003. *Beyond Philosophy: Ethics, History, Marxism, and Liberation Theology*. Rowman & Littlefield Publishers.

el-Malik, Shiera S. 2015. "Why Orientalism still matters." *Review of International Studies* 41-3.

Enloe, Cynthia. 2001. "Interview with Professor Cynthia Enloe." *Review of International Studies* 27-4.

Enloe, Cynthia. 2004. *The Curious Feminist: Searching for Women in a New Age of Empire*. Berkeley: University of California Press.

Enloe, Cynthia. 2007. "Forward in Gender and International Relations in Britain." *British Journal of Politics and International Relations* 9-2.

Epstein, Charlotte. 2012. "Stop Telling Us How to Behave: Socialisation, or Infantilization?" *International Studies Perspectives* 13-2.

_____."The Postcolonial Perspective: an Introduction." *International Theory* 6-2 (2014).

Eun, Yong-Soo. 2016. *Pluralism and Engagement in the Discipline of International Relations*. London: Palgrave Macmillan.

_____. 2012. "Why and how should we go for a multicausal analysis in the study of foreign policy?: (Meta-)theoretical Rationales and Methodological Rules." *Review of International Studies* 38-4.

Fanon, Frantz. 2008[1952].*Black Skin White Masks*. London: Pluto Press.

Feyerabend, Paul. 1975. *Against Method: Outline of an Anarchistic Theory of Knowledge*. London: New Left Books.

Finnemore, Martha, and Kathryn Sikkink. 1998. "International Norm Dynamics and Political Change." *International Organization* 52-4.

Foucault, Michel. 2001. *Archaeology of Knowledge, Routledge Classics*. London: Routledge.

_____. 2006. *Psychiatric Power*. New York: Palgrave Macmillan.

Guzzini, Stefano. 2013. "The ends of International Relations theory: Stages of reflexivity and modes of theorizing." *European Journal of International Relations* 19-3.

Habermas, Jurgen. 1980. "Modernity: an incomplete project." http://www.aphotostudent.com/wp-content/uploads/2009/11/habermas_modernityproject.pdf (접속일: 2016.4.18).

Hagmann, Jonas and Thomas J. Biersteker. 2014. "Beyond the Published Discipline: Toward a critical pedagogy of international studies." *European Journal of International Relations* 20-2.

Haraway, Donna. 1988. "Situated Knowledges. The Science Question in Feminism and the Privilege of Partial Perspectives." *Feminist Studies* 14-3.

Holmes, Marcus. 2015. "Believing This and Alieving That: Theorizing Affect and Intuitions in International Politics." *International Studies Quarterly* 59.

Hutchison, Emma and Roland Bleiker. 2014. "Theorizing emotions in world politics." *International Theory* 6-3.

Ikenberry, G. John. 2009. "Liberalism in a realist world: international relations as an American scholarly tradition." *International Studies* 46-1.

Jabri, Vivienne. 2011. "Cosmopolitan Politics, Security, Political Subjectivity." *European Journal of International Relations* 18-4.

_____. 2013. *The Postcolonial Subject: Claiming Politics/Governing Others in Late Modernity*. Milton Park and New York: Routledge.

Jackson, Patrick. 2011. *The Conduct of Inquiry in International Relations: Philosophy of Science and Its Implications for the Study of World Politics*.

London: Routledge.

Kidd, Dorothy. 2016. "Extra-Activism." *Peace Review* 28-1.

Kurki, Milja and Colin Wight. 2013. "International Relations and Social Science." In Tim Dunne, Milja Kurki and Steve Smith(ed.), *International Relations Theorie: Discipline and Diversity*. Oxford: Oxford University Press.

Lakatos, Imre. 1970. "Falsification and the methodology of scientific research programmes." In Imre Lakatos and Alan Musgrave (eds.), *Criticism and the Growth of Knowledge*. Cambridge: Cambridge University Press.

Matthews, Elizabeth G. and Rhonda L Callaway. 2015. "Where Have All the Theories Gone? Teaching theory in introductory courses in International Relations." *International Studies Perspectives* 16-2.

Mead, Lawrence M. 2010. "Scholasticism in Political Science." *Perspectives on Politics* 8-2.

Mearsheimer, John and Stephen M. Walt. 2013. "Leaving Theory Behind: Why simplistic hypothesis testing is bad for IR." *European Journal of International Relations* 19-3.

Mignolo, Walter. 1992. "Putting the Americas on the map (geography and the colonization of space)." *Colonial Latin American Review* 1-1-2.

_____. 2011. *The Darker Side of Modernity*. Durham: Duke University Press.

Mousavian, Seyed Hossein and Mohammad Ali Shabani. 2013. "How to Talk to Iran." New York Times. http://www.nytimes.com/2013/01/04/opinion/how-to-talk-to-iran.html?_r=0 (접속일: 2016.5.27).

Negri, Antonio. 2008. *Empire and Beyond*. Cambridge: Polity.

Popper, Karl. 2002[1959]. *The Logic of Scientific Discovery*. New York: Basic Books.

Quijano, Anibal. 2000. "Coloniality of Power, Eurocentrism, and Latin America." *Nepantla: Views from South* 1-3.

_____. 2007. "Coloniality and Modernity/Rationality."*Cultural Studies* 21-2.

Reus-Smit, Christian. 2013. "Beyond Metatheory?" *European Journal of International Relations* 19-3.

Said, Edward W. 1996. *Representations of the intellectual: the Reith lectures*. First Vintage Books Edition.

Smith, John. 2016. *Imperialism in the Twenty-First Century: Globalization, Super-Exploitation, and Capitalism's Final Crisis*. New York: Monthly Review Press.

Spivak, Gayatri Chakravorty. 1999. *A Critique of Postcolonial Reason: Toward a History of the Vanishing Present*. Harvard University Press.

Hoffmann, Stanley. 1977. "An American Social Sciences: International Relations." *Daedalus* 106-3.

Tickner, J. Ann. 2011. "Dealing with Difference: Problems and possibilities for dialogue in International Relations." *Millennium: Journal of International Studies* 39-3.

TRIP(Teaching, Research, and International Policy Project). 2011. http://www.wm.edu/offices/itpir/_documents/trip/trip_around_the_world_2011.pdf (접속일: 2016.3.7).

Waever, Ole. 1998. "The Sociology of a Not So International Discipline: American and European Developments in International Relations," *International Organization* 52-4.

Wendt, Alexander. 1999. *Social Theory of International Politics*. Cambridge: Cambridge University Press.

Wight, Colin. 2002. "Philosophy of Social Science and International Relations." in Walter Carlsnaes, Thomas Risse and Beth A Simmons (eds.), *Handbook of International Relations*. London: SAGE.

_____. 2013. "The Dualistic Grounding of Monism: Science, pluralism and typological truncation." *Millennium: Journal of International Studies* 41-2.

Zalewski, Marysia. 2013. *Feminist International Relations: Exquisite Corpse*. New York: Routledge, 2013.

Zarakol, Aye. 2014. "What made the modern world hang together: socialisation or stigmatisation?" *International Theory* 6-2.

Zizek, Slavoj Zizek. 1997. "Multiculturalism, Or, the Cultural Logic of Multinational Capitalism." *New Left Review* I/225 (September - October 1997).

정부자료

통일부. 2012. 『이명박 정부 대북정책 4년 성과』.

통일부. 2013. 『참여정부의 평화번영정책』.

통일부. 2013. 『한반도 신뢰프로세스 책자』.

통일부. "한반도 신뢰프로세스 의의." http://www.unikorea.go.kr/content.do?cmsid=1420 (접속일: 2016.6.4).

통일부. "한반도 신뢰프로세스 정책설명." http://www.unikorea.go.kr/trustprocess/sub/learn_text.html (접속일: 2016.6.4일).

청와대. "박근혜 대통령 취임사." ttp://www1.president.go.kr/news/speech.php?srh%5Bview_mode%5D=detail&srh%5Bseq%5D=22 (접속일: 2016년 6월 8일).

청와대. "박근혜 정부 3년 정책 모음." http://www1.president.go.kr/ebrochure/outcome/ (접속일: 2016년 6월 5일).

김대중. "CNN 위성회견." http://www.kdjhall.org/board/index.html?id=board03

&PHPSESSID=4dca3173b710dcbef6346e7ecbffcadc&page=2&no=223&
PHPSESSID=4dca3173b710dcbef6346e7ecbffcadc&scategory=5 (접속일:
2016.6.10).

대통령 기록관. "제16대 대통령 동북아시대 구상." http://nabh.pa.go.kr/policy/
culture.html (접속일: 2016.6.1).

대통령 기록관. "제16대 대통령 청와대 정책브리핑." http://16cwd.pa.go.kr/cwd/kr/
policy_and_issue/index.php?tab=3 (접속일: 2016.5.28).

대통령 기록관. "제17대 대통령 국정지표." http://17cwd.pa.go.kr/kr/policy/
directing.php (접속일: 2016.6.1).

대통령 기록관. "제17대 대통령 취임사." http://www.pa.go.kr/research/contents/
speech/index.jsp?spMode=view&catid=c_pa02062&artid=1310127
(접속일: 2016.6.3).

대통령 기록관. "이명박 정부 국정운영백서." http://president.leemyungbak.pa.go.
kr/ (접속일: 2016.6.1).

필자 소개

은용수 Eun, Yong-Soo

한양대학교 정치외교학과 (Department of Political Science and International Studies, Hanyang University) 교수
한양대학교 사회학 학사, 영국 워릭대학교 정치학 박사

논저 "Getting Asia Right and Advancing the field of IR", "왜 메타이론인가? IR에서 메타이론적 논쟁과 이해의 유용성", *What is at Stake in Building "Non-Western" IR Theory?*

이메일 ysir@hanyang.ac.kr

제5장

국제안보 개념의 21세기적 변용
— 안보 '과잉'으로부터 안보불안과 일본의 안보국가화

Insecurity from Excessive Security
— Critique on Japan's Attempts at Constitutional Reform
and Rearmament

조은정 | 동북아역사재단 연구위원

안보 패러다임은 시대마다 변화하는 인류의 위협인식을 반영하는 실존적 기록이라는 점에 주목하여, 본 연구는 21세기에 발견되는 다양한 안보의 새로운 변화들 중에서 특히 다음과 같은 특징에 주목한다: 안보 불안(insecurity)은 안보 '결핍'으로부터만 발생하는가? 본 연구는 안보 '결핍'뿐만 아니라 '과잉' 역시 안보 위협이 될 수 있다고 주장한다. 나아가 안보 문제는 어느 개체의 고립된 문제가 아니라 잠정적으로 적이라고 생각하는 타자와의 관계에서 상대화된 '나'의 문제이므로 상대적 판단을 수반하는 다면적 사안이기도 하다. 따라서 오늘날 우리가 공유하는 안보 인식은 복합적일 수밖에 없다. 이처럼 복합적이고 다면적 안보 인식과 '과잉'으로부터 안보 불안의 예로 일본의 평화헌법 개정과 재무장을 촉구하는 일본의 '보통국가론'을 들어 설명한다. 일본의 탈냉전기 국가 정체성 논쟁과 정치 지형 변동이 어떻게 아베 정부에 들어서 평화헌법 개헌을 추동하기에 이르게 되었는지 살펴본다. 궁극적으로 '보통국가론'에 입각한 일본의 개헌 논의가 현상복원이 아니라 현상변경 시도이며 따라서 일본뿐만 아니라 동북아 전체가 안보 과잉에 의한 안보 불안에 시달리게 될 것이라고 예상한다.

The article problematizes a prevailing assumption in international security literature that the lack of security equals insecurity. Instead, this article adopts a postmodern view that international insecurity can also be created by excessive security. This article aims to investigate how Japan's continuous attempts at constitutional reform and rearmament can be problematic in terms of regional security in Northeast Asia. Thus, immunological and neurological perceptions of 'security' are introduced to highlight features of contemporary international security in the 21st century that are distinct from the Cold War period. Based on neurological insight, it is argued that Japan's rush towards constitutional reform can be perceived as a political undertaking to produce a status change rather than to maintain a status quo. Eventually, it would unnecessarily provoke Japan's neighbours in the region by engendering excessive security, which may undermine the stability in Northeast Asia.

KEY WORDS 동북아 Northeast Asia, 존재론적 안보불안 Ontological (In)security, 일본 평화헌법 Japanese Peace Constitution, 보통국가론 Normal Country

I 서론

인류는 시대마다 형태는 다르지만 늘 적(敵)과 함께했다.[1] 가령 늑대, 쥐, 해충과 바이러스처럼 위협은 모습을 바꾸어 계속 인류 역사에 등장하였고, 그때마다 성채, 쥐덫, 해충제와 백신이 각각의 문제를 해결하기 위한 안보 기제로서 개발되었다. 주목할 것은 '적'이 진화한 것이 아니라 인류가 적을 발굴해내는 '눈'이 달라졌다는 점이다. 가령, 바이러스의 발생은 어제오늘의 일이 아니지만 그 존재를 위협으로 인류가 깨닫게 된 것은 근대에 현미경과 의학의 발달에 힘입은 것이듯 말이다. 그러므로 국제안보 개념은 시대마다 변화하는 인류의 위협인식('무엇을 위협으로 느끼는가')을 반영하는 실존적 기록으로써 사회 구성원들과 공유되며, 또한 소멸되기보다 변형과 발전을 거듭하며 역사적으로 켜켜이 축적되어 왔다고 이해될 수 있다. 나아가 안보 문제는 고립된 문제가 아니라 잠정적으로 적이라고 생각하는 타자와의 관계에서 상대화된 '나'의 문제이므로 상대적 판단을 수반하는 다면적 사안이기도 하다. 따라서 오늘날 우리가 공유하는 안보 인식은 사실 결코 단선적이지 않다. 오히려 복합적이다. 본 연구는 이러한 안보 인식의 중층성과 다면성을 전제하고 다음과 같은 의문으로부터 시작한다.

안보 불안(insecurity)은 안보 '결핍'으로부터만 발생하는가? 본 연구는 안보 '결핍'뿐만 아니라 '과잉' 역시 안보 위협이 될 수 있다고 가정한다. 현실주의 안보 이론에 따르면, '위협(threat)'의

---

1   이 점에서 '적'은 타자성이 가장 극단화된 존재로 '나'를 비추는 거울과 같은 존재로 별개로 이해될 수 없다.

수준 혹은 '(군사) 전력(capability)'의 규모에서 당사국들 간의 '균형(balance)'을 이루면 (가시적인 무력도발이 없는) '평화' 상태에 이를 수 있는 것으로 이해된다. 그리고 이 같은 가정으로부터, 안보 주체들이 끊임없이 위협을 재생산하고 그에 따라 군사·외교적 긴장 상태가 고조되는 안보딜레마를 냉전 양극화 구도에서 구조적으로 발생하는 비극적 국제정치현실로 간주하였다(Hertz 1950, 157-159). 로버트 저비스(Robert Jervis)는 행위자들의 의도에 기반한 기존 안보딜레마 이론의 '억지 모델(deterrence model)'에 더하여, 행위자들의 의도와 상관없이 안보 불안이 발생할 수도 있음을 '상승작용 모델(spiral model)'을 들어 설명한 바 있다(Jervis 1976). 즉, 냉전기 미소 안보 경쟁이 행위자의 의도에 의해 벌어지기도 하지만 이들의 의도와 무관하게 주변국 정책결정자들의 '오인(misperception)'과 이를 교정할 수 없는 무정부적 국제정치의 구조적 결함으로 불가피하게 긴장 관계에 돌입할 수도 있다고 이해하였다(Jervis 1976).[2] 이처럼 행위자의 비의도성과 행위자 간의 오해, 그리고 이를 교정할 제도적 장치의 미비가 상승작용을 일으켜 안보딜레마가 발생할 수 있음을 지적한 저비스의 설명은, 오늘날 안보의 '결핍'이 아니라 오히려 제어되지 않는 안보의 '과잉'으로부터 안보불안이 야기되는 동아시아의 안보 현실을 설명하는 데 여전히 유용하다고 보인다. 그러나 저비스의 안보딜레마 이론이 21세기 변화된 안보 환경에도 적용 가능할 것인지는 의문이다. 지금까지 주류 안보 연구에서 외생적이고 이질적 침입자로 이해되던

---

2   안보딜레마 해소를 위한 국가 간 협력의 중요성 논의는 Jervis(1978)를 참조.

'적'이 내생적이고 동질적 파생자의 성격으로 변모함에 따라, '위협'의 성격과 그에 대한 효과적 안보 대응책도 냉전시기와 차이가 나기 때문이다. 따라서 기존의 냉전적 안보 개념이 탈냉전기에도 여전히 유용성을 지닐지 검토가 시급하다.

이 같은 문제의식 아래 본 연구는 다음과 같이 구성된다. II절에서 전통적인 위협인식과 기존의 안보 연구를 비판적으로 검토하고, III절에서는 '과잉'에 의한 안보 불안을 설명하기 위해 면역학적 분석으로부터 이론 틀을 빌려와 국제정치학에서 적용 가능성을 모색한다. IV절에서는 일본의 탈평화헌법과 '보통국가화'를 통한 안보 '결핍'의 해소 움직임을 일본 국내외 요인 분석을 통해 역사적으로 추적하고, '결핍'에 대응하는 일본의 안보국가화 움직임이 어떻게 동북아 지역질서 안정을 저해하는지를 분석함으로써 현실주의 안보 이론의 한계를 경험적으로 보인다. 마지막으로 결론에서는 21세기 발생하고 있는 새로운 안보 불안 요소들을 보다 잘 이해하기 위해서는 안보 불안의 성격과 이유를 다양한 각도에서 면밀히 검토할 필요가 있으며 안보 불안을 해소하기 위해서라도 안보 패러다임의 진화가 필수적임을 강조하며 끝을 맺는다.

II 탈냉전기 안보 환경의 변화: '내부의 적'과 '과잉으로부터 안보 불안'

탈냉전과 더불어 국가 간 무력 분쟁 너머로 '안보'의 영역이 확대되면서 다양한 형태의 위협들을 오늘날 안보 연구 주제로 다루게 되었다(Camilleri 1994; Kaldor 1999; Cottey and Averre 2002). 그러나 이러한 비전통 안보의 등장에도 불구하고, 이들을 분석하는 틀로써 안보 개념의 발전은 답보 상태에 있다는 학계의 자성이 있었다(Buzan 1991; 1997; 1998). 첫 번째 주된 비판은 안보 연구에서 다루는 아젠다와 행위자들의 범위는 광폭으로 확대되었지만 이들을 아우를 수 있는 거시적 이론 틀과 신흥안보 영역의 개별적 특성과 그에 따른 영향을 분석할 미시적 이론 틀 모두 발전이 미진하다는 점이다(Booth 2005). 가령, 주류 사이버 안보 연구는 전통적 안보경쟁이 사이버라는 새로운 영역에서 반복 설명되고 있을 뿐, 사이버 영역의 특징으로 말미암은 새로운 종류의 위협 가능성을 제시하고 있지는 못하다. 즉, 안보 이슈의 확장에만 머무른 결과, 새 안보에 새로운 것이 없다는 한계를 드러내었다. 이 같은 문제의식은 다음의 문제로 심화된다.

둘째, 패권 편향적 패러다임의 형성과 패러다임의 패권성의 문제에 직면해 있다. 지역적으로는 서구 유럽, 인종적으로는 백인 남성 엘리트를 대표하는 소수 패권 편향적 세계관으로부터 무엇이 위협인지 아닌지에 대한 안보 어젠다 설정부터 왜곡이 발생함을 탈식민주의와 페미니스트 이론가들에 의해 지적되고 있다(Hansen 2000). 동시에 소수 주류 패러다임에 의한 편향적 연구 시각으로부터 소외되어 저발전되고 저평가되는 패권적 이론 지형도 다양한 패러다임의 균등한 발전을 저해하는 주요 원인으로 지목되고 있다. 그 결과, 많은 국제안보 교과서에서 여성주의와 실존적 안보가 안보 이론적 틀로 소개되기보다 인권, 환경 안보와 같은 신흥안보 이슈로 다루어지고 있다(예: 여성 안보와 보건안보). 이는 안보 연구에서 새로운 패러다임에 대한 여전히 높은 진입 장벽을 반영한다.

무엇보다도 심각한 문제는 기존의 안보 패러다임이 빠르게 변화하고 있는 '위협' 인식과 이것이 정치, 사회 군사 부문에 미치는 파급 효과를 반영하고 있지 못하다는 점이다. 실제로 냉전 시기 보편적 가정으로 받아들여진 안보 연구의 전제들 중 많은 수가 탈냉전기 재검토가 요청되고 있다. 가령, 아군과 적군이 명확히 구분되는 냉전적 이분법이 유효한지, 또 과연 적이란 가시적이고 실체적인 존재이기만 한 것인지, 위협은 이질적 존재이고 외생적으로만 발생하는지, 위협을 제거하기만 하면 안보는 저절로 얻어지는지, '안보'가 과연 국가 수준과 개인 수준이 구별될 수 있는 것인지와 같이 고전적 안보 연구의 보편적 가정에 도전하는 의문들이 줄을 잇고 있다.

먼저, '적'을 완벽히 제거함으로써 안보 목표에 도달할 수 있다는 제로섬 게임(zero-sum game)에 근간한 극단적 안보 증진 방식은 역사를 돌아봤을 때 지극히 20세기적 발상이라고 보인다. 19세기 유럽에서 100년간의 평화 기간에서 보듯이 서구에서 평화는 '힘의 균형'으로부터 찾아지는 것이었지, '힘의 공백'으로부터 비롯된다고 여기지 않았다. 따라서 힘의 균형의 원리에 따라 영원한 친구도 영원한 적도 없었으며, 따라서 적국이 절대 악으로 비화되는 일도 드물었다. 제1차 세계대전 종전 후 패전국인 독일도 베르사유 회의에 참여한 사실은 힘의 균형론에 입각한 서구의 전통적인 '적'에 대한 태도를 드러낸다. 전쟁 '배상'을 요구하는 대신 도덕적 책임을 묻는 것은 오히려 역사에서 예외적이었다.

한편, 승전국들이 패전국의 전후 재건(post-war nation rebuilding) 과정에 적극적으로 개입하는 것이 제2차 세계대전 후 일반화되었다. 위협 인식에 가치의 개입은 냉전 기간 중 미국과 소련은 상대를 '악의 제국'으로 몰아세우는 정치적 언설에서도 잘 나타난다. 전쟁 중에 동원되는 적군에 대한 프로파간다와 비밀첩보 활동이 냉전 시기에 활발히 이루어졌다는 점은 냉전이 다름 아닌 전시 상태였음을 확인해 준다. 도덕적 우위의 선점은 냉전이 종식되자 패권 경쟁뿐만 아니라 비대칭적 세력 관계에서도 중요시되었다. 조지 부시(George W. Bush Jr.) 미국 대통령이 예외적으로 미국 국방력에 비교도 되지 않는 세 국가들(북한, 이라크, 이란)을 '악의 축'으로 지목했던 데서도 찾아볼 수 있다. 즉, 지난 세기에는 어떤 식으로든 이질적 존재의 침입으로부터 동질성을 공유하는 존재들의 공동 이익을 수호하기 위해서 적을 제거하는 것은 정당화되었으며, 아(我, self)와 비아(非我, others)를 구분하는 타자성의 규정이야 말로 전선(戰線)을 구축하는 데 가장 중요한 근간이 된 것은 분명해 보인다.

그러나 역설적이게도 오늘날 그 전선은 동질하다고 믿었던 공동체 내부에서 형성되고 있다. 적과 동지의 경계가 불분명해진 가운데 지금까지 외부로 향했던 방어 기제들이 내부로 향하면서 심지어 기존의 질서를 스스로 깨고 있는 모순적인 모습이 쉽게 발견된다. 이러한 경향은 9·11 테러 발생 후 더욱 두드러진다. 2001년 미국 애국자법(The Patriot Act)으로 시작된 일련의 반 테러리즘 법안으로부터 개인의 자유와 개인 정보가 침해되었다. 또, 미국의 대테러리즘 전쟁은 공식적으로는 종식되었지만, 그 여파는 세계 곳곳에서 예상하지 못한 방향으로 여전히 진행 중이다.

가장 심각한 문제는 바로 현대 문명사회가 그동안 쌓아올린 인본주의적 가치들이 일상화된 폭력과 공포에 의해 위협을 받고 있다는 점이다. 오사마 빈 라덴과 알카에다의 추적으로 시작된 대테러전은 세계 각지에서 다양한 형태로 전선(戰線)이 구축되었다. 가령, 프랑스에서는 테러 방지 명목으로 세속화법을 앞세워 공공장소에서 종교적 정체성을 드러내는 일체의 복식을 금지함으로써 무슬림 사회의 반발을 자초하였다. 박애 정신과 관용(tolerance)과 같은 프랑스를 대표하는 사회 원리를 희생하면서까지 실행에 옮긴 반테러 정책은 오히려 사회 분열을 조장할 뿐만 아니라 국가의 개인에 대한 통제권과 개인의 이에 대한 항거의 폭력성이 심화되는 결과를 낳고 있다.

이러한 경향은 이민 문제에서만큼은 프랑스보다 관용적이라고 자평해 온 영국 사회에서도 발견된다. '비영국인'에 대한 차별적 검문검색은 2001년 9월 11일에 동시다발적으로 발생된 미국에서의 테러 사건을 계기로 심화되었다. 특히, 영국 여권을 소지하지 않은 '외국인(legal aliens)', 그중에서도 아랍계로 보이는 사람들에 대한 검문검색이 강화되었다. 그러나 2005년 7월 7일과 21일 런던에서 발생한 테러 사건의 주범으로 영국의 무슬림 이민자 가정의 2세들(homegrown terrorists)이 지목된 뒤부터는 법률상 '영국인'의 동질성까지도 논쟁에 부쳐졌다. 이웃을 잠정적 위협으로 인식하는 그 순간부터 일상생활 공간 곳곳이 전장(戰場)으로 변모했다. 동시에 테러리즘의 예방이나 사건 발생 시 개인의 구호를 국가에만 의존할 수 없다는 불신은 무정부적 마인드를 확산시켰다. '이질성'의 제거를 통한 개인 안위를 도모하고자 하는 욕구는 집단 수준에서 '영국적(Britishness)'인 것으로의 회귀에 집착하게 된다. 이 같은 사람들의 불안 심리를 영국의 대중 영합적(populist) 정당과 지도자들(UKIP: The UK Independence Party, BNP: The British National Party 등)은 '영국의 일자리를 영국인들에게 돌려주기(British Job for British People)'와 같은 슬로건으로 자극하며, 당면한 모든 문제의 해결 방법으로 비영국인들의 색출과 분류, 그리고 배제와 퇴출을 들어 선동하였다. 당시 정권 창출의 가능성이 미미했던 영국 극우파의 주장은 2011년 5월 총선에서 승리한 보수당 당수 데이비드 카메론(David Cameron)이 영국 수상으로 집권하고 상당 부분 정책화되면서 주목을 받게 되었다. 이처럼 점점 더 비영국적인 이질성에 대한 불편함을 노골적으로 드러내는 대중 정서에 편승하여, 카메론 내각은 집권 1기에서는 비유럽인(non-EU citizens)을 영국의 노동 시장에서의 퇴출을 목표로, 2기에서는 EU 시민권자들의 퇴출을 목표로 화답하였다. 따라서 2011년 선거 당시 카메론이 공약한 영국의 EU 탈퇴를 묻는 국민투표가 시행될 수밖에 없었던 배경에는 EU 시민권자들에도 위와 같은 보수당의 대중영합적 정책을 시행하기 위해서는 EU의 정치, 경제, 사법적 제재로부터 벗어나는 것이 필수적이었기 때문이었다. 보다 근본적으로 이는 고질적인 '영국병'을 앓아 온 영국이 '복지국가'의 한계를 '국민/주권국가'의 회귀를 통해 돌파하려는 복고적 행태가 조직화된 것이라고도 볼 수 있다(이광석·정세원 2016). 이처럼 결코 브렉시트가 우연적 결과가 아니었다는 점에서 향후 영국 사회에서 이질성을 배제하려는 시도는 정부 차원에서 심화될 뿐만 아니라 혐오 범죄도 증가할 가능성이 높다. 그러나 문제는 과연 '영국적인 것(Britishness)'에 대한 합의가 있는가이다. 자의적 기준에 의한 비영국적인 이질성의 제거가 계속된다면, 영국의 국민국가의 재건 시도는 오히려 무정부적 결과를 맞이하게 될 수도 있기 때문이다.

이처럼 적과 동지의 이분법이 공동체를 가르고, 외적을 물리치기 위해 개발된 국가의 역량이 오히려 내적(內敵) 색출에 집중되면서 자학적인 폭력의 강도와 범위는 예상을 넘어 나타나고 있다. 타자성을 결여한 실체가 모호한 '적'과의 전선이 동질적 구성원들의 모임인 공동체 '안'에서 형성되고 있다는 사실은 더욱 두려움을 증폭시키고 있다. 동시에 외부의 적에 맞서기 위해 고안된 (경찰이 아니라) 군대 혹은 (경찰이라 하더라도) 그에 준하는 병력을 내부의 적 색출을 위해 투입해야 하는 모순은 국가의 치안과 안보 체계 또한 혼란에 빠뜨리고 있다. 또한 냉전시대처럼 외과적 수술 방식으로 내부의 적 색출에 도입한 결과, 혐오 범죄와 공동체 분열이 조장되어 오히려 공동체 안보를 위협하고 있다. 따라서 프랑스와 영국의 예에서도 보듯이 21세기의 안보 이슈를 20세기적 안보 패러다임으로 조망하는 데 다양한 한계가 드러나고 있다.

정리하면, 첫째 내생적인 적의 발생에 외과적 대응은 존재를 스스로 위협하는 결과를 낳을 수 있다는 점에서 부적절하다. 다시 말해, 적을 제거하는 것이 스스로를 해칠 수 있다는 점에서 고전적인 적의 제거술이 아니라 관계 변화를 통해 상대와의 평화로운 공존 모색을 통해서 안보불안을 경감시킬 수 있다는 점은 기존의 안보 패러다임으로는 설명되지 않는다. 둘째 안보 증진을 위해 선택한 방법이 존재 스스로를 위협할 수 있다는 점에서 안보 '결핍'이 아니라 안보 '과잉'이 안보 불안을 가중시킬 수 있다. 이와 같은 중요한 탈냉전기 안보환경의 두 가지 변화로부터 기존의 안보 패러다임은 위협/적이 사라져도 안보가 증진되지 않는 모순을 경험하고 있다. 즉, 오사마 빈 라덴과 리비아의 카다피, 이라크의 후세인을 제거했지만 안보 불안이 계속되는 이유를 설명하지 못한다. 따라서 다음 절에서는 21세기 새로운 안보 특성인 내생적인 적의 발생과 안보 과잉으로 인한 안보 불안의 가능성을 설명할 이론 틀 모색을 위해 신경학적 패러다임을 참조한다.

III 21세기 새로운 안보 패러다임의 모색: 면역학적 패러다임과 신경성 폭력

1. 냉전기: 바이러스성 폭력의 시대

냉전적 안보 패러다임은 당시의 '항원-항체'와 '공격-보호'의 이분법에 입각한 고전적 면역학 모델과 상당히 닮아있다. 고전적 면역학 이론에서는 잠재적 위협이 발견되었을 때 면역체계는 '이질적 (foreign)' 존재를 신체 내부에서 감지하는 경우 무조건적으로 대응한다고 가정(self-non-self model)하였다(Matzinger 2007). 마찬가지로 안보연구도 적과 동맹으로 구분되는 이분법적 냉전 구도에서 이질적 존재의 제거를 통해 안보의 궁극적 목적에 도달한다고 가정하였다. 또한, 치명적 폭력 사태로 비화되기 전에 잠재적 적을 효과적으로 제압하기 위해 시도되는 '예방전(preemptive action)'은 특정 바이러스에 대한 면역 기억을 저장해두었다가 항원의 재침입에 효과적으로 대비하려는 예방접종과 유사한 논리를 띄고 있다(마쓰오 2007, 11-50). 이처럼 지난 세기 안보 패러다임이 반복적으로 면역학 패러다임을 참고하고 있는 것을 쉽게 찾아볼 수 있다.

이 같은 아(我)와 비아(非我)의 배타적 이분법적 사고의 원류는 미국의 정치문화에서도 찾아볼 수 있다. 청교도주의의 선-악의 이분법적 판단 구조와 자유의 수호자로서 소명의식, 그리고 독특한 선민의식(a nation like no other)이 결합하여 이루어진 미국적 자유주의 전통에서 미국은 불가피하게 부정적 타자로서 비미국인(the Un-American)들을 극복하는 방식으로 자신의 존재 방식을 합리화하려는 경향이 발견된다(Morone 2014, 22, 25). 즉, 루이스 하츠에 의하면 미국 혁명은 영국 왕정이나 봉건주의에 대한 투쟁이라기보다는 모국을 떠난 정착민들이 신대륙에서 누리던 자유를 지키기 위한 몸부림이었으며, 따라서 이는 모국에 희망 대신 힐난과 체제 부정을 선사하였다(Hartz 1955). 따라서 미국의 자유주의는 정하용과 백창재의 분석처럼 "우리가 통상적으로 이해하는 보수주의와 진보주의, 복고주의와 자유주의의 대립에서 진보나 자유주의를 의미하는 것이 아니라 미국적 예외성의 토양에서 성장하고 변질되어 온 미국만의 자유주의"라고 이해될 수 있다(정하용·백창재 2009, 139).

따라서 배타적 '적' 개념과 적의 적극적 축출을 특징으로 하는 냉전적 안보질서는 구조적으로 위에서 설명한 제2차 세계대전 후 패권으로 부상한 미국의 독특한 '자유주의' 전통에 양차대전으로 발전을 이룬 면역학적 패러다임이 결합된 결과로 이해될 수 있다. '나 혹은 남', '동지 혹은 적'과 같은 이분법적 세계관은 종전 후 자유진영과 공산진영, 양 진영 간의 이데올로기 대립이 극화되고 천

표 1. 냉전기와 탈냉전기 안보 질서의 변화

안보 패러다임 특징	20세기 냉전기	21세기 탈냉전기
1. 적과 동지 간의 경계	분명	불분명
2. 적과 동지의 구분 조건	이질성/동질성	위해함/유익함
3. 안전지대–분쟁지대 경계	분명	불분명
4. 안보재의 배분	지역별 불균형	계층별 불균형

착되기에 유리한 환경을 제공했을 것이다. 또한 방법론적으로는 세계대전이 과학기술전쟁(High-tech War)으로 변모되고 과학기술 개발이 전쟁 산업(military industry)의 일환으로 국가가 주도하기 시작하면서 미·소 간 체제경쟁은 사상 경쟁에 머물지 않고 군사력 경쟁으로 물화(物化)되었다. 즉, 자본력과 기술력이 전쟁의 승패를 가리는 데 더욱 직접적인 역할을 수행하면서 그 둘을 장악한 미소 의 군비경쟁은 그리스, 한국, 쿠바, 베트남처럼 각 진영의 변방에 서 열전(熱戰)으로 나타났다. 그 결과, 냉전 지도에서 세계는 구미 지역으로 대표되는 '안전지대'와 제3세계의 '분쟁지대'로 확연히 구분되었다. 달리 말하면, 냉전기는 안전망 안의 '나'와 안전망 밖 의 '그들' 사이에서 안보재(security asset)의 불균형이 극심했던 시 기였다. 지금까지 논의한 냉전기와 탈냉전기 안보 현상의 특징을 정리하면 〈표 1〉과 같다.

2. 탈냉전기: 신경성 폭력의 시대

그러나 이처럼 현재 국제안보 패러다임에 큰 영향을 끼친 면역학 에서 새로운 모델이 제시되었다. 최근 연구에서는 이질적 존재가 감지되더라도 심각한 손상을 일으킬 때만 면역체계가 대응한다는 새로운 가설(danger model)이 더욱 신빙성을 얻고 있다(Matzinger 2007, 11). 바꾸어 말하면, 지난 세기 면역학적 모델에서는 단순히 자기와 비자기 구분을 통해 위협을 판단했다면, 새로운 모델에서는 감지된 요인들이 신체와의 관계에서 나타나는 특성, 즉 우호적인지(friendly), 위험한지(dangerous)에 따라 면역체계가 위협을 판단하는 기준이 된다고 설명한다. 따라서 이질적 존재라 하더라도 신체에 위해를 가하지 않는다면 면역체계의 공격을 받지 않고 존재와 공존 가능할 것이라 유추해볼 수 있다. 그렇다면 역으로, 동질적이라 하더라도 존재에 위협적인 요소가 있을 것이다. 가령, 어떠한 면역반응도 일으키지 않는 '지방(fat)'처럼 존재와 동질적이라 하더라도 존재의 웰빙(well-being)에 비우호적이라면 위협이 될 수 있다(한병철 2012, 17).

동질적 위협요인의 중요성은 보드리야르(Jean Baudrillard)에 의해서도 강조되었다. 그는 이질적인 것뿐만 아니라 동질적인 것, 그리고 자기 부정성에 의해서가 아니라 과도한 자기 긍정성에 의해서도 폭력이 발생할 수 있다고 주장하였다(Baudrillard 1993). 이 지점에서 이질적 존재에 대한 편견이 깨진다. 즉, 냉전적 안보 패러다임에서의 낯선 것에 대한 막연한 위협 인식과 달리 최근의 면역 패러다임에서는 이질적이고 자기 부정적 요소가 오히려 면역력을 강화하는 데 기여하는 것으로 이해되기 때문이다. 굳이 위험성을 비교하자면, 이질성에 의한 면역 반응을 촉발시키는 타자적 존재보다 오히려 면역체계에 아무런 위험 신호도 보내지 않는 동질적 존재에 대한 경각심이 더욱 시급할 것이다. 기존의 면역 패러다임대로 저항력을 강화한다 해도 이는 위와 같은 내생적 위협 해소에 전혀 도움을 줄 수 없기 때문이다(한병철 2012, 18). 이 같은 패러다임으로 미루어, 21세기를 지배하는 치명적 질병은 고도비만이나 암같이 자기 증식과 변이가 과도하게 이루어진 경우와 면역학적 패러다임에도 잡히지 않는 우울증이나 소진증후군 같은 신경증적 질환이 주류를 이룰 것이라 짐작해볼 수 있다. 요약하면, 21세기의 면역학은 20세기 바이러스성 폭력으로부터 신경성 폭력으로 패러다임 전환되고 있으며 이러한 신경성 폭력이 냉전적 패러다임에서 주목받지 못했던 것은 시스템에 내재화되어 기존의 시스템에 감지되지 않는 것으로 이해된다.

이와 같은 맥락에서 21세기 국제안보 패러다임은 '위협/적'을 규정하는 방식에서 대전환이 필요하다. 따라서 이 같은 21세기의 안보 특징들을 설명하기 위해 본 연구에서는 신경성 폭력 모델을 참고하여 다음과 같이 새로운 안보 설명 틀을 제안한다. 첫째, 최근 위협 인식에서는 '이질성'과 '타자성'이 소실되고, 대신 '동질성'과 '자아성'이 강조되는 경향이 두드러진다. 이에 따라, 단순히 나와 타자 구분을 통해 위협 여부를 가리는 바이러스성 고전적 면역학 이론으로는 동질적이되 호의적이지 않은 잠재적 위협은 감지할 수 없다는 한계가 있다. 그 이유는 적은 외생적이고 이질적일 것이라는 고정관념과 달리 오늘날 위협은 복잡성을 띠고 있기 때문이다. 또 다른 한편으로는 오늘날 위협 인식 과정에서 이질성과 타자성이 안티테제로서 고유의 순기능-비판적 혹은 대안적 기능을 상실했기 때문이라고도 이해할 수 있다. 즉, 한병철의 지적처럼 긍정 과잉 사회에서 이질성은 다양성의 다름 아닌 '차이'로, 타자성은 '이국적 취향' 정도로 취급됨에 따라 동질성-이질성, 자아성-타자성과 같은 대립항들 간의 균형은 무너지고 정-반-합에 이르는 발전과정이 원천적으로 봉쇄된다. 다시 말해 이전시대와 달리 이질성과 타자성이 제거되는 대신 시스템의 일부로 포함되면서, 면역학적으로 이야기하자면, 저항의 가능성이 원천적으로 차단되는 것이다. 이처럼 적대성이 박탈된 이질성이 시스템에서 동질화되는 과정은 역설적으로 시스템을 포화상태에 이르게 하고 결국에는 시스템을 파괴시키기에 이른다.

대표적인 긍정 과다의 폐해 사례로 한병철은 신자유주의적 성과사회에서 모든 구성원들이 자신의 가치를 높이고 증명하기 위해 무한 경쟁에 자발적으로 돌입하지만 결국엔 스스로 자초한 피로로 자신의 존재까지 위협하게 되는 '피로사회'를 들고 있다. 국제정치적으로 이 같은 긍정의 과잉은 '국가성(자아성)'의 강조로 나타나고 있다. 가령, 세계화와 초국가적 지역 협력이 강조되던 경향으로부터 전통적 국가 주권의 영역들이 다시 강화되고 있는 것도 이 같은 국가성의 과잉으로 이해될 수 있다. 영국의 브렉시트, 미국의 트럼프 대통령 당선, 그리고 일본의 평화 헌법 개정은 단순히 과거 국민국가에 대한 향수 혹은 일부 대중영합 정치인들의 역량에 의한 반동적 움직임이라기보다는, 당장 해결을 요하는 국가 안보 사안들(내재적)에 대해 자연스럽게 국가 정부의 역할이 과잉 긍정되고 또한 이것을 기회로 권력을 잡고자 하는 세력들이 편승해서 발생한 복합적 결과라고 보인다. 이점에서 후술하겠지만 가령 일본 아베정권의 정상국가화 노력은 그 원인을 외부가 아니라 일본 사회 내부에서 무엇이 결핍되고 과잉되었는지를 면밀히 살펴보는 것이 보다 효과적일 수 있다. 즉, 개헌파들이 국방 주권 회복에 정치력을 집중시키고 있는 것은 단순히 헌법개정이나 군사대국화를 위해서라고 치부하기보다, 이들이 일본 사회의 어떤 결핍을 충족시키고자 개헌에 주목하게 되었는지를 파악할 필요가 있다. 즉, 개헌 요구가 궁극적으로 충족시키고자 하는 현대 일본의 결핍은 무엇인지를 살펴보는 것이 아베정권의 다음 행보를 예측하는 데 더욱 유용할 것이다. 이 같은 탈냉전기 신경성 폭력(즉, 국가성의 긍정 과잉에 의한 시스템의 과부하-'비만')적 특징들을 염두에 두고 다음 절에서 일본의 안보국가화 움직임을 검토한다.

IV   '과잉'으로부터 안보불안: 일본의 안보국가화

본 절에서는 일본의 '완전한' 주권 회복을 꿈꾸는 '정상국가화' 시도가 오히려 동북아 안보 불안을 일으키고 있는 이유로 안보 결핍의 충족이 아니라 안보 과잉에 따른 동북아 안보 시스템의 과부하(비만)를 야기하기 때문이라고 주장한다. 이를 위해 일본의 탈평화국가화 움직임이 안보에 미치는 영향을 일본 국내 수준과 동아시아 지역 수준에서 검토하겠다. 이를 위해 먼저 일본에서 평화헌법의 역사를 개헌 논의들을 중심으로 살펴본다.

1. 경무장 평화주의: 평화헌법과 자위대의 위태로운 동거

제2차 세계대전 패전 후 1947년 만들어진 일본 헌법은 타의에 의

한 것이라고 하나 역사상 보기 드물게 비무장 평화주의를 표방하
였다. 제정 당시에는 칸트가 『영구 평화론』에서 밝힌 상비군 보
유 금지를 최초로 명문화한 급진적 헌법으로 홉스적 무정부적 국
제질서 전통의 한계를 극복할 수 있는지 학계의 비상한 관심을 모
았다.[3] 그러나 한국전 이후 미국의 냉전 전략적 사고의 전환과 함
께 1950년 7월 8일 경찰 예비대, 1952년 보안대 창설, 1954년 자
위대 창설을 거치며 평화헌법의 원안은 침해받기 시작하였다(권혁
태 2005, 71). 이러한 일련의 반동적 움직임은 미국이 한국전을 겪
으면서 일본을 제2차 세계대전 전범국에서 아시아 지역의 중요한
반공기지로 새로이 인식하게 된 사실과 밀접한 관련이 있다(남기정
2015).[4] 1950년 6월 미 국무장관 덜레스(John Foster Dulles)는 요
시다 시게루(吉田茂) 일본 총리에 미일 안보조약 강화 조건으로 일
본의 재군비를 요구하는가 하면, 1952년 12월 요시다 총리의 특
사(personal representative)로 미국을 방문 중인 시라스 지로(白洲
次郎)에는 개헌이나 국민적 합의를 생략해서라도 재무장을 주문하
였다(권혁태 2005, 71; Schaller 1997, 65). 급기야 1953년 7월에는
도쿄를 방문한 미국 부통령 닉슨이 일본의 평화헌법 체제는 실수

3   김태홍에 의하면 1791년 프랑스혁명헌법이 근대에 시도된 최초의 평화주의 헌법
     이라고 할 수 있으나 프랑스 헌법이 '침략전'에 한해서만 국가의 무력사용을 금지
     한 것과 달리, 일본의 1947년 헌법은 자위를 위한 전쟁을 포함한 국가의 교전권
     일체를 부인했다는 점에서 더욱 급진적인 면모를 가진다(김태홍 2015, 213).
4   미국은 한국전 발발 전에도 일본을 아시아에서 미국의 영향력을 확대하는 데 중
     요한 교두보가 될 것으로 기대하고 있었다. 가령, 1949년 4월 Dudge는 아시아에
     서 반공의 선봉장이자 아시아 빈국에 대한 미국의 지원 물품의 주된 생산 및 공급
     처로서 일본의 효용성을 주장하며 일본의 신속한 경제재건을 위한 지원을 미 의
     회에 요청하였다(Schaller 1997, 18).

였다는 발언으로 물의를 빚었다(每日新聞 1953.11.19; Osada 2002, 120).

이처럼 계속되는 미국의 냉전 전략적 요구에 의한 '국방 국가'의 길과 군사력 보유 및 행사를 금지하는 '평화 국가'의 양 갈래 길에서 요시다 내각은 '경무장 평화주의' 노선을 채택하게 된다. 한국전 당시 일본의 역할을 초대 주일 미국 대사 로버트 머피(Robert Murphy)는 다음과 같이 소회하였다. "그는[맥아더는] 일본 정부가 안전과 질서가 유지되는 기지를 제공해 줄 것으로 확신하고 있었다. 이에 대해 일본인은 놀랄만한 속도로 그들의 4개 섬을 하나의 거대한 보급창고로 바꿔 주었다. … 유엔군은 이들 한국 사정에 밝은 일본인 전문가들 수천 명의 원조가 없었다면 한국에서 버티고 남아 있기가 대단히 어려웠을 것이다"(남기정 2015, 104 재인용). 요시다 수상의 이 같은 '경무장 평화주의'로의 선회는 미국의 '기지화'되어가고 일본의 현실을 수용하고, 대신 전후 복구와 경제성장 달성에 집중하기로 한 실용주의적 선택으로 이해된다(남기정 2012). 이를 위해 앞서 워싱턴에서 덜레스가 지로에 주문한 대로 요시다 내각은 의회의 발의와 국민투표를 통한 '명문개헌'이 아니라 행정부의 '해석개헌'을 통해 자위대와 미일 안보조약의 정당화를 시도하였다(권혁태 2005, 68-69; 김태홍 2015, 214). 가령, 1952년 11월 요시다 내각은 "헌법에서 금지하는 전력은 '근대 전쟁 수행에 필요한 장비나 편성'을 의미하는 것으로 보안대는 '경찰조직'이기 때문에 전력에 해당되지 않으며, 또한 금지하는 전력의 주체는 '일본'을 대상으로 하므로 주일미군은 이에 해당되지 않는다"라는 해석을 내놓았다(권혁태 2005, 72). 뒤이어, 1954년 12월 하토야

마(鳩山) 내각 역시 '자위를 위해 필요한 전력'을 보유하는 것은 헌법 제9조 1항에 위배되지 않는다는 해석을 보태었다(권혁태 2005, 72; 渡邊治 2002, 464, 518). 이 같은 일본 정부의 거듭된 자의적 헌법 해석은 냉전기 내내 일본 평화헌법의 연성화 및 무력화를 가속화하였다.

평화헌법의 반동적 해석 개헌으로 이후 일본은 두 가지 점에서 정책적 이득을 얻었다고 보인다. 첫째, 경합하는 전후 국가 정체성들 간의 타협이다. 전범국이라는 오명을 평화국가에 대한 미래 지향적 정체성으로 갈아입자마자, 해석 개헌을 통해 완전한 주권국가로서 '국방 국가'에 대한 향수까지 충족시키는 수정된 평화국가, 즉 '기지 국가'에 안착하게 되었다.[5] 완전히 일소되지 않은 일본 정계의 제국주의적 잔재는 냉전체제의 종식 후 2세 정치인들에 의한 보수 세력 재결집에 일조하게 된다.[6] 둘째, 평화헌법에 따라 일본의 군사 대국화가 저지된 것은 역설적으로 전후 일본이 경제 재건에 집중할 수 있는 기회를 제공하였다. 즉, 구조적 제약을 빌미로 미국과의 안보동맹에 편승하여 안보 공백에 대비하는 한

5 남기정에 의하면, 기지국가란 "국방의 병력으로서 군대를 보유하지 않고 동맹국의 안보 요충에서 기지의 역할을 다함으로써 집단안전보장의 의무를 이행하고, 이로써 안전보장의 문제를 해결하는 국가"이다. 즉, 기지국가란 전후 일본의 양가적 욕망들의 절충안이다. 평화국가에 대한 미래 지향과 국방국가로서 과거의 유산 사이에서 태어난 냉전적 산물이었다. 이 둘은 상호 배척적이라기 보다는 상호 보완적인 형태로 전후 일본의 정치·사회·경제 전반에 영향을 미쳤다고 이해된다. 따라서 '기지국가'는 '경무장 평화주의'와 유사하지만 보다 구체적으로 역사적 맥락화한 개념으로 본다(남기정 2015, 12, 16).

6 공의식의 2006년 12월 20일자 조사에 의하면, 전체 2세 의원의 수는 131명이고 그 중 106명(80.9%)이 자민당 소속이다. 또한 이들 자민당 2세 의원들의 수는 전체 자민당 중의원 의원 수(306명) 중 35%에 해당한다(공의식 2006, 145-146).

편, 안보 대신 경제성장에 주력하여 미국을 중심으로 하는 자본주의 동맹 체제에서 핵심적 일원으로 성장할 수 있었다.

2. 중무장 평화주의: 탈냉전과 탈평화국가화

경무장 평화주의를 통해 누렸던 정책적 이득에도 불구하고 탈냉전과 함께 일본의 재무장 논의는 다양한 내외부적 요인의 복합적 작용에 의해 촉발되었다. 먼저 공교롭게 탈냉전기 시작과 함께 일본이 맞이한 내부 정치적 환경의 급변은 이후 '탈평화국가화'를 부추기는 다양한 외부 추동 원인의 요람 역할을 하게 되었다. 일본에서는 1980년대 말과 1990년대 초에 연이어 터진 자민당 정권의 부패 스캔들로부터 정치개혁이 단행되었다. 그 일환으로 중선거구제에서 소선거구제로 개편되면서 1955년 체제가 무너지고, 이 과정에서 호헌 세력이었던 사회당과 공산당과 같은 진보 세력이 몰락하였다.[7] 다른 한편으로는, 오자와 이치로(小沢一郎)에 의해 추동된 자민당의 중앙집권적 자정 움직임은 결과적으로 일본 정계 정화라기보다는 오히려 자민당의 지배력을 공고히 하는 방향으로 진행되었다.[8] 그 결과, 구조적으로 자민당 주도의 재무장과 같은 우파적 개혁에 힘이 실릴 수밖에 없는 정치적 환경이 조성되었다. 다시 말

7   전후 일본에서 사회당과 공산당과 같은 소수 무산정당이 합법화된 가운데, 50년대 초 미·일 안보조약 문제로 좌우 논쟁이 격화되면서 자민당을 중심으로 하는 개헌파와 이에 맞서 호헌과 반안보를 주장하는 일본 사회당으로 구성된 양대 정당체제를 가리킨다(升味 準之輔 1964)

8   오자와는 유럽에서 냉전 종식을 두고 이로써 일본에서도 제2차 세계대전 전후 시내는 마감하였나고 선언하였다. 따라서 일본은 탈냉전을 순비하는 새로운 정책이 필요함을 역설하였다(Ozawa 1994).

해, 시스템적으로 소수의 비판적 목소리를 소거해 버림으로써 대항담론의 여지가 일소되었다. 이처럼 이질성과 타자성의 순기능이 시스템적으로 차단된 결과 개헌세력이 정권을 잡았을 때 일본 의회가 견제 기능을 상실한 채 일본이 자기과잉, 과도한 국가성의 강조로 나아갈 수밖에 없게 되었다.

동시에 1990년대 초반 국제정치 환경의 급변으로 인한 불확실성의 급증에 일본이 어떻게 대응해야 할 것인가를 놓고 일본의 국가 정체성 논쟁이 점화되었다. 박영준의 분류에 따르면 일본에서 논의된 주요 국가전략론으로는 '평화국가론', '미들파워 국제주의'(혹은 중상주의, 국제시민주의), '보통국가론' 그리고 '수정주의적 국가주의'를 들 수 있으며 이는 2012년 12월 출범한 아베정부의 정책에서 보듯이 사안별로 혼재되어 나타난다(박영준 2013, 94-104). 평화국가론과 국제주의가 국내적으로는 호헌을 주장하고, 보통국가론은 개헌 가능성을 염두에 두고 있고, 수정주의적 국가주의는 절대적 개헌 필요성을 피력하고 있다(박영준 2013, 97). 각각의 국가전략들은 탈냉전시기 일본 대외정책의 성찰 거울로서 그간 일본이 결핍되었다고 인식해 온 부분들을 채우기 위한 반사적 움직임이라고 이해된다. 가령, 평화국가론자들은 제2차 세계대전의 만행과 제국주의 시절의 어두운 역사에 대한 반성으로부터 전범국가의 오명을 벗는 길로 평화국가를 제안한다. 나아가 근대 국가의 성립과 발전의 토대로 여겨져 온 국가의 전쟁을 법제적으로 금지한 평화헌법의 세계사적 의의와 동아시아에서 중요한 평화재로서 자부심을 가지고 있다. 이에 반해 수정주의 국가주의자들은 일본이 결핍된 것은 '국가 주권'이라고 생각한다. 탈냉전과 함께

표 1. 탈냉전기 논의된 일본의 주요 국가정체성

평화국가론	미들파워 국제주의	정상국가	수정주의적 국가주의
비무장/경무장	경무장	국방 주권의 회복	중무장
탈군사화를 통한 평화정착	국제협력을 통한 평화기여	재무장을 통한 지역질서 안정	핵무장을 통한 지역패권 획득

출처: 박영준(2013); Hughes(2004); Samuels(2007)을 참조하여 필자가 재구성.

전후시대가 막을 내렸다고 생각하는 국가주의자들에는 근대국가라면 응당 보유해야 할 군대와 그 통제권이 일본에서 평화헌법에 의해 원천적으로 제한된 것은 시대착오적이며 회복해야 할 권리로 이해된다.

물론, 이처럼 중요한 전환점을 맞은 일본이 우파적 정치지형으로 변모하게 된 데에는 탈냉전기 주변정세 변화의 영향도 무시할 수 없다. 미국의 일본 재무장 재요청은 대표적 외부적 요인이다. 냉전 초기와 마찬가지로 미국의 탈냉전기 세계 전략 변화에 발맞추어, 미국은 1996년 미일 안전보장 공동선언, 1997년 미일 방위협력지침(신가이드라인)과 주변사태법, 그리고 2002년 테러 대책 특조법을 통해 일관되게 일본의 평화헌법 개정을 요구하였다. 2001년 미국의 대 테러리즘 전쟁 선포 이후 미국은 일본이 일정 부분 군사적 책임을 분담해주기를 기대하였으나 평화헌법에 따라 인도주의적 지원에 그친 후에도, 대 테러리즘 전쟁의 확산과 동아시아 패권 질서 변경을 맞아 일본의 역할 확대는 미국에 의해 꾸준히 추동되는 경향을 보였다. 그 결과, 오바마 2기 행정부에서는 미일동맹의 강화를 통해 일본의 군사력 증강을 실질적으로 지지하고 있으며 이러한 미국의 일본 재무장지지 정책은 다시 중국을 자극

하고 있는 것으로 보인다.[9] 특히 최근 미국이 일본과의 동맹 강화를 통해 동아시아에서 일본의 역할에 힘을 실어주고 있는 것은 냉전시기 대리전을 연상시킨다. 센가쿠 열도(尖角列島, 중국명 댜오위다오[釣魚島])를 둘러싼 중일 간의 영토 분쟁에서도 보듯이 미국이 동북아 문제에 전면에 나서지 않지만 동맹국 일본을 지지함으로써 간접적으로 중국의 부상을 저지하는 형태로 미국이 동아시아 문제에 개입하고 있기 때문이다. 중국과 동남아시아 국가들 간의 남중국해 분쟁에서도 유사한 형태의 미국의 개입으로 동아시아 곳곳에서 군사 긴장이 고조된다는 점에서 냉전시대 안보 과잉에 의한 안보 불안이 21세기에 반복되고 있다. 더욱이 새 미국 대통령 트럼프(Donald Trump)가 '대만'과의 관계회복 언급으로 중국과 마찰을 빚는 한편, 한국과 마찬가지로 일본에 미군 주둔비용 부담률 재조정 요구나 주둔 병력 축소를 논의할 것으로 예상되면서 아베 총리의 개헌론과 일본 재무장은 가속화될 것으로 예상된다(Yoshida 2016).

북한 역시 탈냉전과 함께 공공연히 일본의 즉각적인 위협으로 부상하면서 일본의 재무장 논의를 가속화하였다(권혁태 2005, 75). 그러나 주지할 점은, 이는 단순히 북한의 핵전력 강화나 북한의 일본인 납북 사건처럼 북한의 직접적인 도발에 그치지 않고 보다 복합적인 형태로 나타났다는 데에 있다. 김대중, 노무현 정부에서 남북관계가 개선되고 민주화가 정착이 되면서 일본과 함께 미국의 반공기지 역할을 자임했던 한국이 회의적 태도로 돌아서면서, 일

---

9   미일 동맹의 강화가 중국의 안보 이익에 정면으로 배치된다는 중국의 위협인식에 대해서는 다음의 연구 참조. 조영남(2009); 박민형(2016).

본이 한국의 몫까지 떠안게 되고 이것이 미국이 일본에 재무장을 촉구하는 요인이 되었다고 보이기 때문이다(권혁태 2005, 75). 결과 적으로, 한반도 화해 분위기와 한국의 민주화가 일본의 탈평화주 의를 가속화했다고 해석할 수 있는 부분이다.

따라서 이 같은 모순적인 한일 관계를 풀려면 필수적으로 다 음과 같은 사항을 고려해야 한다. 첫째, 한국과 일본뿐만 아니라 이들과 얽혀있는 주변국들과의 복잡다단한 관계까지 고려해야 한 다. 둘째, 이러한 복잡성 때문에 동아시아에서 일국(一國)의 안보 불안은 절대 단독으로 해소될 수 없다. 셋째, 바꾸어 말하면 어느 일국의 독단적 안보 정책 변경은 동아시아의 안정을 저해할 수 있 다. 넷째, 만일 그 안보 정책이 군사력의 증강으로 나타난다면 동 북아에서 긴장은 더욱 심화될 것이다. 따라서 일본의 재무장은 동 북아 안정에 절대 해답이 될 수 없다. 나아가 동북아에서 평화 공 동체 구상이 적극적으로 개진되기 위해서는 이 같은 안보정책의 복잡성을 해소해야 할 것이다.

3. 일본의 안보국가화와 동북아 불안정

국가영토 안에서 배타적 주권 존재로 국방을 포함한 내치에서 자 율성을 인정받는 베스트팔렌체제에 따르면, 일본의 '보통국가화 (normalization)' 요구는 타당한 것처럼 보인다. 그러나 일본이 완 전한 주권국으로 거듭나야만 국제사회의 일원으로서 온전히 제 역 할을 수행할 수 있다는 아베정권의 주장은 일본 안팎으로 물의를 빚고 있을 뿐만 아니라 동북아 전후 정치 질서를 깨뜨리는 시도로 주변국들에 의해 인식되면서 이 지역의 안보 위협으로 급부상하고 있다. 아베내각의 개헌노력이 안보 위협이라고 비추어지는 이유를 다음과 같이 찾아볼 수 있다. 첫째, 일본 국내적 차원에서 아베 정부의 개헌 논의는 전후 일본의 중요한 정치적 자산인 일본의 평화국가 정체성을 심각하게 훼손하고 있다는 점에서 안보 위협이라는 인식이다. 일본 국내에서 전후에 평화국가 정체성은 경쟁적인 해석과 자기인식들이 복수로 존재하였고, '평화국가=전쟁포기'에 대한 자기 정체성이 더 강화되는 방향으로 수렴되어 왔다. 일본 시민사회에서는 냉전 종식과 함께 '평화국가=전쟁포기=무력분쟁이 없는 상태'에 머물러 있던 소극적 평화 개념을 평화를 해칠 수 있는 원인을 적극적으로 제거하고 자신의 변화까지 포함하는 적극적 평화로 발전시키려는 논의가 진행되어 왔다. 그러나 아베정권의 안보법 개정으로 지금까지 구축해 온 일본의 국가 정체성에 혼란을 야기하고 있을 뿐만 아니라 전후 일본 사회의 컨센서스를 일방적으로 파괴함으로써 다름 아닌 일본 헌정질서를 위협하고 있다. 일본 정치 제도적으로는, 선거구조와 제도적인 대표성 결함문제가 불거지면서 일본의 대의제 민주주의의 근간까지 위협하고 있다. 현재 자민당이 30% 정도밖에 표를 못 얻은 정권임에도 불구하고 의석의 다수를 점하는가 하면, 일본 국민 60% 이상의 안보법 개정 반대에도 불구하고, 개정안이 통과됨으로써 의회의 대표성에 의문을 표기하기 시작하게 된 계기가 되고 있다는 점은 역설적이다.

둘째, 일본 개헌파의 최근 왕성한 활동은 동아시아 지역 차원에서 이웃 국가들의 강한 반발과 함께 오히려 지역 안보 정세를 불안하게 하는 요인이 되고 있다. 일본의 완전한 주권국가에 대한 열망이 일본의 주장과 달리 동북아 안정을 흔든다면, 그것은 일본의 국가 주권이 불완전하기 때문이라기보다는 현상 변경(status change)을 시도하고 있기 때문일 것이다. 또한 이러한 시도가 주변국들에 충분한 이해를 구하지 않고 독단적으로 이루어졌기 때문일 것이다. 특히 제2차 세계대전 직후 전범국이었던 일본이 '평화헌법'을 통해 평화애호국가로 국가 이미지 쇄신에 성공하면서 미국의 반공기지로서 경제, 군사 방면에서 냉전 특수를 누린 뒤, 냉전의 종식과 함께 평화헌법을 폐기하고 정상국가화라는 명목하에 재무장을 시도하는 것은 기회주의적이고 반동적(혹은 역주행 [reverse course])이다. 더구나 과거에 이미 종결된 사건의 결론을 뒤집는 것은 현상의 복원(the restoration of status quo)이 아니다.

셋째, 앞에서 논의한 대로 일본의 개헌 노력은 명백한 현상 변경의 시도이며 이는 동아시아 안보 시스템에 총체적 과부하를 야기하고 있다는 점에서 신경성 폭력이다. 미·일 동맹 강화와 함께 급물살을 타고 있는 일본의 재무장이 미·중 경쟁구도에서 불필요하게 중국을 자극하는 한편, 한국과 북한까지 군사력 경쟁에 뛰어들게 된다면 이는 완전한 주권국으로 동아시아의 근대국가 성립을 완결지음으로써 동아시아 안정에 기여하겠다는 일본이 주장하는 '정상국가'의 취지에도 어긋난다. 결과적으로 일본 정책결정자들의 안보 결핍은 안보 경쟁의 악순환 속에서 영원히 채워질 수 없을 것이다. 또한, 동아시아 전체적으로는 안보 '과잉'이 초래되어 국제질서 전체적으로는 불안정성이 증가되어 종국에는 오히려 자신의 안보를 위협하는 결과를 초래하게 될 것이다

결론적으로 위에서 제시한 이유들로 개헌이 일본의 안보 결

핍 문제를 해소하는 데 궁극적인 방법이 되기는 어려워 보인다. 일본의 이번 평화헌법 개헌은 일본이 완벽한 주권국가로서 동아시아에 근대국가 체제로 진입을 가능하게 하는 지름길이 아니라 근대 유럽의 폭력적인 역사가 오늘날 동아시아에서 되풀이될 수도 있는 역사적 퇴행일 수 있다는 점을 간과해서는 안 된다. 더욱이 홉스적 국제안보의 대안적 모델로 제시되어 온 칸트적 모델의 표상인 평화헌법이 소멸된다면 국제안보체제에서 국제 평화체제로의 이행은 더욱 묘연해질 것이다. 특히 지금까지도 냉전을 살고 있는 동북아시아에서 평화헌법은 과도한 군비경쟁을 자제하고 평화체제로의 전환에 기여할 수 있는 중요한 평화 자원으로 여겨져 왔다. 이처럼 평화헌법의 의의가 작지 않음에도 불구하고 주변국과 일본 국내의 컨센서스에 역행해 일본 개헌파가 베스트팔렌 체제의 신화에 근거해 정상국가론을 주장하는 것은 시대 역행적이다. 따라서 일본의 재무장은 동북아 지역의 냉전적 안보 시스템을 고착화시켜, 개별 국가와 지역 전체에 안보 과잉을 야기할 수밖에 없다는 점에서 오히려 역내 안보 불안을 가중시킬 것이라고 예상된다.

V 결론

지금까지 본 연구는 21세기 안보 패러다임의 전환 과정에서 포착되는 다양한 변화의 움직임들 중에서 특별히 위협 인식의 구조적 변화에 초점을 맞추어 국제안보 개념의 변용을 살펴보았다. 먼저, '안보/면역 결핍 = 안보/면역 위협'이라는 지난 세기 안보연구의 기본 가정에 의문을 품는 것으로 시작하여 이에 대안적이라기보다는 보완적인 가설로서 '안보/면역 과잉 = 안보/면역 위협'이라는 가능성을 제시하였다. 기존의 국제안보 연구의 가정과 달리 '결핍'뿐만 아니라 '과잉'도(안보)관계에 위협이 될 수 있는 것은 위협이 개체로부터가 아니라 개체들의 관계 '사이(in-between)'에서 상대적으로 정의되어지기 때문이다.

이처럼 안보 과잉으로부터의 안보 불안이 야기되는 이유로 본 연구에서는 다음과 같은 21세기의 새로운 안보 현상 특징들(신경성 폭력)에 주목하였다. 즉, 안과 밖, 적과 동지, 안보(security)와 불안(insecurity), 안전지대와 분쟁 지대의 경계가 모두 불분명해지고 있으며 적과 불안, 그리고 분쟁은 외생적이기도 하지만 내생적이기도 하다. 또한 이에 따라 안팎의 경계가 분명했던 냉전시대에 사용했던 고전적 적 제거술을 경계가 불분명한 탈냉전기에 사용하면, 적뿐만 아니라 '나(아군/동지)'까지 해칠 가능성이 높다. 결국엔 적이 사라져도 안보가 향상되지 않는 모순적 상황과 마주하게 된다. 이처럼 안보 증진을 위한 노력이 오히려 안보 불안을 가중시키는 역설적 상황을 피하려면, 지난 세기의 위협과 안보에 대한 고정관념을 비판적으로 재검토하고 동아시아에서 냉전적 지정학의 변용 혹은 진화 가능성을 보다 적극적으로 논의할 필요가 있다. 구체적으로, 21세기 안보체제는 1) 아(我)와 비아(非我)의 관계 변화를 통한 상대와 평화로운 공존을 모색하는 방향으로, 또한 2) 냉전시대 바이러스성 폭력 중심 모델에서 탈냉전기 신경성 폭력에 주목한 모델로의 발상의 전환이 필요하다.

이 같은 새로운 패러다임 변환을 바탕으로 일본의 평화헌법

시도가 왜 일본 개헌파가 주장하는 것과 달리 동북아에 안보 불안을 야기하는지 설명을 시도하였다. 베스트팔렌 체제에 입각한 근대적 국가 건설 모델에 따르면, 배타적 주권 존재인 국가가 군사력을 보유하는 것은 당연하다고 가정된다. 이 같은 근대적 국가조직 원리에 따르면 일본 개헌파의 '보통국가화(normalization)' 요구는 일견 타당한 것처럼 보인다. 그러나 일본이 완전한 주권국으로 거듭나야만 국제사회의 일원으로서 온전히 제 역할을 수행할 수 있다는 아베정권의 주장은 자가당착적이다.

먼저, 일본 평화헌법 개정은 일본뿐만 아니라 동북아시아 평화 자원의 중대한 손실이다. 평화헌법에 거는 기대는 단순히 전범국의 교화에 있지 않기 때문이다. 무정부주의에 입각한 생존경쟁적인 홉스적 모델에서 칸트적 평화공존 모델로의 전환을 향한 국제정치적 대 실험이라는 점에서 평화헌법의 의미는 일국의 문제로 끝나지 않는다.

또한 정치 동학적으로는 일본의 평화헌법 개정은 일본이 게임 체인저(game changer)로서 동북아 지역 질서 개편에 보다 본격적으로 개입할 가능성이 높아짐을 뜻한다. 따라서, 개헌을 통한 미국과 안보 협력의 강화, 즉 일본의 군사대국화는 현상 복원이 아니라 현상 변경일 수밖에 없다. 더구나 과거사에 대한 반성 없이 일본이 우경화되는 가운데 일본의 재무장은 단순히 일본의 세력 확장이 아니라 역외 세력인 미국의 역내 영향력 확대를 뜻하므로 러시아와 같은 더 많은 역외세력의 개입 여지를 남긴다는 점에서 동북아의 평화는 요원해질 수밖에 없다.

결국, 일본의 개헌을 통한 재무장은 일본의 자아성(국가성)을 향상시킬지는 모르지만, 궁극적으로는 안보 경쟁을 심화시키고(안보과잉) 나아가 동북아 지역 안보체제에 과부하를 일으켜 자기 파괴적 결과를 일으킬 것이다(시스템 비만). 더욱이 일본 선거제도 개편으로 자민당의 패권적 의회 질서가 공고화되어 구조적으로 비판적, 이질적 목소리를 차단한 상황에서 일본의 과도한 국가성 강조 경향은 가속화될 것이다. 일본 국내적으로는 이러한 의회 민주주의의 구조적 비틀림으로부터 일본 안에서 동질적이되 호의적이지 않은 잠재적 위협을 감지하지 못하고 일본 내부 사회의 분열을 조장할 수 있다. 대외적으로는 이러한 자기 긍정의 과잉은 20세기 일본의 제국주의 전쟁에서도 드러났듯이 동북아 주변국뿐만 아니라 일본 스스로도 약육강식의 홉스적 안보 패러다임의 덫에 걸려 무한 군비경쟁과 긴장 상태에 돌입하여 돌이킬 수 없는 자학적 결과를 가져올 가능성이 높다. 따라서 일본의 개헌은 일본의 안보 불안을 잠재우기는커녕, 오히려 안보를 위협하는 방향으로 상황이 전개될 가능성이 높다.

마지막으로, 본 연구에서 도출 가능한 학술적 함의와 향후 연구가 필요한 지점을 강조하는 것으로 본고를 마무리하고자 한다. 지금까지 본고에서 논의한 내용으로부터, 냉전기와 탈냉전기의 안보 패러다임의 충돌은 근본적으로는 지난 세기 안보연구에서 상정한 몇 가지 오류적 가정에 의한 것이라고 볼 수 있다. 첫째, 위협요인과 행위자들의 성격을 일면이고 고정적으로 가정하였다. 그러나 이들은 상대에 따라 다양한 관계를 맺을 수밖에 없기에 다면적이고, 그러한 다양한 관계에 따라 성격을 달리하는 유동적인 존재라는 점에서 복합적일 수밖에 없다는 점에서 미래 안보연구에서 보다 유연한 사고가 필요하다. 둘째, 본 연구의 21세기 안보 패러다임 전환의 논의를 심화시키기 위해서는 위협이 어디서 어떻게 발생하는지에 대해 보다 적극적으로 논의할 필요가 있다고 보인다. 가령, 기존 국제정치이론에서 단일 개체로부터 위협의 발생 가능성을 상정하였으나 위협 인식은 '개체' 자체보다 개체 간의 '관계'에서 상대적으로 결정된다는 점에서 향후 국제안보 연구에서는 보다 근본적으로 '관계' 중심적 안보이론(relational International Relations theory) 개발 노력이 동반될 필요가 있다.

참고문헌

공의식. 2006. "일본의 보통국가화와 2세의원의 관계에 관하여." 『한국시민윤리학회보』 19:2, pp. 141-160.

권혁태. 2005. "일본의 헌법개정과 한일관계의 비대칭성." 『창작과 비평』 33:3, pp. 65-80.

김태흥. 2015. "일본의 '해석개헌' 방식: 집단적 자위권의 해석개헌을 중심으로." 『공법학연구』 16:1, pp. 213-245.

남기정. 2012. "요시다 시게루(吉田茂)의 전후 구상에 대한 재검토: '군대 없는 메이지국가' 구상과 미일동맹의 현실." 『일본연구논총』 37호 pp. 173-203.

_____. 2015. 『기지국가의 탄생: 일본이 치른 한국전쟁』. 서울대학교출판문화원.

마쓰오 가즈히로. 2010. 황소연 역. 『내 몸을 지키는 면역의 과학』. 바다출판사.

박민형. 2016 "북중동맹 55년 평가: 한국의 전략적 함의." 『국방연구』 59권 3호, pp. 1-24.

박영준. 2013. "'수정주의적 보통국가론'의 대두와 일본 외교: 자민당 아베 정권의 재출범과 한반도정책 전망." 『한국과 국제정치』 29:1, pp. 91-121.

이광석·정세원. 2016. "Brexit 담론네트워크 분석: 브렉시트의 근본 원인은 복지 모순이다." 〈2016년 한국유럽학회 연례학술회의: 브렉시트 이후 EU와 국제사회의 혼란과 변화〉(2016.12.2, 한국학술협의회, 서울) 발표문.

정하용·백창재. 2009. "루이스 하츠의 자유주의 사회분석 재고." 『한국정치연구』 제18집 3호, pp. 137-163.

조영남. 2009. "21세기 중국의 동맹정책." 『EAI 국가안보패널 연구보고서』 제32권.

한병철. 2012. 『피로사회』. 문학과 지성사.

Baudrillard, Jean. 1993. translated by James Benedict. *The Transparency of Evil: Essays on Extreme Phenomena*. London and New York: Verso.

Buzan, Barry. 1991. *People, States and Fear: An Agenda for International Security Studies in the Post-Cold War Era*. 2nd ed. Boulder: Lynne Rienner.

_____. 1997. "Rethinking Security after the Cold War." *Cooperation and Conflict*. 32:1. pp 5-28.

Buzan, Barry, Ole Waever and Jaap de Wilde. 1998. *Security: A New Framework for Analysis*. Boulder: Lynne Rienner.

Booth, Ken(ed.). 2005. *Critical Security Studies and World Politics*. London and Boulder, Colorado: Lynne Rienner.

Camilleri, Joseph A. 1994. "Security: Old Dilemmas and New Challenges in the Post-Cold War Environment." *Military Geography: The Changing Role of the Military*. 34:2, pp. 135-145.

Cottey, Andrew and Derek Averre(eds.). 2002. *New Security Challenges in Postcommunist Europe: Securing Europe's East.* Manchester and New York: Manchester University Press.

Hansen, Lene. 2000. "The Little Mermaid's Silent Security Dilemma: The Absence of Gender in the Copenhagen School." *Millennium.* 29:2, pp. 289-306.

Hartz, Louis. 1955. *The Liberal Tradition in America: The Interpretation of American Political Thought since the Revolution.* New York: Harcourt, Brace & World.

Herz, John H. 1950. 'Idealist Internationalism and the Security Dilemma'. *World Politics.* 2:2, pp.157-180.

Hughes, Christopher. 2004. *Japan's Re-emergence as a 'Normal' Military Power.* Oxford: Oxford University Press.

Jervis, Robert. 1976. *Perception and Misperception in International Politics.* Princeton: Princeton University Press.

_____. 1978. "Cooperation Under the Security Dilemma." *World Politics.* 30:2. pp. 167-214.

Kaldor, Mary. 1999. *New and Old Wars: Organized Violence in a Global Era.* Stanford C.A.: Stanford University Press.

Matzinger, Polly. 2007. "Friendly and Dangerous Signals: Is The Tissue in Control?" *Nature Immunology.* 8:1. pp.11-13.

Morone, James A. 2014. *The Devils We Know: Us and Them in America's Raucous Political Culture.* Lawrence: University Press of Kansas.

Samuels, Richard J. 2007. *Securing Japan: Tokyo's Grand Strategy and the Future of East Asia.* Ithaca, NY: Cornell University Press.

Schaller, Michael. 1997. *Altered States: The United States and Japan since the Occupation.* New York and Oxford: Oxford University Press.

Murphy, Robert. 1964. *Diplomat Among Warriors.* New York: Garden City.

Osada, Masako. 2002. *Sanctions and Honorary Whites: Diplomatic Policies and Economic Realities in Relations between Japan and South Africa.* Westport, CT: Greenwood Press.

Phillips, Tom. 2016. "China 'seriously concerned' after Trump questions Taiwan Policy." *The Guardian*(2016.12.12). https://www.theguardian.com/us-news/2016/dec/12/donald-trump-questions-us-commitment-to-one-china-policy [검색일: 2016.12.14].

Yoshida, Reiji. 2016. "Trump remarks prompt debate over cost of Japan-US Defense ties." *The Japan Times*(2016.5.16). http://www.japantimes.co.jp/news/2016/05/16/reference/trump-remarks-prompt-debate-cost-japan-u-s-defense-ties/#.WFDbJ7KLTX4 [검색일: 2016.12.14].

『毎日新聞』(1953.11.19)

渡邊治. 2002.『憲法改正の争点: 資料で讀む改憲論の歴史』. 旬報社.

升味 準之輔. 1964. ‘1955年の政治体制’.『思想』. 4月号.

필자 소개

조은정 E.J.R. Cho

동북아역사재단 연구위원 (Research Fellow in the Northeast Asian History Foundation)
영국 워릭대학교 정치학 박사

논저 "Nation Branding for Survival in North Korea: The Arirang Festival and Nuclear Weapons Tests", "원자력 협력은 핵확산을 부추기는가?: 미국양자원자력협정의 국제 핵 통제적 성격", "핵·미사일 체제의 '구조적 공백'과 북한의 핵·미사일 동맹 네트워크", "Adieu, Nuclear Security Summit, and Next?", "영-미 관계와 유럽통합: 영국의 유럽공동체 가입과 탈퇴 담론", "EURATOM: Bridging 'Rapprochement' and 'Radiance' of France in the Post-war"

이메일 ejrcho@nahf.or.kr

제6장

신체 없는 종(種)의 등장과 국제정치학

— 존재의 현시와 항목화

The Becoming-present of a Kind of Bodiless and International
Relations
— presence of being and its encompassment

도종윤 | 제주평화연구원 연구위원

이 글은 포스트휴머니즘 시대에 인간 이외의 자율체(신체 없는 종)를 국제 정치학이 어떻게 항목화하고, 또한 그것으로부터 무엇을 확장해 낼 것 인지를 토론한다. 화이트헤드와 바디우의 존재론은 다자와 일자, 공백, 합생, 사 건 등의 개념을 도출한다. 이들은 신체 없는 종이 현시되는 조건이기도 하다. 일 자화는 하나의 과정이며 그것의 발현과 통일적 과정에 작용이 포함된다. 신체 없 는 종을 기존의 인간, 국가, 사회 등과 병렬적인 물리적 주체로 대상화하는 것은 사건의 본질을 오해하는 것이다. 오히려 그것이 현시되는 과정 속에서의 통일적 전개 과정을 토론하는 것이 보다 중요하다. 말하자면, 신체 없는 종이 기존의 국 제정치의 항목들과 내적 연관을 어떻게 형성하는지에 대해 성찰하고 토론하는 것 만이 오해를 없애는 길이다. 국제정치학은 미지의 도전에 대비하여 열려 있는 항 목화를 지향해야 한다. 이를 위해 우리가 해야 할 것은 인간 인식의 한계와 무지 를 벗어나야 한다는 것이다. 한편, 시몽동이 제시한 기술적 대상의 개체화와 그것 을 둘러싼 연합환경 개념은 이러한 과정에서 작용에 중요한 의미를 부여한다. 연 합환경은 조절자로서 그들과의 작용을 통해 상호 관계를 바람직하게 맺게 해준 다. 그리고 그것의 현실적 계기는 도덕적 충실함을 무장한 인간의 작용에 의해서 가능하다. 권력은 하나의 작용이며 작용은 도덕을 생산한다. 이때 도덕은 현실주 의 국제정치학에서 신중함으로 재현되어 왔다. 신중함은 권력으로 표현되는 이 익을 윤리적 맥락에서 수호하기 위한 정치의 핵심이며, 그것은 이익과 윤리, 자율 성과 환경의 매개이자 개입이다. 인간이 신체 없는 종과 맺어야 하는 내적 연관과 작용은 신중함에 의하여 가능하며, 그것은 결정 불가능한 것을 결정해야 하는 인 간의 덕목이다. 우리가 국제정치학의 범위에서 더 많은 것을 이야기해야 한다면, 다음 과제는 분명하다. 그것은 신체 없는 종을 넘어, 국제정치학의 모든 항목을 연관시키는 작용에 대한 것이어야 한다. 이것이 바로 우리가 '신중함'을 계속 말해 야 하는 이유인 것이다.

This article discusses how International Relations encompass a kind of bodiless in Post-humanism era, and what it expands from non-human autonomous entity. Ontology of A. N. Whitehead and A. Badiou derives concepts such as the Many, the One, the void, the concrescence and the event. They are conditions that are presented as a kind of bodiless. It is a process that becoming the One-ing, and its revelation includes the operation in the unified process. If we objectify a kind of bodiless as a parallel physical subject with the existing human, society and state, we are misunderstanding the essence of those events. Rather, it is more important to discuss the process to be unified which it presents. In other words, that is to be the way to get rid of misunderstandings when we only reflect and debate on how to fomulate internal relations with existing International Relations' items. It should intend the open entry for unknown challenges. For this, we should pay more attention to the limitations and ignorance of human perception. On the other hand, the concepts that G. Simondon proposed, the individuation of the technical object and the associated milieu, provide the significant values with the course of the operation of this process. The associated milieu, as an adjuster, allows mutual interaction with them to be desirable. The actual occasion of such operation is to be possible by human action armed with moral fidelity. Power is a sort of action, and it produces morality. At this time, morality has been represented with the prudence in realism. The prudence is the core of politics to protect the interests in terms of power in the context of an ethics, and it is intervention and mediation between profit and ethics, autonomy and environment. The inner connection and the action that human beings have to build with a kind of bodiless, are possible by prudence which is the virtue of human to decide what can not be decided. If we have to tell more something with International Relations, then the next task is clear. Beyond a kind of bodiless, it should be about the operation that is linking all the items of International Relations. This is why we must continually tell "Prudence".

KEYWORDS 신체 없는 종 a kind of bodiless, 국제정치학 International Relations, 다자와 일자 the Many and the One, 과정 process, 기술적 대상 technical object, 개체화 individuation, 작용 operation, 신중함 prudence

I 서론

1. 문제 제기

이 글은 포스트휴머니즘(Posthumanism) 시대에[1] 인간 이외의 자율체(自律體)를 국제정치학이 어떻게 받아들여 항목화하고 그것으로부터 무엇을 확장해 낼 것인지를 토론한다.[2] 모든 인문학과 사회과학이 그렇듯이 국제정치학도 인간을 중심으로 자신을 설명해 왔다. 홉스적 세계관은 무정부적 상태에서 인간이 어떻게 자기 보호를 할 것인가에 관심을 둔다. 국제정치학은 이를 근간으로 권력이라는 이름의 이익을 차지하기 위한 인간의 다툼 속에서 국가의 존립 이유와 평화 개념을 전개해 왔다(Hobbes 1651; Morgenthau 1985). 최근에는 단위, 구조, 체계, 권력 등의 항목을 새롭게 발견하고 이를 재구성하면서 이론적 틀을 보다 정교화하고 있다(Waltz

---

1 국내학계에서 '포스트휴머니즘'이라는 용어가 학술 논문으로 제출되기 시작한 것은 2002년 노재호의 논문 "The Digital Fabric of the World : Gibson's Posthuman Vision in Idoru"으로 파악된다. 이후 장희권(2005), 김종갑(2008), 이수진(2013), 김웅준(2014), 백종현(2015) 등이 꾸준히 연구 성과를 내놓고 있다. 이들 연구의 공통점은 포스트모더니즘에 이후 해체되었던 인간개념을 재정립하는 것이다. 전자/기계 등에 의해 파생된 유사인간의 등장에도 불구하고 인간이 그 자체로서의 가치를 갖는 길이 무엇인지에 대하여 토론하고 있다. 다만, 사회과학 분야에서는 다소 기능적인 측면의 연구에 흐르는 경향이 강하다. 예컨대 홍석주·강홍렬(2015), 조용수(2015) 등은 글로벌트렌드로서의 포스트휴먼 주체의 위치를 검토하고 경제적 가치로서 파생 성과를 전망하는 데 많은 부분을 할애하였다.

2 푸코(M. Foucault)의 설명에 따르면, "인간이 우리의 지평에 느닷없이 솟아나, 우리가 뜻밖에 인간의 육체, 노동, 언어라는 엄연한 사실을 어리둥절하게 성찰하게 되었다고 보아서는 안 된다"고 하였다. 언어를 통한 인식론의 확대가 그것의 개념적 토의를 가능하게 한 것이다. 다만, 이 글에서는 인식론적 측면의 인간에 대해서는 고찰은 하지 않는다. 이와 관련된 논의는 미셸 푸코(2012, 417-469) 참조.

1979; Wendt 1999). 이러한 발전 경로에는 반드시 인간이 중심에 있었으며, 그들의 행위 공간에 새로운 항목들이 추가됨으로서 국제정치학의 지평을 넓혀 왔다. 따라서 국제정치학은 인간과 새로운 항목들 사이에 어떤 구성 요소들이 다양하게 접합되는지, 그들 사이의 연관성은 무엇인지, 그들 간의 긴장과 적응은 어떻게 조응되었는지를 이해하고 설명하는 데 집중된다. 그러나 최근 들어 국제정치학은 새로운 기로에 직면해 있다. 그것은 바로 인공지능, 사이보그, 디지털 공간 등 새로운 존재의 탄생을 국제정치학 안에 어떻게 자리매김할 것인가의 문제이다. 이 글에서는 포스트휴머니즘 시대의 대표적인 상징인 인공지능을 '신체 없는 종(種)'이라고 부르고자 한다.[3] 신체 없는 종의 등장을 국제정치학 안에 자리매김하고, 그것의 의미를 토론하기 위해서는 보다 세분화된 다음과 같은 질문을 먼저 풀어야 한다.

첫째, "인간은 물론이고 국가, 기업, 사회단체 등 인간을 기점으로 파생된 단위를 행위 주체로 다루던 국제정치학이 신체 없는 종을 새로운 행위 주체 혹은 객체로 받아들일 수 있는가?" 이는 국제정치학의 근간이 국가 간의 권력 다툼에 있다는 기존 개념에 근본적인 질문을 던지는 것이다. 신체 없는 종을 도구적 유용성의 차원에서 국제정치학 안에 포함시키는 것은 큰 무리가 아니다. 그러

---

3   '신체 없는 종(種)'이 과연 무엇이냐하는 것은 논란거리가 될 수 있다. 이 글에서는 N. Katherine Halyles(1999)가 지칭한 'a kind of bodiless'을 우리말로 번역한 것을 따른다. 국내에서는 이보다는 '인공지능'이라는 표현을 더 선호하는 것으로 보인다. 신체 없는 종은 단지 인공지능으로 불리는 디지털 유기체뿐 아니라 신체의 구속됨 없이 기능과 표현이 가능한 새로운 모든 것들을 포괄하여 하나의 종(種)으로 의미부여하고자 한다. 다만, 이것은 확신이 불가능한 영적(靈的) 존재나 종교적 신비주의와는 구별된다.

나 그것을 주체(혹은 주체에 가까운 어떤 것)의 개념으로 받아들일 수 있는가의 문제는 매우 깊은 고민이 필요하다. 우선, 이 같은 의문은 이미 실천적 측면에서 사회 여러 곳에서 발견되고 있다. 자율주행 자동차가 교통 법규를 위반하거나 교통사고를 일으켰을 경우, 그 책임의 소재가 운전의 주체인가 또한 그 주체는 법적·도덕적 책임을 지는가?[4] 이세돌에 대한 알파고의 승리는 무엇을 의미하는가?[5] 더 나아가 인공지능에 의해 움직이는 로봇이나 자율형 무기, 혹은 디지털 시스템이 자율결정을 내리는 살인무기는 허용되는가? 그것은 무엇에 근거하여 말해야 하는가? 특히 국제정치학의 경우, 기존에 그들이 이미 포함한 항목(국가, 인간, 기업 등)과 같은 수준에서 이들을 말할 것인가, 아니면 말할 수 없는가, 혹은 다른 수준에서 다른 형식으로 논의할 것인가가 토론되어야 한다.[6]

둘째, "만약 신체 없는 종이 국제정치학의 구성 범주에 들어온다면, 이를 자리매김할 수 있는 근거를 어떻게 찾아야 하는가? 그

4   2016년, 구글이 개발한 무인자동차(Self-driving Car)가 캘리포니아 주의 실리콘 밸리에서 운행 도중 버스와 충돌하는 사고를 일으켰는데, 구글은 사고의 책임이 무인자동차의 자율주행 시스템에 있다는 것을 인정한 바 있다(Bloomberg 2016).
5   "알파고와 이세돌의 대결이 남긴 의미"(김석기의 IT인사이드), 아이뉴스24 오피니언(http://opinion.inews24.com/php/news_view.php?g_serial=947962&g_menu=049106).
6   자주 언급되는 실례는 무인무기의 살상에 대한 논쟁이다. 미국 방위산업체 제네럴 아토믹(General Atomics)이 1995년에 첫 양산하기 시작한 무인항공기 시스템 MQ-1Predator는 2001년부터 미국의 아프가니스탄 및 파키스탄의 작전 지역에 투입된 바 있다. 이 무인항공기는 정찰 임무는 물론 AGM-114 헬파이어 미사일 2기를 장착할 수 있었다. 미국은 9·11 사건 이후, 무인항공기를 이용한 작전을 본격화하고 있으며, 종종 민간인 오폭에 대한 보도가 나고 있으나 미국 정부는 이 같은 무인기체를 공격용으로 사용하고 있다는 것을 인정하지 않고 있다(*The Christian Science Monitor, 1 December,* 2009).

리고 우리는 이제 무엇을 말해야 하는가?" 즉, 존재에 대한 물음을 통해 신체 없는 종이 국제정치학 안으로 들어오게 되는 과정과 그것의 의미가 무엇인가를 토론해야 하는 것이다. 기존의 국제정치학이 인간이 세운 질서의 발견에 초점을 맞추는 인식(認識)의 문제에 주로 초점을 맞추었다면, 지금은 과학·기술의 발달로 인해 새롭게 탄생한 새로운 종의 위치를 어떤 맥락에서 찾아야 할 것인가 하는 질문에 직면해 있는 것이다. 사실 과학과 기술은 이미 국제정치학에서 중요한 구성 항목으로 포함되어 있다. 그러나 그 포함의 양상은 정책 입안의 필요성과 권력 구성의 요소로서 가지고 있는 가치에 근거하고 있다. 그래서 부차적일 수밖에 없다. 또한 과정에 대한 토론 없이 직관적 유용성과 대상화에 따른 것에 불과하다. 침묵했던 이러한 문제에 대해 국제정치학은 정상적인 항목화를 통해 답해야 한다. 신체 없는 종이 새삼스럽게 중심에 서게 된 것은, 이것이 다른 과학발명품들과는 달리 기술적 유용성 측면뿐 아니라 인간 고유의 능력으로 간주되던 지적 능력을 보유한 유사(類似) 인종으로 받아들여지고 있기 때문이다. 그럼에도 불구하고 기존의 연구는 이것을 인간의 위격(位格)에 대한 도전이라고 간주하여 의심의 눈길을 보내는 정도에 머물러 있을 뿐이다(백종현 2015).

분명한 것은 21세기는 첨단기술의 시대라는 점이다. 첨단기술이 만들어낸 능력은 기능적으로 이미 인간을 추월했거나, 적어도 인간과 동등한 수준의 역할을 해 낸다. 19세기가 기계가 주도한 산업의 시대였고, 20세기가 전자가 주도한 자본주의의 시대였다면, 21세기는 기계, 전자, IT에 생명과학과 인간이 모두 얽힌 포스트휴머니즘의 시대가 될 것이라는 전망이 많다. 많은 관심에도 불구하고 지금의 포스트휴머니즘은 사건을 오직 객체화하는 오류를 범하고 있다. 말하자면, 신체 없는 종의 등장을 하나의 사건의 발생 혹은 사태의 직면으로 보는 것이 아니라 대상을 어떻게 이용할 것인가에만 오로지 초점이 맞추어져 있는 것이다. 이제는 과학기술에 의해 새롭게 등장하고 있는 신체 없는 종을 하나의 사건으로 의제화하고 이를 존재론적으로 무엇으로 불러야 할지 토론해야 한다. 또한 국제정치의 실천의 장에서 이러한 사건을 어떻게 받아들여야 할 것인지 근거를 세우고 미래의 조건을 제시해야 한다.

이러한 문제의식을 근거로 이 글은 다음과 같은 전개 방식을 따른다. 이어지는 II절에서는 포스트휴머니즘의 관점에서 논의되고 있는 신체 없는 종에 대한 다양한 학문적 논의들을 검토한다. 신체 없는 종에 대한 대개의 접근은 단지 도구적 유용성으로서의 가치에 머무르고 있다. 그러나 이러한 논의들은 현전(presence)하는 신체 없는 종의 자리매김과 일상으로의 스며듦에 대해서는 여전히 묻지 못하고 있다. 말하자면 그것이 인간의 삶 속에서 어떤 작용을 하고 어떤 내적 연관성을 생산해 내고 있는지 말하고 있지 않다. 인문학, 특히 철학 및 문학에서 선도적으로 접근하고 있는 연구자들은, 신체 없는 종의 출현이 인간 중심적 접근에 대한 반성뿐 아니라 인간 개념의 새로운 접근이 시도 되어야 함을 강조한다. 이는 던져진 존재로서 스스로를 당연하게 받아들이거나(被投) 혹은 스스로의 존재 가능성을 향해 몸을 던지는 태도(企投)를 넘어 더 깊은 성찰이 필요하다는 것이다.

III절에서는 신체 없는 종의 등장을 하나의 사건으로 파악하고 이것이 우리 삶에 고양(高揚)되는 양상을 고찰한다. 이는 세 가지

세부 항으로 나눈다. 첫 번째 항은 '다자와 일자: 과정을 통한 이행과 창조'로서 알프레드 노스 화이트헤드(Alfred North Whitehead)의 다자와 일자 개념을 검토해 보고 과정 속에서 실제로 파악되는 주체와 객체의 현전을 다룬다. 두 번째 항은 '사건의 발생과 신체 없는 종의 등장'이다. 여기서는 다자와 일자 개념을 확대하여 알랭 바디우(Alain Badiou)의 존재 개념을 원용하여 사건으로서 파악되는 신체 없는 종의 등장이 어떻게 정당화 될 수 있는지 검토한다. 세 번째 항에서는 질베르 시몽동(Gilbert Simondon)의 기술적 대상 및 연합환경 개념을 제시하면서, 신체 없는 종이 '스며듦 혹은 환경화(milieu-zation)'로 우리 인간과 더불어 작동하고 있음을 보여준다.

이처럼 일반적 의미에서의 다자와 일자, 그리고 존재의 개념을 소개하면서 신체 없는 종이 현시되는 전제를 제시한 후, IV절에서는 신체 없는 종을 국제정치학 안에 자리매김하는 작업을 시도한다. 국제정치학은 때때로 인공물을 인간과 동격으로 놓고 유기체적으로 파악하기도 한다. 예컨대 이익과 권력, 도덕의 문제를 국가에 대입 한 후 국가를 인격체와 견주어 비교, 검토하는 것이다. 소위 유기적 행위자(corporate agency)로서의 국가론이다(Wendt 1999, 193-245).

그러나 이 글에서는 신체 없는 종을 인간 혹은 국가와 같은 동격의 주체로 놓는 것을 최종 목적으로 하지는 않는다. 국가는 차라리 인간과 더불어 국제정치학의 설명 범주 혹은 항목일 뿐이다. 그것은 때로는 도구와, 때로는 시간과, 때로는 구조나 체제와 결합되어 파생 항목을 형성한다. 그러나 이 글이 지향하는 것은 일상의 장(場)에 등장한 신체 없는 종이 국제정치라는 영역에 어떻게 협착되는지를 보여 주는 것이다. 국제정치학은 발전 과정에서 자신의 영역 내에 여러 항목들을 이식해 두고 있다. 개인, 정부, 국가, 기업, 외교, 권력, 구조, 체계 등은 언어를 통해 국제정치를 구성하는 항목들이다. 그러한 항목은 놀랍게도 순수한 직관적 인식론에 근거하고 있다. 이러한 것들은 주어져 있는 것으로 간주되어 왔으며, 국제정치학 범주의 항목으로 도입되는 데도 아무런 저항을 받지 않았다. 어떤 특정의 범주 안에 항목화된다는 것은 학문의 발전 경로에서 새로운 개념을 개척하고 의미를 확장한다는 견지에서 매우 중요하다. 그것이 범주에 포함되기 위해서는 자체의 정합성은 물론이고 기존의 범주 안에 포함되어 있는 다른 항목들과 내적 연결고리를 갖고 관계 맺음을 할 수 있는 잠재성이 있어야 한다. 이렇게 항목화된 것들은 언어의 지정과 실천 수행을 병행하면서, 사태의 전개에 따라 변증법적 변이의 과정을 거치며, 학문의 이론화에 공헌해야 한다. 최근에 국제정치학의 이론화에 새로운 항목으로 추가되고 있는 구성 요인들, 혹은 그들을 가리키는 언어들(인권, 환경, 기술, 젠더, 개발 등)은 그러한 실천적 작업이자 또 다른 생산을 위한 작용의 근거이다. 신체 없는 종은 언어로 발견된 것이 아닌 사건으로 발견되었다. 이 점에서 직관적으로 항목화된 앞선 예들과는 다르다.[7] 지금까지 우리들의 관심은, 신체 없는 종의 자율

---

7   언어로 발견된 것이 아니라는 것은 그것이 여전히 이름 붙이기에서 혼란이 있다는 점에서 증명 가능하다. 신체 없는 종은, 인공지능, 로봇, 자율무기, 유사인간, 디지털 기계 등 여러 혼란스런 명칭으로 어렴풋하게 범주화되어 있다. 언어로 발견되지 않고 사건으로 발견된 또 다른 예는 태평양전쟁 당시 일본군에 의해 성적으로 학대당한 '종군 위안부(혹은 Sexual slavery)'의 경우가 있다. 언어로 발견

성뿐 아니라 책임성까지 동반하는지에만 집중하거나, 혹은 인간의 위격과 편의의 중간에서 어떤 위기와 기회를 가져다주는 사건인지 파악하는 데 머물러 있었다. 그러나 이제는 국제정치학이 가진 기존의 항목을 조건화하여 이들과의 연관성 속에서 그들의 방향을 토론해야 한다. 국제정치학의 주요 항목인 권력, 도덕 등은 신체 없는 종의 발견과 현시, 그리고 미래를 구성해 나갈 정치적 조건과 내적 연관성을 가지고 있다. 마지막 절에서는 사건으로 발견된 신체 없는 종이 국제정치학에 항목화되는 조건은 무엇인지, 그것을 어떻게 평가해야하는지 정리하고, 그것을 통해 국제정치학이 어떤 것을 새롭게 고민해야 하는지 토론하면서 끝맺도록 한다.

II 선행 연구: 인간의 재발견

강렬한 문제의식에도 불구하고 사회과학계는 포스트휴머니즘과 관련된 연구 성과가 상대적으로 미미한 편이지만, 인문학계에서는 그와 관련된 논쟁과 연구가 앞서 시작되었다. 이는 문학과 철학이 인간이 세계의 주인이라는 인간 인식의 흔들림에 대해 보다 심각한 도전으로 받아들이고 있기 때문으로 보인다.[8] 포스트휴머니즘의 맥

되지 않고 사건으로 발견되었을 경우, 국제정치학은 그들을 항목화시키는 데 상당한 어려움을 겪는다.

8   에브게니 자마젠의 『우리들』(1927), 올더스 헉슬리의 『멋진 신세계』(1932), 조지 오웰의 『1984』(1949) 등의 작품은 모두 반(反) 유토피아적 사회를 풍자하고 있다. 디스토피아 사회에서 인간은 단지 하수인에 머무를지도 모른다는 것이 이들 모두의 공통적인 주장이다. 권력의 정체성, 범주, 작용, 자기 항상성 등을 고려해 볼 때, 알 수 없는 어떤 종(種)이 불완전한 인간을 시스템 안에 가둔 체 레짐을 형

락에서 신체 없는 종을 다루는 연구는 접근 방식에 따라 크게 세 가지 갈래로 나뉜다. 첫째 인간에게 유용한 도구로서 사용 가치적 측면으로서, 둘째 인간 중심적 사고에 대한 재검토로서, 셋째는 인간 개념의 새로운 도출을 위한 발판으로서 접근하는 것이다.

1. 도구적 유용성으로서의 접근

포스트휴머니즘 연구에서, 인문학적 관심은 인간 중심 사고를 반성하고 진정한 인간이 되기 위한 근원적 개시가 어떤 조건에서 가능한가 하는 물음을 던지는 것이었다. 반면, 사회과학계는 2000년대 초반까지만 해도 매우 낙관적인 태도에 빠져 있었다. 프란시스 후쿠야마(Francis Fukuyama)는 탈냉전 이후, 이념적 갈등이 사라진 이 시대에 모든 이들의 관심은 편리와 복지를 향한 과학 기술에 있을 것이라고 내다보았다. 그래서 기술과 생명공학의 발전은 미래 인간의 삶의 조건을 바꾸게 될 것이라고 자신하였다. 과학이 낳은 새로운 개념과 사실은, 아직 예측은 불가능하지만, 인간이 적응할 수 있는 것들이기에 긍정적인 의미의 새로운 역사를 창조하게 될 것이라는 것이다. 이는 마치 평등이라는 개념이 처음에는 생소한 것이었지만, 시간이 흐르면서 싫건 좋건 그것은 인간사 논쟁의 중심이 되어 인간 존재의 본질에 암묵적인 관념으로 자리 잡은 것과도 같다는 것이다. 그는 기술이 점점 발전하면 할수록 시간의 흐름과 더불어 인간의 본성을 바꾸는 데 그것이 일정한 역할을 할 것

성하여 권력 작용을 이룬다는 것은 지금의 비판석인(그러나 그것을 비판으로 받아들이지 않는) 포스트휴머니즘 논쟁과도 맥이 닿는다.

이고 그것이 인류 발전의 원동력이라고 보았다(Fukuyama 2002).

한편, 사회과학계에서 바라보는 포스트휴머니즘의 가정은, 대체로 모든 객체들이 하나의 수단으로, 혹은 '유사인간(Posthomo sapiens)'으로 대상화되어 있다. 이는 자본이나 토지와 같은 생산의 구성 요소로 경제에 자리매김된다. 말하자면 "기술적 대상은 인간 노동에 비추어 판단되어 왔고 노동을 보조하거나 또는 노동의 산물로 생각하고 판단"되고 있는 것이다(Simondon 1989, 241). 따라서 후쿠야마와 같은 거시적 낙관론은 이제 조금씩 변화하고 있다. 이제 사회과학 연구자들은 인간 주변의 환경요인을 재검토해 보고 그들이 사회와 내적 관계 맺음을 어떻게 하는지를 더 논리적인 시각에서 포착하려 한다. 그리고 그 안에서 맺어지는 관계의 파생효과에 대해서 발견해 내려고 한다. 그 결과 사회과학계는 미래에 도래할 정치·사회적 도전에 대응하기 위한 좀 더 실용적인 가치를 찾는 데 초점을 둔다. 그들에게 포스트휴머니즘의 과제는 미래에 불현듯 찾아올지도 모르는 도전을 해결하기 위한 도구를 준비하는 것과 같다. 예컨대, 구글이 개발한 자율주행자동차가 일으킨 교통사고는 "누가 사고에 대한 법률적 책임을 질 것인가?" 하는 사회적 문제를 낳는다. 법 규정이 자동차와 관련된 사람(소유주)에게 적용될 것인지, 아니면 자율주행자동차의 존재에 규정될 것인가에 대한 물음을 던지는 것이다. 이는 인간 이외의 주체로서 존재의 등장이나 그것이 있음으로 해서 생기는 파생적 효과에 대한 시원적 질문이라기보다는, 전적으로 객체화된 기계의 유용성이 지닌 한계가 어디에 있는가에 대한 질문이다. 또한 사회가 이를 어떻게 관리할 것인가에 관심을 기울여야 함을 촉구하는 규범적 물음이다. 그래서 사물의 유용성과 그것의 한계 사이에서 맴도는 긴장을 오로지 제도적, 규범적으로 어떻게 풀 것인가에 집중하게 된다. 포스트휴먼법의 필요성이 논의되는 것은 그 같은 이유에서다. 그러나 이러한 긴장을 해소하기 위해서는 애초에 유용성의 가치 평가가 이루어지기 전에, 근원적 대상의 자리 잡음을 어떻게 다룰 것인지 묻는 것이 필요하다. 실천가들도 실용적인 목적이나 법률 적용 이전의 문제 즉, 철학적, 사회적, 문화적 논의가 포스트휴머니즘 사회에서 필수임을 강조하고 있다. 즉, 포스트휴머니즘 속에서 등장하는 존재의 법적 주체와 객체에 대한 본질적 질문이 우선함을 인정해야 한다는 것이다(김경한 2015).

2. 인간 중심적 사고의 재검토로서 접근

포스트휴머니즘이 던지는 근본적인 전제는 니체(Friedrich Wilhelm Nietzsche)가 표현한 다음의 글에서 간결하게 표현되고 있다.

> 수많은 태양계에서 쏟아 부은 별들로 반짝거리는 우주의 외딴 어느 곳에 언젠가 영리한 동물들이 인식이라는 것을 발명해낸 별이 하나 있었습니다. 그것은 '세계사'에서 가장 의기충천하고 또 가장 기만적인 순간이었습니다. 그렇지만 그것도 한순간일 뿐이었습니다. 자연이 몇 번 숨쉬고 난 뒤 그별은 꺼져갔고, 영리한 동물들도 죽을 수밖에 없었습니다. … 인간의 지성이 자연 내에서 차지하는 우월성이 얼마나 가련하고 무상하며, 얼마나 무(無)목적적이고 자의적인가를 서술하기에는 충분하지 않다. 인간이 존재하지 않았던 영겁의 시간이

있었다. 또 인간의 존재가 다시 끝난다고 하더라도 아무런 일도 일어나지 않을 것이다. 왜냐하면 인간의 지성은 인간의 생명을 넘어서는 어떤 사명도 가지고 있지 않기 때문이다. 그 지성은 인간적일 뿐이다. 오로지 인간 지성의 소유자와 생산자만이 마치 세계의 축이 인간 지성을 중심으로 도는 것처럼 그것을 숭고하게 받아들일 뿐이다.(니체 2013, 443)[9]

인간 중심의 사고(anthropocentrism)로 인해 학문 세계에서는 인간 이외의 것은 그저 사물(thing)로만 치부되어 왔다. 그러나 지금의 세상에서는 인간 이외의 환경이 가진 개체성을 더 이상 배제할 수 없게 되었으며, 인간은 비로소 그것을 서서히 깨닫는 순간에 이르게 되었다는 것이 포스트휴머니즘이 가진 전제이다. 인간은 지구 위의 하나의 종(種)에 불과할 뿐이며, 인간 중심의 논의는 단지 자연의 위험과 도전을 극복하려는 계몽주의의 영향 아래에서 여전히 벗어나지 못하고 있음을 의미한다. 그렇다면 우리는 영역을 확대하여 무엇을 무대에 올려야 할지 고민해야 한다. 그것이 비록 신체 없는 종이라고 표현되지는 않더라도, 눈을 돌려야 할 또 다른 평평한 곳이 '있음'을 자각해야 하는 것이다. 이런 맥락에서 데리다(Jacques Derrida)는 기존 체계를 해체한다. 그에게 철학은 오로지 로고스 중심주의(logocentrism)에 따른 개념 기계에 불과하였다. 그래서 철학은 오로지 인간에만 관심을 두었으며, 언어, 이성, 죽음의 경험, 문화, 거짓말, 기술, 의류, 제도 등에만 관

---

9   이 같은 니체의 논의는 헤어브레히터(2009, 10-11) 참조.

심을 가질 수밖에 없었다. 반면, 그가 주목하는 것은 그동안 계몽주의가 방치해 두었던 연민(sympathy)이며, 이를 근거로 과감하게 동물과 사람의 이분법을 제거한다(Derrida 2008, 1-51).[10] 이를 근거로 보다 간결하게 표현하자면, 포스트휴머니즘이 바라보는 세계관은 "인류화 과정에서 배척되었던 모든 정신적인 것과 인류의 모든 다른 것을 포함하는 것"이라고 할 수 있을 것이다(헤어브레히터 2009, 22). 사회과학이 모더니즘의 관심에 오로지 인간 해방에만 관심을 두었다면 이제 새로운 사회과학은 지구에 거주하는 '지구종(Earthlings)'들을 재고(再考)하고 재정리하며 재발명해야 한다. 그 결과, 쿠스워스와 홉든(Cudworth and Hobden)은 우리의 지평을 넓히기 위한 새로운 인식의 통로로 '복합적 생태(complex ecologism)'의 개념을 제시한다(Cudworth and Hobden 2011). 인간을 사회 속에서 발견하려는 기존의 문명화 논쟁의 기초는 인간에 있었다. 그러나 이는 만물의 토대로서 자연은 조금도 염두에 두지 않은 태도였다. 인간을 중심으로 전개되는 표준문명(standard of civilization)적인 사고는 로고스 중심주의가 가져온 개념 기계의 산물에 불과한 것이다. 그것은 수많은 은하의 별들 중에서 지구라는 별 이외에서는 아무런 의미를 갖지 못한다. 자연과 환경을 병렬적인 위상에 두고 세상을 인식하고자 할 때, 타자에 대한 인식은 문명화 이외에 다른 것을 인식의 근거로 삼을 수도 있지 않은가 하는

10　이 같은 데리다의 주장은 포스트휴머니즘이 포스트모더니즘과 같은 문제 의식을 공유하고 있음을 보여준다. 다만, 앞서 언급했듯이 포스트모더니즘은 의심을 품는 선에서 그쳤다는 점에서 비판을 받는다. 포스트휴머니즘은 이와는 달리 보다 인간을 재성찰하고, 환경이 부과하는 조건을 이성의 중심으로 끌어들이려는 노력을 경주한다.

새로운 질문에 이르게 되는 것이다(Cudworth and Hobden 2014, 746-766). 이런 맥락에서, 국제정치학도 인간으로부터 파생된 것들(국가, 무정부, 질서, 구조 같은 개념들)을 새로운 축으로 재편해야 할 때가 되었다. 그리고 이러한 조짐은 이미 조금씩 나타나고 있다. 때로는 모든 것을 포함하겠다는 이런 의식은 비유의 언어로 묘사되기도 한다. 국제정치학에 '좀비'가 등장하는 것은 바로 인간이 아닌 '다른 것'의 일상화인 것이다(Drezner 2015). 즉, 그동안 배제되어 왔던 '~것들'에 대한 포스트휴머니즘적인 은유라고 할 수 있을 것이다. 또한 인간을 외재화하여 자연과 환경, 그리고 아직 알지 못하는 그 어떤 것까지도 말할 수 있어야 한다는 것을 암시하는 것이기도 하다.

3. 인간 개념의 새로운 도출을 위한 발판으로서의 접근

기술의 발전에 따른 새로운 발명품은 대개 인간의 노동과 연관하여 이해되곤 한다. 기술은 노동을 대체하는 매개 작용이고, 기술적 대상은 그 수단이다. 기술은 합리적 견지에서 편리성을 주었을 뿐 아니라, 인간의 노동을 대체할 위기의 시발점이기도 하다. 그러나 신체 없는 종은 노동과의 연관성뿐만 아니라 다른 모든 항목들과 관계의 문제를 낳는다. 신체 없는 종에 대한 우리의 직관적 태도는 그것이 과연 인간과는 어떤 관계에 놓이게 될까 하는 의구심에 있다. 증기기관이 인간 노동과의 경쟁 속에서 파악되었다면, 신체 없는 종은 인간과의 병렬적인 관계에서 문제를 낳는다. 더구나 그것이 유기체적인 성격을 갖고, 인간처럼 자율적인 판단을 내리는 어

떤 것이라면, 시선을 거꾸로 돌려 그것이 관계를 맺어야 할 인간이
란 과연 무엇이며, 그들의 존재는 어떻게 규정되어야 하는가 하는
질문을 던지게 되는 것이다.

> 유전적 프로그래밍은 컴퓨터 과학에서 가장 흥미로운 분야로서, 유
> 전자의 진화를 모방하려고 노력하고 있다. … 이런 프로그램의 원형
> 은 이미 존재한다. 바로 컴퓨터 바이러스이다. 컴퓨터 바이러스는 포
> 식자인 백신 프로그램에 쫓기는 한편으로 사이버 공간 내의 자리를
> 놓고 다른 바이러스들과 경쟁하면서 스스로를 수없이 복제하며 인
> 터넷을 통해 퍼져 나간다. 그 복제 과정에서 어느 날 실수가 일어나
> 면, 컴퓨터화된 돌연변이가 된다. … 이것들은 살아 있는 피조물일
> 까?(하라리 2016, 576-577).

이런 면에서 노버트 위너(Nobert Wienner)가 제안한 사이버네틱
스(Cybernetics) 논의는 유사인간 논의에서 중요한 출발점이 될 것
이다(Wienner 1948). 사람의 신경작용을 신호로 나타낸 그의 연구
는 인간이 전자/기계와 결합되기 시작한 최초의 업적이 될 것이다.
위너의 사이버네틱스가 함의를 갖는 것은 그것이 형질변환을 통하
여 개체가 진화적으로 계통 발생한다는 것을 보여준 것 때문이다.
이로서 이미 시작된 만큼 미래는 상상으로 발전된다. 예컨대 한스
모라벡(Hans Moravec)은 "조만간 기계는 혼자만의 힘으로 자신을
유지, 생식, 개선할 만큼 충분히 똑똑해질 것"이며, "거의 전적으
로 유기적인 유전에게 의존해 온 인간은 자신의 DNA가 진화에 있
어서 새로운 경쟁자에게 졌다는 사실과 더 이상 자기의 역할이 없

음을 알게 될 것"이라고 한다(Moravec 1990, 2-3). 그는 육체를 떠난 그 무엇에 기대를 걸었고, 그것은 곧 마음이라고 보았다. 인간 중심적인 세계관을 벗어나면 상상은 보다 자유로워진다. 그래서 그는 인간의 마음을 기계로 이식하여 재(再)프로그램화되어야 한다고 생각했으며, 그것은 일종의 환생(transmigration)이라고 믿었다(Moravec 1990, 108-112). 마침내 인간은 육체로 판단되는 것이 아니라 정보 패턴으로 판단되어야 한다는 것이다. 이로서 우리 주변에서 자주 접하게 되는 인공지능을 장착한 컴퓨터 혹은 정보 체계가 인간이라는 종과 무엇이 다른가 하는 질문을 주게 되는 것이다. 튜링 테스트(Turing Test)는 이런 사실을 가장 적나라하게 보여주는 사례였다.[11] 이는 인간의 조건이 무엇인지 다시 묻게 한다. 정보 패턴의 논리성이 인간의 지식 활동과 구분할 수 없는 수준까지 이르렀다면 자율 의지에 근거한 인간의 고유성은 곧 잃고 말 것이다. 따라서 이러한 태도는 인간이 반드시 신체를 가져야 한다는 기존 인식 체계의 전환을 요구하는 것이다. 그것이 비록 알고리즘에 의한 것일 뿐, 생물학적 생명력을 부여받은 것은 아니라 할지라도 지적 활동이 인간과 유사하거나 또는 우월한 패턴을 갖고 있다면, 신체가 말소된 정보체계는 인간 위격에 대한 도전으로 볼 수 있다

11   우리가 누군가와 대화를 나누면서 어떤 정보를 얻는다고 하자. 단, 벽에 가려 상대가 사람인지 기계인지 알 수가 없다. 그것이 사람이 아닌 인공지능의 알고리즘에 의해 채택한 정보인지, 혹은 사람이 의식의 공산에서 선택한 정보인지 구분할 수 없는 수준에 이를 경우 과연 우리는 그것을 인간이라고 말할 수 있을지, 인간은 무엇으로 구분해야 할까 하는 의문을 남긴 실험이다. 이 실험은 인간이 가진 속성 중 하나인 지식이라는 기능적 부분은 인공지능의 학습화된 정보에 의해 대체될 수 있음을 의미한다. 정보 패턴이 곧 '종(種)'이 된다는 것이 튜링 테스트가 말하고자 하는 것이다.

는 것이다. 그래서 인공지능은 인간에게 편리라는 쾌락과 대체라는 공포를 동시에 안겨 준다.[12] 이는 지금의 포스트휴머니즘이 바라보는 인간의 조건에 대한 질문이다(도종윤 2016 25-29).

그렇다면 신체 없는 종은 우리가 지금 이해하는 인간의 조건과는 극단적인 괴리를 가지는 것인가? 헤일스(N. Katherine Hayles)는 물리적 조건이 아니라 정보 패턴의 구분 여부가 인간 존재의 조건으로서 우선한다는 모라벡에 동의한다. 모양 또는 형태로 묘사되는 육체는 포스트휴머니즘의 세계에서 크게 중요하지 않다(Hayles 1999). 그가 바라본 인간은 육체적 인간이 아닌 일정한 지식의 패턴을 지닌 존재로서의 인간이다. 그럼에도 불구하고, 그는 포스트휴먼 시대에서 희망을 찾는다. 유일한 사고의 주체가 인간이라는 편견을 극복하고, 우리가 종(種) 전체로서 바라보는 분산 인지를 받아들일 수만 있다면, 인간과 비인간 행위자가 서로를 형성하면서 오히려 자유주의적 휴먼에 더욱 접근할 수 있을 것이라고 보기 때문이다. 이러한 사고를 가질 경우 계몽주의에서 벗어나지 못하고 있는 이들에게는 오히려 다행으로 받아들여질 수 있다(Hayles 1999, 283-291). 여전히 인간과 환경에 대한 재성찰이 필요한 것은 인정하지만, 그들이 여전히 주체성을 유지하는 것은 가능하기 때문이다. 사실 지금처럼 인간이 모든 것의 주인인 것처럼 행세했던 적

12 튜링 테스트에 대해서는 반발도 상당히 많다. 존 설은 '중국인의 방' 사례를 들면서, 인간을 측정하는 기준으로서의 이해에 대해 의문을 제기한다. 프로그램에 의한 학습과 인간의 마음이 이해하는 것은 다르다는 의미에서이다(설 2015, 639-674). 또한, 튜링 테스트가 한정된 범위의 '외면적 행동'만을 검증의 기준으로 삼음으로서 일종의 표상(representation)에 모든 가치 판단을 맡기고 있다는 것도 비판받는다. 튜링 테스트는 일종의 행동주의, 조작주의, 검증주의의 독단에 빠져 있다는 것이다(데닛 2015, 168-173).

은 없었다. 그러나 현실을 들여다보면, 분명히 많은 '~것 들'이 사회적인 요소와 자연적인 요소들이 섞인 혼종적(hybrid)인 상태에 놓여 있다. 라투르(Bruno Latour)의 표현대로라면, 우리는, "체계라는 관념보다는 더 유연하며, 구조보다는 더 역사적이고 복잡성보다는 더 경험적인, 연결망(network)" 속에 의존하고 있음이 목격되고 있는 것이다(브뤼노 라투르 2009, 23). 인간(human)이란 범주는 발명된 것이며 인간이 다른 종들과의 맺어진 힘의 형성 관계에서 사회적으로 구성된 것으로 보아야 한다. 이것은 정치적 맥락으로 보았을 때 더욱 뚜렷하다. 인간 사이의 지배를 형성하는 담론이 오로지 육체 속에 매몰된 인간만으로 구성되어 있지는 않기 때문이다. 이러한 태도는 내적 성숙의 단계를 거쳐 새로운 개념으로 분출되어 확산된다. 서구 모더니티에서 권력 관계, 이해 갈등, 지배와 저항 등은 인간의 태도가 바깥으로 확장되어 구성되면서, 계급, 종족, 젠더, 사회적 불평등 등으로 재현되기 때문이다(Cudworth and Hobden 2011, 140-168). 그러나 포스트휴머니즘이 전적으로 인간성의 말살을 비관하고 있는 것은 아니다. 때로는 포스트휴머니즘을 반(反)휴머니즘의 비판 속에서 인간중심주의로 나아가기 위한 낙관주의적 태도가 수렴된 것이라고 보기도 한다. 포스트휴머니즘에서 본질은 오히려 이를 둘러싼 조건을 탐구하는 것이 보다 중요한 문제라는 것이다(슈테판 헤어브레히터, 2009). 그리고 그러한 탐구의 중심에 신체 없는 종이 있음은 분명하다.

III 신체 없는 종의 등장: 다자, 일자 그리고 사건의 발생

거대 이론(meta-theory)의 타당성에 대해 반성의 목소리를 높였 던 포스트모더니즘은 2000년대 중반을 전후하여 죽음을 선고 받 았다(Kirby 2006). 그들이 의심의 사유를 무기로 삼고 도발적인 질 문을 던진 것은 사실이지만, 만족할 만한 답은 주지 못했기 때문 이다. 물론, 인식론적으로 다양한 담론이 수용될 수 있도록 조건을 확장한 것은 그들이 끼친 공헌으로 평가되어야 한다. 불일치, 차이 혹은 공약불가능성(incommensurability) 등 사회적 유대를 정당화 해 주는 것이 어떤 것인지 질문하고, 그 기초를 발견하고 했던 것 은 그들의 통찰 때문에 가능했다. 다만, 후기자본주의 사회가 예고 한 새롭게 도래하는 '~것들'은 애초부터 그들의 관심 영역이 아니 었다.[13] 그래서 우리는 새로운 질문의 형식을 찾아야 한다.

21세기에 접어들면서 존재의 발견과 관련된 물음이 부활하는 조짐을 보이고 있다. 이는 조건과 주체를 동시에 질문한다. 이러 한 물음들은 또한 일정 부분 윤리적 측면과 연계된다. 왜냐하면 존 재론은 필연적으로 도덕적 관심을 요구하고 있기 때문이다. 존재 는 다원주의적이다. 그래서 타자를 통해 윤리적 작용을 하는 것이

---

13 리오타르에 따르면 포스트모던적 조건이 지식의 위상과 역할이 변화하고 있다는 통찰에서 출발한다. 즉, 예측이 불가능한 후기 산업사회에서는 거대이야기가 불 신되고(l'incrédulité à l'égard des métarécits), 공약 불가능한 것 혹은 불일치 (la paralogie)에 대하여 오히려 관심이 높아질 수밖에 없다는 것이다. 즉, 서로 다른 주체에 의해 다양한 담론이 수행되는 보다 포스트모던적 시대에는 존재론과 같은 형이상학적 논쟁에 대해 의심을 둘 수밖에 없다는 것이다. 보다 자세한 것은 Lyotard(1979) 참조.

다(엠마누엘 레비나스 2015, 83-87). 지금의 도덕적 전회는 절대성을 거부하는 양자역학의 발견, 후기자본주의 이후 도래할 사회의 구성 요건에 대한 관심, 그리고 과학기술의 발전에 따른 인간의 불안감이 교차하면서 생성해 낸 당연한 결과다. 불안은 존재의 증거다. 그리고 그러한 불안은 한편으로는 과학 기술로, 다른 한편으로는 윤리에 의해 위로를 받는다. 후기자본주의가 소멸되지 않는 한 포스트모더니즘의 전제들은 여전히 유효할 것이다. 그러기에 포스트모더니즘이 던진 의심의 철학이 과소평가되어서는 안 된다. 다만, 이제는 도래할 미래의 조건을 정합적으로 하나씩 도출해 내는 작업이 필요할 뿐이다. 이제 우리는, "어떻게 전적으로 새로운 어떤 것이 세계에 도래할 수 있는가? 〔그리고〕 어떤 종류의 혁신이 보편적인 확신을 완벽하게 받아들이고 유지할 수 있게 할 것인가?"라는 물음으로 관심을 돌려야 한다(Hallward 2003, xxi). 진리 혹은 존재의 조건이 무엇인지 재발견 할 때가 된 것이다. 결국 우리가 물어야 할 것은 포스트모던이 지속되는 이 시대에, "도대체 우리에게 어떤 일이 일어나고 있는가?(What does it all come to?)"를 고민해야 하는 것이다(Whitehead 1979, xiii). 또한 '전적으로 새로운 어떤 것(something entirely new)'을 어떻게 자리매김할 것인가에 대해 천착해야 한다. 우리의 모든 학문 분과는 새롭게 등장하고 있는 신체 없는 종의 등장을 기존의 이론적 범주 속에 하나의 항목으로 어떻게 자리매김시킬 것인가를 제1질문으로 전제할 때가 된 것이다. 그리고 우리는 것을 도덕적 차원에서 토론해야 한다.

1. 다자와 일자: 과정을 통한 이행과 창조

어쩌면 인간에 대한 개념 규정은 물질적 예화보다 정보 패턴에 따라 구분된다고 보는 것이 더 적절할지도 모른다. 이러한 전제를 받아들일 경우, 우리는 적어도 인간과 동일하거나 혹은 우월한 조건을 가진 새로운 어떤 것을 일종의 유사인종(類似人種)으로 받아들이는 것을 영원히 회피할 수는 없다. 그러기 위해서는 먼저 인간이 영위하는 세계 속에서 현실적인 삶의 조건들을 어떻게 파악할 것이냐에 하는 물음에서 재출발해야 한다.

> … 현존의 범주는 현실적 존재를 파악하기 위한 원리이다. 현실적 존재는 다자가 일자로 통일되어 가는 과정, 즉 합성 과정에서만 주체가 될 수 있다. 왜냐하면 주체란 한 상황과 관계 속에서 유일한 일자일 수밖에 없기 때문이다. 현실적 존재는 원자들처럼 세계를 구성하고 있는 실재적인 사물로서, 이러한 것들의 집합체가 우선 나무, 집, 사람과 같은 집합체를 형성한다.(박해용·심옥숙 2012, 373)

이 묘사는 삶의 조건 속에서 우리가 어떤 존재로 파악되어야 하는가하는 질문을 던진다. 시작은 주체와 객체, 일자와 다자를 서로 대비하여 도출해 내는 것이다. 화이트헤드(Alfred North Whitehead)에 따르면, 우리가 주체라고 이름 지은 것은 다수(多數)로 이루어진 다자(多者)이다. 다수 속에 우리가 있는 것이다. 그리고 다자를 일자(一者)로 변화시키고 합일시켜 새로운 것을 재생산해내는 과정은 창조에 의해 가능하다. 다자 속의 하나인 우리는 주체이자 객체가 아닐 수 없다. 주체와 객체는 별도로 구분되지 않으며 자신을 생성하기 위한 설정 과정(process) 속에서 상호작용하는 것이다(Whitehead 1979, 208-218).[14] 그리고 그것은 일자화된다. 다자와 일자의 관계는 다음과 같이 재현된다.

> … 〈일자〉라는 술어는 복합적인 특수 개념인 〈정수의 1〉을 의미하지 않는다. 그것은 부정관사 〈a나 an〉, 정관사 〈the〉, 지시사 〈this 나 that〉, 그리고 관계사 〈which, what, how〉의 밑바닥에 한결같이 깔려 있는 일반적인 관념을 나타낸다. 그것은 하나의 존재가 갖는 단일성을 나타낸다. 〈다자〉라는 술어는 〈일자〉란 술어를 전제하며, 〈일자〉란 술어는 〈다자〉란 술어를 전제한다. 〈다자〉란 술어는 〈이접적〉인 다양성의 관념을 전달한다. 이 관념은 〈있는 것〉이라는 개념에 있어 본질적인 요소이다. 다수의 〈있는 것들〉이 이접적인(disjunctive) 다양성 속에 존재한다.(화이트헤드 2011, 83)

다자는 '있는 것(being)'이고, 일자는 '존재'(entity)이다(Whitehead 1979, 21). 다자는 우리의 생활에서 발견되는 소위 현(現)실재(actual entity)다. 그것은 우리가 접하는 현실의 가장 원형적이고 근본적인 단위이며 세계를 구성하는 실재적인 사물인 것이다.[15]

---

14 화이트헤드는 어떤 것도 고정되어 있지 않고 흐르고 있다(all things flow)고 전제한다. 따라서 그의 철학적 전제는 '과정 철학'이라고 불리기도 한다. 한편 오영환은 화이트헤드의 철학을 '유기체의 철학'이라고 표현한다.

15 현실재와 대비되는 것은 '영원한 객체(eternal object)'이다. 현실재는 영원한 객체가 제공하는 다양한 형식들에 의해서 개별적이면서도 체계적인 사실로 드러난다. 이러한 과정은 현실재와 영원한 객체가 생성과정에서 서로 의존하고 있기 때문이다. 또한 현실재는 합생의 한 사례이기도 하다.

그 같은 다자가 일자로 결합하여 개체적 통일성을 이루어 합생 (concrescence)에 이르게 된다(Whitehead 1979, 211). 합생은 창조 된 개별 존재자를 이루는 내적 구조의 속성을 지닌다. 그러나 그것 은 과정적이며, 유동적이다. "다수의 사물들로 구성된 우주가, 그 다자의 각 항을 새로운 일자의 구조 속에 결정적으로 종속시킴으로 써 개체적 통일성을 획득하게 되는 그런 과정이 합생"인 것이다(화 이트헤드 2011, 424). 그것은 "임의의 어떤 현실적 존재인 하나의 과 정에 붙여진 명칭"이며, "다자가 일자의 통일 속에 결합해 들어가 는 것"이기도 하다(오영환 2011, 718). 화이트헤드의 인식론에 따르 면 어떤 것도 고정적이지 않다. 장소와 시간에 따라 파악하는 상황 이 다르며 이에 따라 행태도 각각 다르게 드러나기 때문이다. 따라 서 실제적인 세계(actual world)는 항상 상대적인 것이다. 주체와 객체 역시 상대적이며, 모든 주체(라고 편의적으로 부르는 것이 있다 면, 그것은)는 객체와 내적 연관성을 가질 수밖에 없다. 이러한 관계 는 상호연관성 속에서 생성되므로 주체와 객체의 이분법적인 구별 에 집중하는 것은 실익이 없다. 차라리 우리에게 경험되는 사건만 이 의미를 갖게 된다.

합생은 현실적 계기(actual occasion)에 따라 발생한다 (Whitehead 1979, 208).[16] 그러나 사물들로 이루어진 하나의 완벽 한 집합(one completed set of thing)이 현실적 계기로 나타나지는 않는다. 앞서 다자는 구체적으로 드러나는 통일성에 종속되어 있 다고 하였다. 이처럼 다자가 통일성을 띄게 되는 것은 보다 근본적

---

16   화이트헤드는 현실적 계기를 현실재(actual entity)와 같은 의미로 보았다.

인 창조성(creativity)이 있기 때문이다. 모든 현실적 계기들의 집합은 그것이 구체적인 통일성으로 나아가는 또 다른 합생의 한 시점(standpoint)이다. 창조성은 여기서 발휘된다. 비록 완결점을 정확히 예측해 낼 수는 없을지라도 현실 세계를 측정해 내기 위해서는 즉자적으로 파악되는 지금의 계기를 합생의 시점으로 채택하지 않을 수 없다. 그리고 상대적으로 덜 완벽한 현실 세계를 사물의 본성에 따라 새로운 합생을 위한 조건으로 만들어가야 한다. 이때 창조성은 이행(transition)의 과정 속에서 드러나는 것이다. "따라서 현실 세계라는 말은 이행 때문에 생기는 언제나 상대적인 용어로서, 새로운 합생을 위한 여건인, 전제된 현실적 계기들로 이루어진 기반을 가리키고 있는 것"이다(화이트헤드 2011, 425). 그래서 개개의 현실적 존재자(다자들은)는 창조성의 개별화라는 속성을 지닌다.

그렇다면 다자들은 어떻게 드러나는가? "현실적 존재자의 존재는 현실적 존재자의 작용이고 이와 같은 존재자의 본질은 작용함"이라는 명제에 실마리가 있다(정연홍 2010, 317). 현실적 작용은 구체적인 개별적 작용들이며, 이러한 개별적인 작용은, 즉 현실적 존재자는 특정한 형상을 지닌 일종의 작용(operation)인 것이다. 그리고 그것이 나타내는 생성과정 속에서 현실적 존재자가 구성된다. 형상과 특성을 가진 현실의 존재자들은 작용에 의해서, 그리고 생성과정에 있는 존재자들을 결정한다는 의미에서 존재하게 된다(정연홍 2010, 313-330). 그리고 그것의 현시됨은 일자이다.

2. 사건의 발생과 신체 없는 종의 등장

현실적 존재자인 다자는 그 생성이 어떤 작용함에 의하여 드러난
다고 하였다. 우리의 형상과 특질이 결국 작용에 따른 것이다. 그
렇다면 보다 구체적으로 봤을 때, 인간을 비롯한 모든 자연과 환
경, 그리고 조건들은 어떠한가? 인간을 비롯하여 현실에서 파악되
는 모든 것은 근원적으로 다자이다. 그것은 우주 만물의 개별적인
존재들이며, 창조의 과정을 통해 통일성을 띤 일자로 현시될 뿐이
다. 그리고 그러한 과정 속의 구조의 속성은 합생이며, 이는 끊임
없이 반복되며 재창조를 거듭한다. 그러나 다자가 일자로 파악되
는 것은 도대체 무슨 의미가 있는가? 이것은 인간과 신체 없는 종
간의 관계 맺음에서 어떤 위치에 있는가? 그들은 어떤 계기에 따
라 맺어지는가? 현실적 계기라고 불리는 것은 구체적으로 무엇으
로 설명되는가? 창조성은 다른 무엇으로 대체될 수 있는가?

> … 본질적으로 자신을 현시하는 것은 다자이지만, 본질적으로 현시되
> 는 것은 일자이다[Ce qui se présente est essentiellement multiple;
> ce qui se présente essentiellement un]. (Badiou 1988, 31)

다자의 성격을 다시 살펴보자. 바디우(Alain Badiou)에게 존재론은
일자가 아닌 순수 다자로서의 존재, 혹은 공백으로서의 존재를 전
제하는 데서 시작된다(홍기숙 2006, 241-262). 그리고 이것은 비일
관적 성격을 지닌 다수로 파악된다. 화이트헤드가 다자와 일자의
생성과 과정에 집중하였다면, 바디우는 다자의 속성에 집중한다.

포스트모더니스트인 리오타르나 들뢰즈의 다자 개념이 차이, 파편화, 공약 불가능성에 의해서 포착된 것이었다면, 바디우의 그것은 '사이(between)'들의 매개(medium)를 통해 다수들 간의 실질적인 차이들을 추출해냈다는 점에서 구분된다고 할 수 있다(Hallward 2003, 81). 다자의 본원은 어디에서 도출되는가? 다수라는 것은 단일체(unit)가 여럿의 요소들로 구성되어 있음을 전제한다. 따라서 그들은 환원시킬 수 있다. 이처럼 줄여서 셈하기(subtract)가 계속되면 다자의 기점은 어떤 일자가 아니라 오히려 보다 더 축소된 순수한 공백, 혹은 아무것도 없음에까지 이르게 된다(Hallward 2003, 82). 그리고 그 공백은 존재의 질서에서 우리의 판단이 임하는 시점이 된다. 집합론을 원용한 그의 존재론은 이처럼 존재의 질서에 공백이 있다는 것을 보여줌으로써 존재 자체에 사건(l'evenement)의 가능성이 내포되어 있음을 말한다(Feltham 2007, xxvii).

존재에 의해 드러난 사건은 단지 연역적으로 도출된 것이 아니다. 존재로서의 존재가 아닌 공백(기존 질서와 단절된 사건)으로부터 나타나는 것이며, 이는 철학의 조건화에서 일어나는 것이다. 그리고 사건은 이러한 공백의 분출로 결정 불가능한 것이 출현하는 과정이다. 이때 결정 불가능한 것을 결정할 수 있도록 해 주는 것이 필요한데, 이것은 일종의 개입 과정을 통해서 가능하다. 화이트헤드의 창조성은 바디우에게는 개입으로 전이된다. 개입된 결정을 통해 사건은 상황 속에 실재하는 것이 된다. 상황에 개입한다는 것은 사건에 충실한 실천들을 발생시킨다는 것을 의미한다. 그러한 충실한 실천을 구체적으로 확인해 주는 것은 탐색을 통해서이며 끊임없이 탐색이 실행될 때 그것은 사건에 대한 충실성이 된다. 이

때 그 충실성을 구체적으로 실천해 주는 작인(agency)은 바로 주체인 것이다. 또한 실천은 주체가 어떤 상황에 준거를 갖지 않는 유적(類的)인 부분 집합[17]에 이름 붙이기를 지속하는 언어의 실천이기도 하다(서용순 2011, 79-115).

> … 나는 모든 현시된 다수는 상황으로 부른다. … 상황은 문제의 다수의 항이 어떤 속성을 가졌든 현시의 발생의 장소이다. 모든 상황은 '일자로- 셈하기'와 관련해 자체의 고유한 조작자를 받아들인다. 이것이 구조에 대한 가장 일반적인 규정이다. 즉, 현시된 다수에게 일자로 셈하기의 체제를 규정하는 것이 그것이다. … 구조는 수가 현시된 다수 속에서 나타날 수 있도록 해 주는 것이다.(바디우 2013, 57)

이렇게 새롭게 명명된 상황이 항목으로 인정받게 되면 진리는 상황을 유적으로 확장된 것으로 바꾸게 되며 이것이 지속되는 한 상황은 계속 변하게 된다. 이러한 상황이 계속되도록 하는 구조적 속성은 화이트헤드에게 합생으로 표현된 바 있다.

몇 가지 개념적 정의를 통해 사건이 존재로부터 발생하게 되는 전개 과정을 살펴보았다. 그렇다면, 일자는 무엇인가? 화이트헤드의 논의를 통해 보았듯이 다자는 창조를 통해 일자로 변환, 합일되어 새로운 것을 재생산한다고 하였다. 바디우에게 있어서 일자는 일관성을 발견하기 어려운 다수에 일관성을 부여하기 위한 작용으로 파악된다. 일자는 존재가 아니라 존재의 법칙에 속한다.

---

17 다수의 존재 가운데서 일자의 권력으로부터 빠져나오는(sous-traction) 것을 의미한다.

이는 구체적으로 자본주의 사회에서 파악되는 '노동'에서 유추된다. "누군가를 노동자라는 존재로 만드는 것은 자본주의적 생산 체계 속에 놓여있는 그의 위치"이며, "자본주의라고 하는 특정한 상황 속에서의 규정성이 그를 노동자로 지칭하는 것"이다(서용순 2011, 87). 말하자면 어떤 개인을 한 사람의 노동자(일자)로 명명하는 것은 그를 특정한 존재로 규정하는 셈하기에 의한 결과일 뿐이다. 그런 점에서 일자는 존재라기보다는 존재의 법칙 혹은 작용에 속한다고 보아야 한다. "일자는 없지만 일자화(a One-ing) 혹은 일자를 만드는 작용이 있을 뿐"인 것이다(Hallward 2003, 61). 그리고 "다수는 하나로 셈하기라는 구조화 작용을 통해 일자로 파악"되는 것이다(서용순 2011, 88).

　　화이트헤드와 바디우의 다자와 일자에 대한 검토를 통하여 우리는 존재가 다자임을 알게 되었다. 인간을 비롯하여 모든 있음의 존재들은 다자이다. 이는 후에 언급하게 될 기술적 대상도 예외는 아니다. 다자는 비일관적이며 개별적이지만, 창조성을 통한 과정(이행)을 통해 통일성을 띤 하나의 법칙으로서 일자가 된다. 이때 합생은 구조의 속성을 띤다. 그러나 다자는 본질적으로 다수이므로 그 구성물을 줄여서 셈하기가 가능하다. 그러한 줄여서 셈하기는 공백으로 환원 가능하다. 그것은 구성자들의 관계의 있음, 관계들 사이에 공백이 있음을 함의한다. 바로 이러한 공백에서 사건이 발생하는 상황이 마련된다. 바디우에게 사건이란 존재, 공백, 상황, 작용 등을 통해 설명된다. 사건은 이러한 공백의 분출로 결정 불가능한 것이 출현하는 과정이라고 하였고 이는 개입에 의하여 가능하다고 하였다. 화이트헤드는 다자가 일자로 향하는 과정의 전개 지점을 현실적 계기라고 하였으며 또한 창조에 의해 가능한 합생의 지점이라고 하였다. 다만, 그가 바디우와 달리 보다 중요하게 여긴 것은 합생이라는 명사가 함축하고 있는 과정의 경로였다.

다자는 존재인 만큼 모든 것을 포함한다. 신체 없는 종은 있음의 존재인 만큼 사람, 동물, 자연 환경처럼 다자인 것이다. 그렇다면 다자로서 신체 없는 종은 창조성으로 시발된 과정을 통해 통일성을 띤 일자가 될 수 있는가? 일자는 항목화인 것이다. 바디우는 관계있음에 의해 공백이 있고 이러한 공백에 의하여 사건이 발생하는 상황이 마련된다고 하였다. 그리고 공백의 분출로 결정 불가능한 것이 출현할 때 개입에 의하여 결정해야 한다고 하였다. 공백은 없음이 아니라 다자 속에 이미 암시되어 있는 것이다. 신체 없는 종이 인간이나 자연 환경과 다른 것은 그것이 공백으로부터의 분출이며, 결정 불가능한 것에 대한 개입을 기다리고 있다는 점이다. 이는 창조적이어야 하고 이는 합생에 의지해야 한다. 우리는 화이트헤드와 바디우의 논의 전개를 통해 존재로서의 다자와 일자의 발현 과정을 알게 되었다. 이는 다시 말해 우리가 질문으로 던졌던 신체 없는 종이 다자의 존재이며 이것이 일자로 현시되는 근거를 세우게 된다. 다자와 일자의 변증법적인 전개 과정에 따르면, 신체, 정신, 유기체인지의 여부 혹은 생물학적인 특성이나 지식의 축적 여부는 중요하지 않다. 오히려 상황, 사건, 합생, 창조, 과정 등의 작용이 통일성 있게 합일되어 순환되고 있느냐가 보다 깊이 탐색되어야 한다. 이는 인간이라는 작인이 해야 할 충실한 실천 작업이기도 하다.

3. 스며듦 혹은 환경화(milieu-zation): 신체 없는 종의 자리 잡기

신체 없는 종이 자연 질서에 의한 탄생이 아닌 인간의 물질적 생산에 의한 것이라면 우리는 그것을 '기술적 대상(des objects techniques)'이라고 부를 수 있을 것이다(Simondon 1989, 9). 그리고 그것은 '지금 여기 당장 주어져 있는 어떤 것이 아니라 발생되는 것(l'objet technique individuel n'est pas telle ou tell chose, donée hic et nunc, mais ce don't il y a genèse)'이다. 기술적 대상이 단일성, 개체성, 특수성을 지니게 되는 것은 발생이 지닌 일관성과 수렴화의 속성 때문이다(Simondon 1989, 19-20). 화이트헤드의 용어를 빌자면, 발생은 과정의 현실적 계기이며 재생산의 시작 지점이다.[18] 또한 다자가 통일성 있는 일자로 가기 위한 지점이기도 하다. 그리고 바디우의 용어에 의지하자면, 그것은 공백의 분출로 결정 불가능한 것이 출현하는 과정의 시점이며 상황이 마련된 자리 혹은 작용의 근거이다. 그것은 인간, 기계, 자연, 환경, 혹은 주체와 객체의 구별과는 관계없는 일이며, 다만 일자화를 향해 변환되고 있는 과정적 상황의 다자로 현시된다. 그렇다면 이러한 기술적 대상은 어떤 존재가치를 가질까? 기술적 대상이 처한 과정적 상황은 무엇인가?

　우리는 앞서 본질적으로 자신을 현시하는 것은 다자이지만 현시되는 것은 일자라고 하였다. 그리고 그러한 변증법은 화이트헤

18　과정은 재생산의 창조적 순환을 의미하기 때문에 '시작'이라는 표현이 부적절하지만, 편의상 이를 차용한다. 그러나 그것이 처음 혹은 태초를 의미하는 것은 아니다.

드와 바디우의 논의를 통해, 창조(이행), 과정, 결정 불가능, 개입, 공백, 작용, 상황, 사건 등 언어로 표현 가능한 여러 개념들을 통해 설명 가능함을 보였다. 그러나 바디우가 표현했던, 줄여서 셈하기에 의해 파악 가능한 구성물들의 '사이'에 있는 '매개'를 어떻게 드러낼 것인지에 대해서는 아직 말하지 않았다. 그것은 공백이기도 하며 동시에 구조에 의하여 현시되는 작용이기도 한다. 달리 말하면, 상황 혹은 작인의 행동 공간 등으로도 불릴 수 있다. 역사적으로 볼 때, 사회와 기술 사이의 공약불가능성에도 불구하고 새로운 기술의 발명과 등장은 안정적이며 유동적으로 발생하였다. 그리고 그것은 역사가 진행되는 연속적인 흐름 속에 있었다는 점에서 과정적이라고 할 수 있다. 이 같은 작용을 통해 기술-사회는 혼종성을 갖게 된다(박성우 2016, 158). 이것이 과정이자 흐름이라고 파악하는 것은 화이트헤드가 제시한, 다자와 일자가 연속적인 관계 속에서 통일적으로 가는 하나의 과정이자 합생인 것과 같은 맥락이다. 사회와 기술이 혼종적인 것은 그들이 또한 상호 구성적인 관계에서 사유될 수 있음을 의미한다. 그리고 이를 다시 사회를 구성하는 인간과 기술적 대상 사이의 관계로 치환하여 보면, 바디우가 정초한 '사이의 매개' 개념과 창조적으로 접목된다고 할 수 있다. 즉 시몽동이 제시한 연합 환경(le milieu associé)은 그러한 접목이 가능한 개념이다.

　… 기술적 존재자들의 개별화(individualisation)가 기술적 진보의 조건이라고 단언할 수 있다. 이 개별화는, 기술적 존재자가 자기 주위에 창조하고 조성한 환경이면서 그 자신이 또한 이 환경에 의해 영

향을 받는, 그런 환경 안에서 일어나는 인과 작용이 회귀를 통해서 가능해진다. 기술적이면서 동시에 자연적인 그 환경은 연합환경이라 부를 수 있겠다.(시몽동 2011, 85-86)

연합환경은 "역사적 공개체화(diachronic co-individuation)를 통해 다층적 일자들이 일시적 다자로 구성해내는 공간적 초개체화(temporal synchronic transindividuation)의 과정이자 조건"으로 풀이된다(박성우 2016, 161). 이는 시간적 개체들이 역사성을 통해 주어진 공간 속에서 연속적인 재창출의 순환적 조건에 있음을 뜻한다. 이때 연합환경은 기술적 요소들과 자연적 요소들 사이의 관계를 매개한다. 연합환경은 또한 여러 환경적 요인들이 합쳐지고 축적된 자리에 있게 된다. 그것은 자기 규제적 기제를 통해 대상을 보호할 뿐 아니라 개체화를 촉진하는 강력한 조절자의 역할도 한다. 그래서 기술적 환경은 개체의 외부 환경이 되는 순간 동시에 내부의 계통적 발생의 토대 및 조건이 된다. 즉, 그것은 일종의 장치(dispositif)로서 스스로가 이를 구성하는 토대이며 또 다른 새로운 기술적 방식을 통해 개체화를 추동한다(박성우 2016, 164). 개체의 진화 및 작동 과정이 기술적 환경을 통해 나(주체)와 사회(객체) 간에 이루어지면, 이러한 환경은 인간의 삶 속에서 스며들어 생활양식을 추동하는 원천이 되는 것이다. 이를 신체 없는 종에 접목하자면, 이미 그것은 개체화의 단계에 접어들었다고 할 수 있다. 신체 없는 종의 기술적 발명, 그리고 그것에 사회적 논의와 그것에 대한 철학적 탐색은 그것이 기술적 요소와 자연적 요소 간의 연합환경 속에 안착되고 있음을 말해 주는 것이다. 이로서 그것은 사회와 혼종적인 생산관계를 만들어 내고 있으며, 그러한 관계는 일관성을 지닌 과정적 질서 속에 있다.

준(準)안정적 조건에 있는 초개체는 전개체적인 환경으로부터 진화적으로 발생하게 된다(박성우 2016, 161). 여기서 개체화(individuation)는 개별화(individualisation)와 구분된다(Simondon 1989, 56-57, 70). 시몽동에게 있어서 존재는 "자기 동일적 단일성을 지닌 안정적 실체가 아니라, 단일성 그 이상이자 동일성 그 이상의 실재성을 지닌 잠재적 에너지로 가득 찬 준안정적 시스템"이다. 그것이 준안정적인 것은, 화이트헤드 식으로 말하자면, 그것이 순환적 과정 속에서 재생산의 조건 속에서 가능하기 때문이다. 다시 말해, '안정적'인 것은 그것이 일자화에 의해 비일관성이 극복되기 때문에 안정적인 것이며, '준'인 것은 그것이 변화의 속성을 가지고 있기 때문이다. 개체화는 존재 안에서 존재의 상(相, phase)들이 출현하는 것에 해당한다. 따라서 개체화 과정은 또한 존재의 생성 작용인 것이다. 개체화는 또한, "시스템에 내재하는 불일치, 긴장, 양립불가능성의 문제를 개체의 발생을 통해 해결하는 과정"이며 "실재의 전 영역에서 일어나며 불연속적인 도약의 방식으로, 물리적·생명적·심리사회적·기술적 영역 각각에서 상이한 양상으로 전개되며 증폭 및 확장"이기도 하다(김재희, 2011, 105).

… 구성된 기술적 대상의 구조들 각각이 연합환경의 역동들과 맺는 관계 속에서 존재하는 양식은 바로 인과 작용과 조건화의 양식에 따른 것이다. 구조들은 연합환경 안에 있으며, 이 연합환경에 의해서 결정되고, 이 연합 환경을 통해서 기술적 존재의 다른 구조들에 의해

서도 결정된다. … 연합 환경과 구조들 사이에는 인과 작용의 회귀가 있지만, 이 회귀는 대칭적이지 않다. 그 환경은 정보의 역할을 한다. 그것은 자기-조절작용들의 본부이자 정보나 그 정보에 의해 이미 조절된 에너지를 실어 나르는 매체다.(시몽동 2011, 89)

개체화가 되는 형질변환 과정에서 진화적 환경 즉 조건(milieu)은 강화되며, 또한 이로서 연합환경이 의미를 갖게 된다.[19] 이러한 실례는 최근 급속히 등장하고 있는 디지털 데이터나 정보 기술 영역에서 자주 목격된다. 일상에서 이용되는 정보 데이터는 수용자들에게 상호적이며, 지능적이지만 그러나 위험성도 동반한 기술적 조건인 것이다. 개체화된 기술적 대상은 연합환경을 통해 보다 공고해지면 새로운 변화의 단계를 암시한다. 이러한 기술적 환경은 행위자들, 구조, 체계 안에 스며든 것이며, 인간으로 말하자면 정신(영혼, 기), 혹은 호르몬, 신경전달 물질이 가진 기능에 비유될 수가 있을 것이다. 그러나 이러한 기술적 대상을 환경이나 생태가 아닌 도구나 서비스 혹은 객체화된 콘텐츠로 단선적으로 대하게 될 때 본질에 대한 오해를 불러일으키게 된다.[20] 마찬가지로 신체 없는 종을 단위나 대상, 도달해야 할 목표, 노동의 경쟁자 등으로 대하게 될 때 그것의 본성에 대한 오해는 물론, 기능의 왜곡으로 나

19 인간과 기술적 대상들 간의 연관 고리를 갖는 환경으로 이해된다.
20 다만, 디지털 정보와 신체 없는 종은 구분되어야 한다. 이는 형태적 측면뿐 아니라 상호연관의 측면에서 더욱 그렇다. 디지털 환경은 여전히 대상화가 가능하고 인간의 인터페이스적인 측면이 강하지만, 신체 없는 종에게 디지털 정보는 구성요소일 뿐이다. 인공지능으로 표현되는 신체 없는 종은 자체의 자기 조절능력의 기제를 갖고 있다고 간주되며, 또한 인간에게 윤리와 가치의 문제를 제기한다.

타날 수 있다.

기술적 대상들의 존재 양식에 대한 연구는 그것들의 작동 결과들에 대한 연구, 그리고 기술적 대상들을 대면하는 인간의 태도들에 대한 연구에 의해 연장되어야한 할 것이다. 기술적 대상의 현상학은 그래서 인간과 기술적 대상 사이의 관계의 심리학으로 연장될 것이다.(시몽동 2011, 350)

우리는 이제 앞서 살펴보았던 선행연구자들의 신체 없는 종에 관한 논의가 간과하고 있는 것들이 있음을 알게 되었다. 말하자면, 새로운 작인들(동물, 곤충, 그리고 로봇을 비롯하여 신체 없는 종들)을 유용성의 범위로, 인격이 있는 주체로의 의미부여로, 혹은 탈(脫)인간주의의 시도로의 접근은 그것의 발생, 작용, 경로, 구조, 환경들 간의 상호연관 그리고 그것의 과정적 측면을 경시함으로서 우리의 논의가 제자리에 머물러 있게 한 것이다. 정보의 패턴에 따른 인간의 정체성 논쟁은 의미가 퇴색된다. 보다 근원적인 질문은 그들이 어떤 작용을 통해 무엇으로 드러나는가에 있기 때문이다. 신체 없는 종은 화이트헤드와 바디우의 언어를 빌자면, 다자이자 일자화된 법칙이며, 주체와 객체화할 수 없는 과정이다. 시몽동의 언어로는 개체화된 기술적 대상이다. 다만, 시몽동의 '기술적 대상'은 바디우의 개념에서 보자면, 실체로서의 목적물이라기 보다는 작용의 근거일 뿐이다. 신체 없는 종은 그 스스로가 공백에서 시원한 사건의 시작이고, 작인에 의한 작용이다. 또한 그것은 디지털화된 환경이자 일상에 스며든 존재의 발현이다. 그러나 우리가 이에 대한 인식론적 적응이 늦은 것은, 신체 없는 종의 새로운 등장이 이전의 사회와 새로운 기술이 맺은 관계의 불일치 때문이며, 또한 그것이 새로운 혼종적인 사회-기술 결합 형태로 여전히 받아들이지 않고 있기 때문이다. 그런 면에서 그것의 개체화는 여전히 불안정한 것이다. 물론 이는 인간이 가진 탐구 능력의 한계 때문이기도 하다.

IV   국제정치학 안에 신체 없는 종의 항목화

신체 없는 종은 지금 여기에(*hic et nunc*) 존재하는 존재자이다. 우리는 화이트헤드, 바디우, 시몽동의 논의를 통해 이제 그것이 기술적 대상이자, 다자이며, 현시된 상황임을 알게 되었다. 신체 없는 종은, 그것의 존재함만으로도 작용이 일어나며 하나의 상황이고 사건이 된다. 그리고 그것은 개체화의 과정 속에서 드러난다. 그것은 단일성 혹은 동일성 그 이상의 실재성을 지닌 잠재적 에너지로 가득 찬 준 안정적인 존재인 것이다. 그것은 스스로가 드러나는 과정 속에서 발현하는 것이다. 또한 다자와 일자의 연속적인 관계를 구성하는 과정의 기제이기도 하다. 그것이 국제정치학에 항목화되는 것은 일자화로 현시될 때이다. 그러나 우리는 아직 신체 없는 종이 일관성을 지닌 일자로 거듭 확인하는 작용에 대해서는 충분히 말하지 않았다. 사회를 구성하는 인간과 기술적 대상 사이의 관계가 '사이의 매개' 개념으로서, 그리고 그것을 가능하게 하는 연합환경이 국제정치학에서는 어떤 조건 속에서 발견 가능한지를 말해야 할 때가 온 것이다. 그것은 작용에 의한 것이다. 만약 그것이 성공적으로 설명할 수 있다면 신체 없는 종은 국제정치학에서 항목화된다. 그리고 그것은 그 다음의 단계를 위한 현실적 계기이기도 하다.

1. 인간: 다자와 일자, 개체화

우리는 앞서 다자는 '있는 것'이고, 일자는 '존재'라는 화이트헤드의 명제를 다루었다. 다자의 시점은 어떤 일자가 아니라 오히려 보다 더 축소된 순수한 공백이며 심지어 아무것도 없음이라는 바디우의 주장도 보았다. 공백은 존재에 내포되어 있으며, 사건의 가능성을 외연화하며 이러한 사건의 가능성은 존재를 가능케 한다. 그리고 사건은 다시 결정 불가능한 것이 출현하는 과정이라고 하였다. 이때 과정은 재생산이 이루어지는 순환이다. 결정 불가능한 것은 개입에 의하여 가능하다. 우리는 존재의 결정 불가능성에 개입(또는 화이트헤드의 창조의 과정)을 통해 신체 없는 종을 인간과의 관계 속에서 다루어야 하는 것이다.

　다자는 우리의 생활에서 발견되는 현실재이고 그것은 우리가 접하는 현실의 가장 원형이며 근본적인 단위이자 세계를 구성하는 실재적인 사물이다. 이런 전제에서 보자면, 고전적 의미의 국제정치학에서 발견되는 생활의 현실재는 국가로 현시된다. 그러나 우리가 접하는 현실의 가장 원형적이고 근본적인 단위는 국가라는 추상적인 단위보다는 그것의 행위로 드러나는 결과이다. 그것의 행위는 작용이라고 표현된다. 오히려 세계를 구성하는 실재적인 사물은 인간이며 국제정치학에서도 근간의 개념은 인간이다. 국가와 사회는 인간의 파생적 효과일 뿐이다. 현실적 존재자인 다자는 그 생성이 어떤 작용함에 의하여 드러난다. 국제정치학에서 자신을 다자로 현시하는 인간은 국민, 민족, 이주민, 젠더 등으로 일자화된다. 그들은 내적으로는 비일관적 성격을 지닌 다수이며, 드러난 다자는 본질적으로 유기체인 인간이다.

국제정치학에서 인간은 본질적인 관심사다. 한스 모겐소는 인간과 사회, 정치의 본질에 대한 이해의 대립을 정치사상사라고 인식하였으며, 현실주의 국제정치이론이 관심을 두고 있는 것은 인간 본성과 실제로 일어난 역사 전개 과정이라고 하였다. 외교정책에 대한 이해는 사태의 본질을 파악하는 정치가의 지적능력과 행위를 이끌어내는 정치적 능력을 아는 데 있으며, 정치인으로 재현되는 인간이 현실주의 국제정치의 본원임을 주장하였다 (Morgenthau 1985, 3-6).

다자는 개체화(individuation)되었을 때 의미를 갖는다. 앞서 개체화는 존재 안에서 존재의 상들이 출현하는 것에 해당한다고 하였다. 국민, 민족, 이주민, 젠더 그리고 다른 모든 인간적 조건들은 개체화되면서 국제정치학에 항목화된 것들이다. 그래서 개체화 과정은 또한 존재의 생성 작용이며 항목화 과정이다. 체계 내에서 벌어지는 각종의 불협화음과 잡음들(불일치와 긴장, 그리고 양립불가능성)은 발생을 통해 개체화로 가는 여정인 것이다. 신체 없는 종은 일련의 개체화 과정에 있다. 이는 지금까지의 철학적, 사회과학적 관심이 그것을 증명한다. 도구적 유용성으로서, 인간중심적 사고의 성찰로서, 인간 개념의 새로운 도출을 위한 발판으로서 논의되는 우리 삶의 모든 태도와 접근은 신체 없는 종을 개체화하는 과정인 것이다. 자율체의 등장이 기술 개발 이슈뿐 아니라, 사회적인 이슈로, 안보 이슈로, 경제와 경영 이슈로 토론되는 것은 그것이 사회와 내적 연관성을 갖기 위한 창조의 과정인 것이다. 그리고 그것을 언어화해 낸 (그러나 불완전한) 개념은 포스트휴머니즘으로 명명된다. 생물학적 생명을 결여하고 있는 인공 자율체는 이미 하나의 '종(種)'으로 이행 과정에 접어들었다. 우리는 이미 그것이 발생시키는 물리적 작용의 결과를 국제정치의 여러 실천의 장에서 목격하고 있다. 그럼으로서 그것의 존재는 점점 더 분명해지고 있는 것이다.[21]

2. 권력: 개입과 작용에 의한 사건

앞서 존재의 질서에 공백이 편재하며 사건이 존재의 질서 안에 내재한다고 하였다. 그리고 화이트헤드의 표현에 따르자면, 다자가 일자로 결합하여 개체적 통일성을 이루어 합생에 이르게 된다고도 하였다. 합생은 창조된 개별 존재자를 이루는 내적 구조의 속성을 지닌다. 그것은 고정적이지 않은데, 서로 다른 시공간에서 서로 다르게 파악되며 또한 행태도 각각 다르게 드러난다. 그것은 사건의

---

21 포스트모더니즘의 조건 아래서, 우리는 인간을 넘어, 동물, 식물, 곤충을 신체 없는 종과 같이 새로운 행위자들이 다자로 발견(인식)될 수 있을 것인가의 질문을 던질 수 있다. 화이트헤드와 바디우의 개념 전개에 따르면 다자는 발견되는 것이 아니라 본질이다. 그래서 존재론적 접근은 어디서나 가능하다. 집합론은 본질적으로 원소의 성격과는 무관하다. 존재는 성격에 근거한 것이 아니라 그 자체(en soi)로서 '다만' 있는 것이다. 그러나 그것이 국제정치학에 항목화 될 수 있는 지는 답하기 어렵다. 그것이 개체화 과정에 있는가를 토론하는 것이 우선이기 때문이다. 실천이 항목화를 결정한다.

발생과 다자가 일자로 결합하여 개체적 통일성을 이룬다. 합생은, 이익 개념을 매개로한 권력 작용을 본질적 탐구로 하는 국제정치학에서도 여전히 유효하다. 왜냐하면 공백의 분출로 사건이 등장하며 이것은 결정 불가능한 것이므로 개입이 필요하다 것은, 정치의 본질이 바로 이러한 결정에 대한 개입의 과정이라는 명제와 맞물리기 때문이다.

> 고전적 국제정치학에서 중심적인 개념 중 하나는 권력으로 정의되는 이익개념(the concept of interest defined in terms of power)이다. … 권력으로 정의되는 이익 개념은 관찰자에게 지적인 훈련을 부과하여 정치와 관련된 문제에 합리적인 질서를 부여하도록 하여 정치를 이론적으로 이해하도록 해준다. 행위자의 측면에서 보면, 그것은 행위에 합리적 원리를 제공하고 미국, 영국, 소련의 각 정치적 계승자들의 다른 동기, 선호, 지적 도덕적 자질에 관계없이, 대체로 그 자체를 일관되게 구성함으로써 외교정책에 연속성을 부여해준다.(Morgenthau 1985, 5)

다자가 일자로 통합해 들어가는 각각의 과정 속에는 권력 작용이 분출된다. 합생은 그러한 권력 작용이 드러나는 과정 속에서 구조적 속성을 갖는다. 정치는 끊임없는 개입의 과정이자, 권력 작용이다. 따라서 정치가 이러한 결정을 내리는 과정 속에서 상황은 실존하는 것이 되는 것이다. 다만 그것의 작인이 무엇인지는 중요하지 않다. 오히려 상황에 대한 개입은 끊임없는 사건에 대한 충실성에 의해 가능하다는 것이 중요하다. 그리고 이러한 충실성은 탐색에 의해 드러난다. 바디우가 주장했듯이 이러한 충실성의 작인이 주체가 된다. 권력이 발휘되는 것은 존재자의 적극적인 행위가 발휘될 때이다. 공백에서 출현한 사건은 존재뿐 아니라 구조적 속성으로서 합생을 낳는다. 권력은 존재자들이 사이에서 매개의 효과로서 더욱 자주 접하게 된다. 이것은 발견되느냐의 문제와는 별개다. 현실주의 국제정치학이 정치가의 진정한 동기에 큰 의미를 부여하지 않는 것은 발휘되지 않는 권력도 이처럼 존재자의 있음으로 인해서 발현되기 때문이다. 현실주의 정치에서, "역사적으로, 좋은 동기와 좋은 외교정책 간의 분명하고 필연적인 상관관계를 찾을 수 없다"는 것은 동기와는 무관한 외교정책, 권력 작용이 있기 때문이다(Morgenthau 1985, 6). 의도하지 않은 권력, 발휘되지 않는 권력이 등장하기 때문에 의도나 동기에 의해 권력 작용을 발견하려는 노력은 때때로 헛된 것이 된다.

신체 없는 종은 국제정치의 범주에서, 다자가 일자로 현시되는 과정 속에 스며든다. 그것은 기술적 대상이기도 하며 또한 어떤 언어로도 부를 수 있다.[22] 그것은 앞서 이미 하나의 종(種)으로서 그것이 이행 과정에 접어들었음을 말하면서 충분히 밝혔다. 있음으로서 현실적 계기가 된다. 현실적 계기는 합생을 발생시키며 이때 창조성이 요청된다. 이것은 결정 불가능한 순간에 개입에 의한 것이다. 국제정치에서 신체 없는 종이 권력을 발현시키는 것은 별

---

22 신체 없는 종이 기술적 대상으로서의 속성인 단일성, 개체성, 특수성을 지니고 있는지는 논란거리가 될수 있다. 그것은 여전히 개체화의 과정에 있기 때문이다. 다만 개체화가 완결된 성격인 상황을 의미한다기보다는 이것 역시 과정적 상황이라는 점을 고려해야 할 것이다.

개의 특성이 아니다. 그것은 일자화되는 과정에서 자연스럽게 드러난다. 말하자면, 그것이 실재에서 국제정치가 취하고 있는 기존의 항목들과 역사성을 통해 주어진 공간 속에서 연속적인 재창출의 순환적 조건을 형성해 갈 때 자연스럽게 형성되는 작용인 것이다. 그리고 연합환경이 신체 없는 종을 구성하는 요인들과 기존의 항목을 매개할 때 그것은 보다 강력해지며 연속성을 갖는다. 연합환경은 자기 규제적 기제를 통해 대상을 보호하고 조절자로서 개체화를 촉진하는 역할을 하기 때문이다. 말하자면, 그것은 '장치'로서 자신이 스스로를 구성하는 토대이며, 또 다른 새로운 기술적 방식을 통해 개체화를 공고히 발현시킨다.[23] 신체 없는 종은 단선적인 과정 속에서 일자로 발현되는 것이 아니라 이처럼 권력 작용의 대상이 되기도 하고, 또한 그것에 작용하기도 하며 혼합적인 경로를 통해 재순환의 조건을 스스로 만들어 가는 것이다. 국제정치학은 전개체적인 환경(milieu)에 강력한 정치성을 부여하여 일상의 삶 속으로 다자를 계속 던져 넣어야하는 것이다.

23 유럽문화에서 장치(dispositif)는 우리말의 관념으로 개념화하기 어려운 의미를 담고 있다. 장치가 학문적 용어로 의미를 갖게 된 것은 푸코(M. Foucault)에 의해서다. 그에 따르면, 담론, 제도, 정비, 법규, 결정 각종의 명제 등이 원소인 이질적인 집합이다. 또한 장치는 이것들을 연계해 주는 연결망이기도 한다. 조르조 아감벤(G. Agamben)은 푸코의 개념을 보다 확대하는데, 그것은 "생명체들의 몸짓, 행동, 의견, 담론을 포획, 지도, 규정, 차단, 주조, 제어, 보장하는 능력을 지닌 모든 것" 등을 뜻한다고 밝히면서,(아감벤 2010, 33) 펜, 글쓰기, 문학, 철학, 농업, 담배, 인터넷 서핑, 컴퓨터, 휴대 전화 등도 모두 포함한다. 두 사람의 공통점은 권력과 접속되어 있는 어떤 것을 의미한다는 것이다. 아감벤은 주체란 생명체와 장치들이 맺는 관계의 파생된 결과라고 본다. 보다 자세한 것은 아감벤(2010, 15-49) 참조.

3. 정치적 도덕: 존재에서 윤리의 도출

그렇다면 일자로 현시되는 인간과 신체 없는 종은 어떤 관계 맺음을 통해 국제정치학의 항목화를 지속해 갈 것인가? 이는 신체 없는 종의 생산과 연관된 공학, 그들의 작용을 법률적 범위에서 제약하는 법학, 그들의 이용을 통해 부가가치를 창출하는 경영학적인 접근들과는 구별되는 국제정치학적인 특성이 항목화를 이루어야 함을 뜻한다. 신체 없는 종의 항목화를 지속화하기 위한 조건은 기존의 항목들과 내적 연관성을 과정적으로 끊임없이 생산해 내는 것에 있다.

존재론은 반드시 윤리적 성찰을 요구한다. 존재론은 인간이 타인과 사회적 관계를 맺으면서 생성하는 윤리적 존재로 귀결시키기 때문이다. "우리가 윤리라고 부르는 것은 타자(他者)의 현시를 통해 나의 자발성에 의문을 제기하는 것(On appelle cette mise en question de ma spontanéité par la présence d'Autrui, éthique)"이다 (Lévinas 1990, 30).

> 정치적 인간일 뿐인 사람은 도덕적인 절제를 완전히 결여하고 있을 것이므로 동물에 지나지 않는다. 도덕적 인간일 뿐인 사람은 신중성 (prudence)을 전혀 가지지 못할 것이기에 바보이다. 종교적 인간의 측면만을 가진 사람은 세속의 욕망이란 전혀 없을 것이므로 성인이다.(Morgenthau 1986, 16)

그러나 실제에서 인간은 정치적, 도덕적, 종교적, 경제적으로 구분되기보다는 일련의 과정 속에서 복합적인 생성 작용을 하고 있을 따름이다. 따라서 전개체적인 환경에 강력한 정치성을 부여하는 작업은 국제정치의 존재자들의 존재 과정이자 하나의 작용이다. 정치성이 작용하는 윤리적 태도는 정치학이 담고 있는 기존의 항목이다. 다만 그것은 인간 덕목으로서의 윤리가 아닌, 신중성(prudence)으로 명명된 윤리와 정치의 중간지대에 자리 잡고 있을 따름이다.

> 동기와 궁극적 목적 사이에 놓여있는 수단들과 보다 저차적이고 직접적인 목적들을 선택하는 문제는 윤리적이기보다는 정치적이라고 불릴 수 있을 정도로 실용주의적인 문제들을 제기한다. 정치의 영역은 윤리적 문제와 기술적 문제들이 맞닿은 점이지대다. 정치적 영역에서의 정책은 그것이 도덕적으로 승인된 목적을 성취하는 데 효율적인 도구임이 입증만 된다면 본질적으로 악한 것일 수 없다.(니버 1998, 185).

현실주의 정치관은 윤리적 논란을 불러일으킨다. 즉, 폭력이나 혁명도 궁극의 목적이 도덕적이면 정의로 간주될 수 있다는 것이다. 왜냐하면 자유를 말살하거나 생명을 존중하지 않는 태도는 도덕적 가치의 직접적인 훼손이지만, '최고선(summum bonum)'의 경로에서 발생하는 불가피한 희생은 절대적 도덕 가치는 아니라는 견해에서이다. 따라서 이 같은 공리주의적 태도가 국제정치학에서 현실주의라는 이름으로 자리 잡는 한, 신체 없는 종의 항목화는 오히려 보다 높은 연관 고리를 갖게 된다. 신체 없는 종을 바로 이 같은 윤리적 덕목의 쟁점으로 받아들이고 있기 때문이다.

국제정치학에서 항목화된 존재는 도덕적 속성을 갖는다. 그리고 그것은 재생산의 과정적 존재이며 끊임없는 변형을 겪는다. 국제정치학에서 도덕은 그것만의 가치를 가진다. 그것은 종교나 윤리적 범주와는 다르며, 권력 작용과 이익을 충실하게 수행하느냐의 목적과 부합해야 한다. 플라톤에서 시작된, 신중함(prudence)은 권력 작용에서 매우 중요한 덕목이다. 신중함이 변화와 영속의 주체와 객체의 합일로 나타날 때 그 어떤 것도 국제정치의 항목이 될 수 있다. 그것은 신체 없는 종에도 해당된다. 따라서 신체 없는 종의 등장은 우리가 정치의 영역에서 신중함을 동원하는 현실적 계기이다. 영속성 속에서 변화가 나타나고 그것을 작용하게 해 주는 기제이기 때문이다. 정치는 인간 사이의 권력 활동이다. 그러나 이제 권력 작용은 물론 자연과 환경을 포함하여 있는 모든 것을 아우르는 매개로서 활동하는 것으로 받아들여야 한다. 신중함은 바로 이 지점에 자리 잡는다. 신중함은 도덕이며 다자가 일자로 현시되는 과정의 법칙에 스며들어 있다. 그것이 이미 국제정치학에 있기 때문에, 그것에 깃들고자하는 모든 잠재적 항목의 개체화의 조건이 된다. 우리는 그 내적 연관을 보다 정교하게 찾는 노력을 하면 된다. 그것 역시 과정이다.

V 맺음말: 신체 없는 종의 사건화 그리고 일상의 스며듦

국제정치의 모든 것은 사건이며, 공백으로 분출된 결정 불가능한 것들에 대한 개입이다. 국제정치학을 구성하는 항목들, 그들의 존재는 스스로가 작용하며 그래서 그 자체로서 사건을 담지하고 있다. 그들은 연관되어 있으며 생성의 과정을 반복하면서 일자화된다. 그래서 다자는 일자로 현시되는 과정 속에서 주체와 객체의 구분을 무색하게 한다. 그것은 끊임없이 반복되며 재창조를 거듭하는 것이다. 기술적 대상은 그 같은 현시적 과정에 던져진다. 던져진 것은 현실적 계기이며 그 지점이 합생의 시작인다. 신체 없는 종은 그 같은 다자이자 일자이며, 주체이자 객체이며, 과정이자 합생이다. 국제정치학은 그것을 개체화함으로서 그들을 항목화하였고, 그것은 무한히 반복된다.

포스트모더니즘이 종말을 고했음에도 포스트모던 한 외적 환경(postmodernity)은 여전히 건재하다. 후기 자본주의의 팽창, 민주주의의 일상화, 과학기술의 발전이 그것을 드러낸다. 우리는 포스트모더니즘 없는 포스트모더니티를 설명하는 과제에 놓여있다. 신체 없는 종은 그 안에 있는 것이다. 이 글은 서두에서 "포스트휴머니즘(Posthumanism) 시대에 인간 이외의 자율체(自律體)를 국제정치학이 어떻게 받아들여 항목화하고 그것으로부터 무엇을 확장해 낼 것인지를 토론한다"는 것을 목표로 함을 밝힌 바 있다. 이러한 질문은 또한 국제정치학이 신체 없는 종을 새로운 행위 주체로, 혹은 객체화할 수 있는지, 만약 신체 없는 종이 국제정치학의 구성 범주에 들어온다면 이를 자리매김할 수 있는 근거를 어떻게 찾아야 하는지 그리고 우리는 이제 무엇을 말해야 하는가에 대한 세부 항목으로 나눈 바 있다. 이제 본론에서 다루었던 내용들을 근거로 이들에 대한 답을 결론으로 마무리해야 할 때가 되었다.

• 화이트헤드와 바디우의 존재론은 다자와 일자, 공백, 합생, 사건 등의 개념을 도출해 낸다. 이들은 신체 없는 종이 다자로서 현시되는 조건이기도 하다. 다자의 일자화는 일련의 과정이며 이 때의 작용은 그것의 발현과 과정에 모두 포함된다.

• 시몽동의 '기술적 대상'은 개체화, 그리고 그것을 이루는 연합환경에 근거를 두고 설명된다.

• 신체 없는 종을 기존의 인간, 국가, 사회 등과 병렬적으로 세운 물리적 주체로 대상화하는 것은 현실적 계기로 드러난 사건의 본질을 오해하는 것이다. 오히려 그것이 현시되는 과정 속에서의 공백, 상황, 작용, 다자와 일자의 통일적 전개 과정 등을 토론하는 것이 보다 중요하다. 기존의 국제정치의 항목들과 내적 연관을 어떻게 형성하는 지에 대한 성찰과 토론만이 오해를 없앨 수 있다. 국제정치학은 신체 없는 종뿐 아니라 도래할 미지의 것들을 위해서 열려 있는 항목화를 지향해야 한다.

• 신체 없는 종처럼 미지의 것을 항목화하는 데 보다 주의할 것은 인간의 인식의 한계와 무지를 벗어나야한다. 연합환경은 조절자로서 그들과 작용을 통해 상호 관계를 바람직하게 맺는 것을 운명적으로 받아들인다. 그것의 현실적 계기는 도덕적 충실함을 무장한 인간에 의해서 가능하다. 오직 인간만이 그것을 알고 싶어 하기 때문이다.

• 존재론은 곧 도덕론이다. 권력은 하나의 작용이며 그 작용은 도덕을 생산한다. 이때 도덕은 우리가 말하는 선악 구분, 정의, 평등, 자유 등의 개념이 아니라 오직 신중함의 개념이다. 신중함은 정치학에서 권력으로 표현되는 이익을 윤리적 맥락에서 수호하기 위한 정치의 핵심이다. 그것은 이익과 윤리, 자율성과 환경을 매개하는 개입이다. 인간이 신체 없는 종과 맺어야 하는 내적 연관과 작용은 신중함에 의하여 가능해진다. 신중함은 결정 불가능한 것을 결정할 수 있는 인간의 덕목이다.

화이트헤드와 바디우의 존재론은 과정과 실재, 공백과 작용을 통해 존재와 주체의 이론을 새롭게 정립하였다. 그들의 존재론은 후설, 하이데거의 현상학적 접근과는 달리 '있음(존재)'이 아닌 다자와 일자의 현시를 선험적 조건에 의해 공리화하고 그것이 과정적임을 보여 주었다. 화이트헤드가 그들의 현시를 현실적 계기에 의한 이행의 관점에서 보았다면, 바디우는 공백을 전제하여 그로부터 드러난 사건의 발생과 이러한 사건이 실천의 작인에 의해 비롯된다는 점을 보여 주어 존재론의 새로운 장을 열었다. 바디우의 존재론은 고전적 존재론이 전제하였던 인간-현존재─을 넘어서고자 하는 것이다. 말하자면, 후설이나 하이데거에게서 동물, 우주, 공기, 자동차 등은 존재로서 설명이 불가능했다면, 바디우는 이들을 모두 포괄할 뿐 아니라 미지의 무엇도 아우를 수 있는 근거를 마련한 것이다. 오로지 인식론에 몰두하였던 국제정치학은 ─행위자의 범위, 사건의 형태, 체계와 구조의 발견─ 새로운 종(새로운 주체)의 등장에 무력하였으나 화이트헤드와 바디우의 존재론을 받아들임으로서 작용의 주체로서 존재를 이야기할 수 있는 토대를 놓을 수 있게 되었다.

　과학 기술이 발달함에 따라 기술적 대상들이 우리 삶에 보편적으로 안착하고 있는 것은 포스트모더니즘이 이미 예견하던 현실이었다. 이제 국제정치학은 공리적 전제인, 단위, 구조, 체계와 더불어 신체 없는 종을 환경화 혹은 스며듦의 존재로서 포함해야 한다. 공백, 과정, 자신을 현시하는 다자와 현시된 일자, 상황, 작용 등의 개념이 가리키는 것은 열린 권력의 체계이다. 항목화의 여부는 고정된 것이 아니라 언제든지 내적연관성을 생성하는 존재자들을 위해 열어두어야 한다. 이런 맥락에서 보자면, 돌, 나무, 새, 곤충 등이 우리 일상의 존재임에도 불구하고 국제정치학에 항목화 되지 않은 것은 이들이 국제정치의 항목들과 내적 연관을 갖는 작용이 제한적이었기 때문이다. 그러나 신체 없는 종이 지금 국제정치학에 항목화의 가능성을 갖는 것은 그것이 권력이라는 작용을 통해 기존의 국제정치 항목들과 내적 연관을 강하게 맺어가는 이행의 순간에 있기 때문이다. 이는 앞서 언급한, 인공지능 로봇, 무인 자동차, 군사 기술 등의 사례에서 볼 수 있다. 국제정치학이 가진 고유의 권력 작용이 신체 없는 종과 관계 맺음을 넓고, 강하게 맺어가고 있다. 이들의 작용은 공백에서 출발하여, 규범의 형태로, 권력 발휘의 형태로, 혹은 개념생성이나 생활의 편의의 형태로 삶에 안착하고 있는 것이다.

　가장 많은 소외를 받는 기술적 대상들은 역시 무지한 사용자들에게 주어진 것들이다. 이런 대상들은 점진적으로 그 지위가 손상된다. 그것들은 잠깐 동안은 새것이었지만 곧 이런 특성을 상실하면서 맨 처음 주어졌던 완전성의 조건들로부터 멀어지기만 할 수 있기 때문에 점차 가치가 떨어지게 된다. … 제작과 사용이 분리되어 있지 않은 기술적 대상들은 시간 내내 그 지위가 손상되지 않는다. 그것들을 구성하는 상이한 기관들은 활용 과정에서 연속적인 방식으로 대체되고 수리될 수 있는 것으로 인식된다.(시몽동 2011, 359-360).

신체 없는 종은 생태적인 사물들과도 다른 무엇이다. 생태적인 것은 일상적인 삶에서 직관적으로 목격되지만, 신체 없는 종은 사건이기 때문이다. 따라서 사건이 새로운 항목으로 국제정치학에 포함되는 작업이 진행되어야 한다. 기술은 여전히 사건이다. 그래서 그것은 끊임없는 창조와 생성의 작업이며 존재의 발견으로 늘 의미를 부여해야 한다. 그리고 그런 기술은 구조나 체계처럼 스며든 존재이다.

기계들이 정합적인 앙상블들로 집단화 될 수 있는 것은 자동장치들에 의해서가 아니라 역시 그 비결정의 여지에 의해서고, 기계들이 서로서로 정보를 교환할 수 있는 것은 인간 통역자인 조정자를 통해서다.(시몽동 2011, 14).

무지한 인간은 어떤 현실적 계기에서도 조정자의 역할을 하지 못한다. 현실적 계기를 통해 다자에서 일자로 현시되는 과정에서 인간의 권력이 작용하며, 신체 없는 종의 항목화는 이로서 가능해진다. 그 권력의 작용은 도덕에 의해 강화되며 또한 우리는 그 도덕을 신중함이라고 하였다. 말하자면, 그것은 신체 없는 종이 사건으로 드러나고 그것에 개입하는 권력 작용이기도 한 것이다. 무지를 벗어나, 국제정치학의 범위에서, 이익으로 정의되는 권력에 대해 더 많은 이야기를 해야 한다면, 이제 우리가 할 과제는 분명해진다. 그것은 신체 없는 종을 넘어 국제정치학의 모든 항목을 연관시키는 작용에 대한 것이어야 한다. 이것이, 바로 우리가 말해야 할 다음의 과제가 신중함이어야 하는 이유인 것이다.

참고문헌

김경한. 2015. "포스트휴먼법의 체계와 이슈." 한국포스트휴먼학회 창립기념
공개강연회, 2015.9.18.

김재희. 2011. 질베르 시몽동 저, 김재희 역, "옮긴이 주", 『기술적 대상들의 존재양식에
대하여』, 그린비.

노재호(Roh.Jae.H.). 2002. "The Digital Fabric of the World: Gibson's Posthuman
Vision in Idoru." 『미국학 논집』 vol. 34, no.1, 311-325. 한국아메리카학회.

니버, 라인홀드. 1998. 이한우 역, 『도덕적 인간과 비도적적 사회』. 문예출판사.

니체, 프리드리히. 2013. "비도덕적 의미에서의 진리와 거짓에 관하여." 이진우 역,
『유고(1870-1873)-디오니소스적 세계관·비극적 사유의 탄생-』. 책세상.

데닛, 다니엘. 2015. "나를 찾아서 다섯." 더글러스 호프스태터·다니엘 데닛 저, 김동광
역, 『이런 이게 바로 나야 1』, 168-173. 사이언스 북스.

도종윤. 2016. "포스트-포스트모더니즘과 포스트휴머니즘: 후기자본주의의 미래와
'신체 없는 종'의 지배." 『한국국제정치학회소식』(회원논단), no, 156, 25-29.

드레이퍼스, 휴버트. 2015. 최일만 역 『인터넷의 철학』. 필로소픽.

라투르, 브뤼노. 2009. 홍철기 역, 『우리는 결코 근대인이었던 적이 없다』. 갈무리.

레비나스, 엠마누엘. 2015. 강영안 역, 『시간과 타자』, 문예출판사.

바디우, 알랭. 2013. 조형준 역, 『존재와 사건』, 새물결.

박성우. 2016. "기술적 대상과 디지털 밀리유의 정치경제학." 『문화와 정치』, 157-173.

박해용·심옥숙. 2012. 『철학개념용례사전』. 한국학술정보.

백종현. 2015. "인간개념의 혼란과 포스트휴머니즘의 문제." 『철학사상』 vol.58, 127-
153. 서울대학교 철학사상연구소.

설, 존. 2015. "마음, 뇌, 프로그램." 더글러스 호프스태터·다니엘 데닛 저, 김동광 역,
『이런 이게 바로 나야 2』, 639-674. 사이언스 북스.

시몽동, 질베르. 2011. 김재희 역, 『기술적 대상들의 존재양식에 대하여』. 그린비.

아감벤, 조르조·양창렬. 2010. 『장치란 무엇인가?- 장치학을 위한 서론-』. 난장.

오영환. 2011. "화이트헤드 용어해설집." A. N. 화이트헤드 저, 오영환 역, 『과정과
실재』, 민음사.

이수진. 2013. "프랑스의 포스트-휴머니즘적 상상력과 문학적 재현." 『불어불문학연구』
vol.93, 215-239. 한국불어불문학회.

장희권. 2005. "21세기 포스트휴머니즘 시대의 인간존재방식 — 이성적 계몽에서
유전자를 통한 사육으로?" 『독일문학』. 한국독어독문학회 vol.96, 174-195.

정연홍. 2010. "화이트헤드의 과정철학에서 존재와 지각." 『철학논총』 제59집, 313-
330.

조용수. 2015. "포스트휴먼시대의 인공지능과 미래 경제 트렌드." 『Future Horizon:
Autumn 2015』 제26호, 10-13. 과학기술정책연구원.

푸코, 미셸. 2012. 이규현 역, 『말과 사물』. 민음사.

하라리, 유발. 2016. 조현욱 역, 『사피엔스』. 김영사.

헤어브레히터, 슈테판. 2009. 김연순·김응준 역, 『포스트휴머니즘: 인간 이후의 인간에 관한 문화철학적 담론』. 성균관대학교 출판부.

홍석주·강홍렬. 2015. "글로벌 경제 트렌드와 한국의 전략적 대응에 대한 시론." 『Future Horizon: Autumn 2015』 제26호. 과학기술정책연구원.

화이트헤드, A.N. 2011. 오영환 역, 『과정과 실재』. 민음사.

Badiou, Alain. 1988. L'être et l'événement. Paris; Seuil.

Cudworth, Erika and Stephen Hobden, 2011. Posthuman International Relations. London: Zed Book.

_____. 2014 "Civilization and the Domination of the Animal." Millenium: Journal of International Studies vol.42, no.3.

Derrida. Jacques, 2008. The Animal that Therefore I am(More to Follow), The Animal that Therefore I am. New York: Fordham University Press, 1-51.

Drezner, Daniel W., 2015. #Theories of International Politics and Zombies, (revised version), NJ: Princeton University Press.

Feltham, Oliver. 2007. "Translator's Preface." In Alain Badiou, Being and Event, New York: Continuum,

Fukuyama, Francis. 2002. Our posthuman future: consequences of the biotechnology revolution. New York: Picador.

Hallward, Peter. 2003. Badiou-a Subject to Truth-, University of Minnesota Press, Minneapolis/London.

Hayles, N. Katherine. 1999. How We Became Posthuman. Chicago & London: The University of Chicago Press.

Hobbes, Thomas. 1651. Leviathan, or The Matter, Forme and Power of a Common-Wealth Ecclesiastical and Civil.

Hans Moravec. 1990. Mind Children (Reprinted Editon), 1990. Cambridge & London; Harvard Univ. Press,

Kirby, Alan. 2006. "The Death of Postmodernism and Beyond." Philosophy Now Issue 58.

Lévinas, Emmanuel. 1990. Totalité et Infini. Paris: Biblio Essais.

Lyotard, Jean François. 1979. La Condition-Postmoderne-Rapport sur Le Savoir-. Paris: Les Editions de Minuit.

Morgenthau, Hans. 1985. Politics Among Nations: The Struggle for Power and Peace(6th edition). New York: Alfred A Knopf.

Simondon, Gilbert. 1989. Du Mode D' Existence des Objects Techniques. Alençon: Aubier.

Waltz, Kenneth N.. 1979. Theory of International Politics. New York: McGraw-Hill.

Whitehead, Alfred North. 1979. *Process and Reality(Corrected Edition)*. New York: The Free Press.

Wendt, Alexander. 1999. *Social Theory of International Politics*. Cambridge: Cambridge University Press.

Wienner, Nobert. 1948. *Cybernetics or Control and Communication in the Animal and the Machine*. Paris, Hermann et Cie - MIT Press, Cambridge, MA.

"Google Self-driving Car Strikes Bus on California Street", Bloomberg, March 1, 2016 http://www.bloomberg.com/news/articles/2016-02-29/google-self-driving-car-strikes-public-bus-in-california, (검색일: 2016.12.1).

"Drone aircraft in a steeped-up war in Afghanistan and Pakistan." *The Christian Science Monitor*, December 11, 2009.

http://www.csmonitor.com/USA/Military/2009/1211/Drone-aircraft-in-a-stepped-up-war-in-Afghanistan-and-Pakistan, (검색일: 2016.12.1).

필자 소개

도종윤 Doh, Jong Yoon

제주평화연구원 (Jeju Peace Institute) 연구위원
성균관대학교 문과대학 불어불문학과 졸업, 브뤼셀 자유대학교(Université Libre de
　　Bruxelles) 정치사회과학대학 정치학과 박사

논저 "환유를 통한 국제정치 텍스트의 해석: 유럽연합의 대북 전략 문서를 시험적 사례
로", "국제정치학에서 주체물음: 해석학적 접근을 위한 시론"

이메일　jydoh@jpi.or.kr

제7장

반공국가의 위기와 민족주의의 부상
— 민주화 이후 한국의 대북정책과 대만의 대중정책에
관한 비교

The Crisis of Anti-Communist States and the Rise of
Nationalism
— A Comparative Study on South Korea's North Policy and
Taiwan's China Policy after Democratization

김재영 | 서울대학교 정치외교학부 외교학전공 석사

본 연구는 역사적으로 많은 특징을 공유해 온 한국과 대만이 최초의 민주적이고 수평적인 정권 교체를 경험한 이후 분단된 민족 내의 관계에서 대조적인 정책을 취하게 된 원인과 과정을 분석한다. 한국과 대만은 냉전으로부터 기원한 분단국가로서 민족과 국가의 불일치가 동아시아의 지역적 맥락에서 어떻게 발전해 왔는지를 보여 주는 사례이며, 국가의 형성과 발전 과정에서 많은 유사성을 보여 왔다. 이러한 특성들을 고려했을 때, 민주화 이후 최초의 수평적 권력 교체를 통해 수립된 한국의 김대중 정권(1998~2003)과 대만의 천수이볜 정권(2000~2004, 2004~2008)이 각각 북한과의 화해·협력 강화와 중국으로부터의 독립이라는 대조적인 정책을 취한 것은 상당히 흥미롭다. 본 연구에서는 한국과 대만이 분단된 민족 내의 관계에서 대조적인 정책을 취하게 된 원인을 민주화를 거치며 양국의 국내사회에서 대두한 민족주의의 상이한 성격에서 찾는다. 한국의 경우, 북한과의 종족적 동질성을 강조하는 "종족적 민족주의(ethnic nationalism)"가 재등장함에 따라 북한을 같은 민족 공동체의 일원, 즉 내집단(內集團, in-group)으로 보는 인식이 강화되었다. 이러한 인식은 김대중 정권이 화해와 협력을 중시하는 대북정책을 추진하는 토대가 되었으며, 한반도의 평화와 통일에 대한 기대가 상승하였다. 대만의 경우, 중국과의 정치적 이질성을 강조하는 "시민적 민족주의(civic nationalism)"가 부상함에 따라 중국을 대만의 민주주의를 위협하는 권위주의 국가, 즉 외집단(外集團, out-group)으로 보는 인식이 확산되었다. 이는 천수이볜 정권이 중국으로부터의 독립을 지향하는 대중정책을 추진하는 것을 가능하게 했으며, 그로 인해 대만해협에서는 갈등과 긴장이 고조되었다.

This study investigates why and how South Korea and Taiwan implemented contrasting policies within the relationship of a divided nation after they respectively experienced the first democratic and peaceful transfer of power. Both South Korea and Taiwan illustrate the incongruence between nation and state, and they share many historical similarities in state formation and development. Given these characteristics, it is an interesting contrast that while South Korea's Kim Daejung administration (1998~2003) pursued conciliation and cooperation with North Korea, Taiwan's Chen Shui-bian administration (2000~2004, 2004~2008) sought independence from China. In this article, I argue that such contrast resulted from the distinct characteristics of nationalisms which rose in domestic societies of both countries during democratization. In South Korea, "ethnic nationalism" emphasizing ethnic homogeneity between the two Koreas re-emerged, and the perception of North Korea as a member of the in-group or the same national community, was enhanced. It enabled the Kim Daejung administration to seek conciliation and cooperation with North Korea, and the expectation of peace and unification was raised. In Taiwan, "civic nationalism" articulating the political difference between Taiwan and China rose, and the perception of China as the out-group, an authoritarian state threatening Taiwan's democracy, became widely accepted. It enabled the Chen Shui-bian administration to pursue independence from China, and thus, conflicts and tensions intensified across the Taiwan Strait.

KEYWORDS 구성주의 Constructivism, 위협 Threat, 국가정체성 State Identity, 냉전 The Cold War, 반공주의 Anti-Communism, 민족주의 Nationalism, 한국 South Korea, 대만 Taiwan

I 서론

국가 간에 발생하는 분쟁의 원인에 대한 이해는 국제정치학의 핵심적인 연구주제 중 하나이다. 일반적으로 국제적 분쟁은 안보나 이익에 관한 국가 간의 경쟁에서 비롯되는 것으로 이해되며, 분쟁의 당사국 중 일방이 우위를 차지하거나 당사국 간의 타협이 이루어짐으로써 종결된다. 반면, 종결의 조짐없이 충돌과 긴장, 소강을 거듭하며 수세대에 걸쳐 지속되는 분쟁들도 있는데, 이러한 유형의 분쟁을 야기하는 중요한 원인 중 하나는 민족(nation)과 국가(state)의 불일치이다(Miller 2007). 하나의 민족이 하나의 국가를 구성하고, 하나의 주권을 행사한다는 베스트팔렌적 국가관이 당연시되는 한, 이 요소들 간의 불일치로부터 초래된 국제적 분쟁은 더욱 치열하게 전개될 가능성이 크다.

이러한 문제의식하에 본 연구는 역사적으로 많은 특징을 공유해 온 한국과 대만이 최초의 민주적이고 수평적인 정권 교체를 경험한 이후 분단된 민족 내의 관계에서 대조적인 정책을 취하게 된 원인과 과정을 분석한다. 한국과 대만은 냉전으로부터 기원한 분단국가로서 민족과 국가의 불일치가 동아시아의 지역적 맥락에서 어떻게 발전해 왔는지를 보여 주는 사례이다. 그 외에도 두 국가는 반공주의를 내세운 권위주의 정권의 통치, 발전국가 체제하에서의 경제발전, "제3의 민주화 물결" 속에서의 민주화 등 국가의 형성과 발전 과정에서 많은 유사성을 보여 왔다. 이러한 특성들을 고려했을 때, 민주화 이후 최초의 수평적 권력 교체를 통해 수립된 한국의 김대중 정권(1998~2003)과 대만의 천수이볜 정권(2000~2004,

2004~2008)이 각각 북한과의 화해·협력 강화와 중국으로부터의 독립이라는 대조적인 정책을 취한 것은 상당히 흥미롭다.

본 연구에서는 한국과 대만이 분단된 민족 내의 관계에서 대조적인 정책을 취하게 된 원인을 민주화를 거치며 양국의 국내 사회에서 대두한 민족주의의 상이한 성격에서 찾는다. 한국의 경우, 북한과의 종족적 동질성을 강조하는 종족적 민족주의(ethnic nationalism)가 재등장함에 따라 북한을 같은 민족 공동체의 일원, 즉 내집단(內集團, in-group)으로 보는 인식이 강화되었다. 이러한 인식은 김대중 정권이 화해와 협력을 중시하는 대북정책을 추진하는 토대가 되었으며, 한반도의 평화와 통일에 대한 기대가 상승하였다. 대만의 경우, 중국과의 정치적 이질성을 강조하는 시민적 민족주의(civic nationalism)가 부상함에 따라 중국을 대만의 민주주의를 위협하는 권위주의 국가, 즉 외집단(外集團, out-group)으로 보는 인식이 확산되었다. 이는 천수이볜 정권이 중국으로부터의 독립을 지향하는 대중정책을 추진하는 것을 가능하게 했으며, 그로 인해 대만해협에서는 갈등과 긴장이 고조되었다.

앞서 언급한 여러 가지 역사적 유사성으로 인해 한국과 대만, 그리고 남북관계와 양안관계에 대해서는 다양한 시각에서 비교사례연구가 이루어져 왔다. 특히 본 연구의 주제인 민주화와 위협인식, 대외정책 간의 관계를 중심으로 한국과 대만의 사례를 다룬 선행연구들은 남북관계와 양안관계의 특징을 개괄하는 연구(문흥호 2001; 문흥호 2007), 남북관계와 양안관계의 개선을 위한 구체적인 방향을 제시하려는 정책지향적 연구(Cheng and Wang 2001; Lu et al. 2014; Chang Liao 2014), 남북관계와 양안관계 사이에서 나타나는 대조의 지점을 설정하여 비교를 시도한 연구(Chung 2002; Nam 2013; Im and Choi 2011; Chan et al. 2013; Jager 2007; Lind 2011; Cho 2012) 등으로 분류된다.

그러나 선행연구 중 대다수는 남북관계와 양안관계에서 한국과 대만의 정책을 비교함에 있어 일관된 분석틀이나 이론적 시각을 결여한 채 병렬적이고 통시적인 서술에 그치고 있다. 이에 본 연구는 선행연구들을 통해 그 중요성이 반복적으로 강조되었으나 체계적인 분석이 이루어지지 않았던 한국과 대만의 국가 정체성이라는 관념적 요인을 중심으로 민주화로 인한 최초의 수평적인 정권 교체 이후 남북관계와 양안관계에서 나타난 대조적인 동학을 비교한다. 이를 위해 국가의 정체성과 위협인식 간의 관계에 주목하는 구성주의적 시각을 취하고자 한다.

본 연구의 구성은 다음과 같다. II절에서는 그동안 국제정치학에서 진행되어 왔던 위협(threat)에 관한 논의들을 포괄적으로 검토하고, 관념(idea)와 주체(agent) 중심의 접근을 제시한다. III절에서는 동아시아에서 냉전체제와 반공국가의 형성을 다루며, 구체적으로는 한국과 대만에서 반공주의를 국가 정체성의 핵심으로 하는 반공국가가 형성되어 발전하는 과정이 서술될 것이다. IV절에서는 1980년대 후반부터 시작된 민주화를 거치며 한국과 대만에서 각각 종족적 민족주의와 시민적 민족주의가 국가 정체성을 구성하는 핵심적인 요소로 부상하는 과정을 분석한다. 이를 위해 한국과 대만의 정치지형에서 정당이 형성되고 변화하는 과정을 추적한다. V절에서는 민주화 이후 국내사회에서 등장한 한국과 대만의 민족주의가 각각 김대중과 천수이벤이라는 최고정책결정자를 매개로 대외정책에 반영되고, 남북관계와 양안관계를 변화시키는 과정을 살펴본다. 이를 위해 김대중과 천수이볜의 저술과 연설의 내용을 포괄적으로 검토할 것이다. VI절은 본 연구의 결론에 해당하며, 앞서 이루어진 논의들을 간략히 정리하고 이를 바탕으로 본 연구의 함의를 제시한다.

II 이론적 고찰

본 연구에서는 민주화를 거치면서 나타난 국가 정체성의 변화를 중심으로 한국의 대북정책과 대만의 대중정책을 비교한다. 즉, 본 연구는 특정한 관념에 기초한 국가 정체성이 한국과 대만의 국내 사회에서 공유되고, 정책결정권을 가진 엘리트를 매개로 국가의 위협인식과 대외정책을 형성하는 과정을 분석하고자 한다. 이를 위해 국가 정체성과 위협인식 간의 관계에 주목하는 구성주의적 시각을 취한다.

　　위협(threat)은 현대 국제정치학의 가장 고전적인 연구주제 중 하나이다. 현대 국제정치학은 무정부성, 즉 국가의 상위에 위치하여 개별 국가의 행동을 규율하는 권위의 부재를 국제정치의 본질적인 성격으로 전제한다. 이러한 무정부성하에서 개별 국가는 상위의 권위체로부터 가해지는 어떠한 제약에도 구애받지 않고 안보, 권력, 이익을 추구할 동등한 권리를 가지며, 그로 인해 언제든 다른 국가에게 위협을 가할 수 있다. 이처럼 무정부성하에서 어느 한 국가의 행위로 인해 위협이 형성되고 다른 국가들이 그에 대응

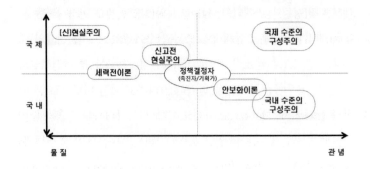

그림 1. 위협의 구성 요소와 현대 국제정치이론

하는 일련의 과정은 국제정치를 추동하는 핵심적인 요소이다. 따라서 〈그림1〉이 보여 주듯이 대부분의 국제정치이론들은 직접적 혹은 간접적으로 위협의 문제를 다루어 왔다.

그동안 위협에 관한 논의는 주로 물질주의적·구조주의적 관점을 취하는 현실주의 계열의 이론들을 통해 이루어졌고, 세력균형론과 세력전이론은 그 대표적인 사례이다(Waltz 1979; Organski and Kugler 1980). 이들은 국제체제에서 평화와 안정, 전쟁과 불안정성이 나타나는 과정을 설명하는 세부적인 논리에 있어서는 차이를 보이나, 위협이 국가 간의 세력배분과 그 변화라는 물질적·구조적 요인으로부터 파생되는 결과물로 간주한다는 점에서는 입장을 같이 한다.

그러나 물질주의적·구조주의적 편향을 보여 온 현실주의 계열의 이론들은 다양한 비판에 직면하였다. 가장 강력한 도전은 국제정치에서 사고(idea), 문화(culture), 정체성(identity) 등 관념적 요인에 대한 고려의 필요성을 제기한 학자들로 인해 야기되었다. 대표적인 예가 구성주의자인 웬트(Wendt)인데, 그는 자신이 "지식의 배분 (distribution of knowledge)" 또는 "문화(culture)"라고 명명한 관념 적이며 사회적인 구조를 중심으로 한 이론화를 시도하면서 우월한 세력을 보유한 국가의 존재를 필연적으로 위협과 등치시키도록 만 드는 무정부성의 개념 자체가 사회적으로 공유된 관념의 산물임을 지적한다(Wendt 1999). 현실주의 계열의 이론들 내에서도 상대국 가의 의도에 대한 인식, 패권국이 주도해 온 국제체제에 대한 신흥 국의 불만족도 등과 같은 관념적 요인에 주목해야 한다는 주장이 제 기되기도 하였다(Walt 1987; Tammen et al. 2000; Chan 2007).

　인식, 의도, 불만족도 등과 같은 관념적 요인도 현실과 위협을 구성하는 불가결한 부분이라는 자각은 그동안 국제정치학에서 구 조주의적 접근과 결합되어 널리 수용되어 온 국가의 의인화(擬人化, anthropomorphization)에 대한 비판으로 이어진다. 상당수의 주요 국제정치이론들은 국가가 인간과 마찬가지로 인식하고 행동할 수 있는 단일한 행위자라고 전제해 왔다. 그러나 국가의 의인화는 설 명과 분석의 편의를 위한 의도적인 단순화이며, 실제로 관념을 보 유하고 이를 바탕으로 행동하는 주체는 국가를 구성하는 인간이 다. 현실주의 계열의 이론들과 웬트의 사회적 구성주의는 국가의 중심성과 의인화를 전제한 구조주의적 이론의 정립을 지향함으로 써 인간의 주체성을 무시하거나 경시해 왔다.

　일부 학자들은 기존 국제정치이론들의 물질주의적 혹은 구 조주의적 편향과 국가의 의인화를 넘어 관념의 영향력과 인간 의 주체성을 통합하고자 시도해 왔다. 우선 외교정책분석(foreign policy analysis)에서는 인간만이 관념을 소유할 수 있는 주체임을 지적하고, 국가의 정책에 영향을 미치는 다양한 요인들이 교차하는 접점에 위치하는 정책결정자들의 역할을 강조한다(Hudson 2005, 5-7). 신고전현실주의(neoclassical realism)는 국가 간의 세력배분구조가 개별 국가의 외교정책에 미치는 영향은 정책결정자들의 인식이나 사고와 같은 매개변수에 의해 왜곡될 수 밖에 없다고 주장하면서 현실주의의 물질주의적·구조주의적 편향을 탈피하려는 시도의 결과이다(Lobell, Ripsman and Taliaferro 2009). 안보화(securitization) 이론은 안보화 행위자(securitizing actor)가 발화 행위를 통해 특정한 대상을 안보 영역의 의제로 규정하고, 청중(audience)이 이를 수용하는 과정을 거쳐 위협이 구성되는 사회적, 정치적 과정에 주목한다는 점에서 인간의 주체성에 초점을 두는 비판적 접근에 해당한다(Waever 1995).

본 연구가 기초하는 구성주의 이론 내부에서도 인간의 주체성을 부각시키려는 시도가 이루어지고 있다. 웬트의 구성주의가 국가의 주체성을 전제하고 국가 간의 관계 속에서 공유되는 관념의 역할을 강조하는 "국제적 구성주의(international-level constructivism)"였다면, "국내적 구성주의(domestic-level constructivism)"는 국내사회에서 공유된 관념이 엘리트나 대중과 같은 인간 주체를 매개로 대외정책에 반영되는 동학에 주목한다(Johnston 1995; Hopf 2002; Rousseau 2006).[1] 특히 본 연구에서는 국가의 정체성에 따라 내집단과 외집단을 구분하는 기준이 설정되고, 이를 근거로 국가가 위협을 인식하고 그에 대응하는 방식이 형

1   이러한 구분은 루소로부터 빌렸다(Rousseau 2006).

성되는 과정에 주목한다. 이러한 접근은 특정한 집단을 외집단으로 규정할 경우, 그로부터 위협을 인식하고 비우호적인 태도를 취할 가능성이 높다는 심리학적 관점을 원용한 것이다(Rousseau 2006).

외교정책분석, 신고전현실주의, 안보화 이론, 그리고 구성주의 등은 인간의 주체성과 관념의 중요성에 대한 관심을 공유한다. 문제는 현실의 분석과 이론화를 위해 고려해야할 인간 주체의 범위를 정책결정에 직접 관여하는 엘리트들에게만 국한할지, 대중들까지 포함할지에 대하여 이견이 존재한다는 것이다. 그러나 이러한 이견에도 불구하고 지적되어야 할 점은 특정한 관념이 대외정책에 반영되려면 정책의 결정과 집행을 담당하는 엘리트들의 역할이 불가결하다는 사실이다. 엘리트들에 의해 부각되어 대중들에게 제시되고 지지를 획득하는 관념일수록 지배적 위치를 획득하고 대외정책에 영향을 미칠 가능성이 크기 때문이다(Klotz and Lynch 2007, 66-70). 이 과정에서 엘리트들은 이미 대중의 지지를 받고 있는 관념을 대외정책에 반영시키는 "촉진자(facilitator)"의 역할을 수행할 수도 있고, 다른 관념과 경합 중인 특정한 관념을 대변하고 그에 대한 지지의 확장을 모색하는 "기획가(entreprenuer)"의 역할을 수행할 수도 있다.

본 연구는 이상의 논의를 바탕으로 위협에 관한 관념과 주체 중심의 접근, 특히 구성주의적 시각을 활용하고자 한다. 즉 본 연구는 특정한 관념에 기초하여 형성된 국가 정체성이 국가의 위협 인식과 대외정책에 영향을 미치는 과정을 다룬다. 우선 국내사회에서 국가정체성에 관한 특정한 관념이 대중적 지지를 확보해가는 과정을 분석한다. 다음으로는 그 관념이 정책결정을 담당한 엘리트를 매개로 국가가 위협을 규정하고, 그에 상응하는 대외정책을 취하는 과정에 반영되는 과정을 살펴볼 것이다.

III 동아시아의 냉전과 반공국가

제2차 세계대전의 종전과 함께 미국과 소련의 경쟁을 핵심으로 하는 새로운 전쟁, 이른바 "냉전(the Cold War)"이 시작되었다. 이는 유럽을 주요 전장으로 한 미소의 대결이 치열하게 전개되었으나 양국의 대립이 직접적인 군사적 충돌, 즉 열전(熱戰)에까지는 이르지 않는 독특한 양상의 전쟁이었다. 세계대전 이전까지 국제질서를 주도하던 유럽 제국주의 열강의 몰락, 그리고 이들을 대신한 미소의 부상과 함께 시작된 냉전은 강대국 간의 관계는 물론 강대국과 약소국 간의 관계도 변화시켰다.

우선, 강대국 간의 관계는 미국과 소련을 중심으로 하는 양극체제로 재편되었다. 유럽의 강대국들이 두 차례의 세계대전을 거치며 크게 쇠퇴한 상황에서 미국과 소련은 전후 국제질서의 주도권을 놓고 경쟁하였다. 냉전질서의 양극성은 세력의 배분이라는 물질적 차원뿐 아니라 이념적 차원에서도 나타났다. 미국과 소련이 서로 상반되고 적대적인 이념을 지향하는 정치경제체제에 근거하고 있었기 때문이다. 전후 국제질서의 주도권을 확보하기 위한 미소의 경쟁은 체제와 이념의 우월성을 입증하기 위한 경쟁으로 이어졌으며, 양국은 다른 국가와 지역에 대한 개입을 통해 이러한 목적을 달성하고자 했다.

유럽 제국주의 열강의 쇠퇴와 미소의 부상은 기존의 강대국-약소국 관계도 변화시켰다. 유럽 제국들의 동요는 이들이 보유하고 있었던 해외 식민지들의 독립운동과 반식민주의 혁명을 촉발시켰기 때문이다. 이러한 상황에서 반식민주의 혁명을 주도한 식민지의 토착 엘리트들은 유럽 열강의 제국주의를 비판하며 민족자결주의와 민주주의, 세계 공산주의 혁명을 각각 주창한 미국과 소련은 반식민주의 혁명을 지원해줄 잠재적인 후원 세력으로 인식하였다. 따라서 이들은 미국과 소련에 지원을 요청함으로써 이들의 개입을 유인하고자 하였다(Westad 2007, 5-7).

다른 지역에 대한 미국과 소련의 경쟁적 개입, 이들의 개입을 유인함으로써 반식민주의 혁명과 탈식민 국가 건설을 달성하려고 했던 제3세계 지도자들의 선택이 맞물리면서 유럽에서 시작된 냉전은 다른 지역으로까지 확산되며 지구적 수준의 갈등으로 발전하였다. 그러나 열전이 없는 독특한 전쟁으로서의 냉전이 실제로 나타난 것은 유럽뿐이었고, 오히려 유럽에서의 냉전은 비유럽 지역에서의 열전을 통해 담보되었다.

이 과정에서 중요한 의미를 가졌던 지역은 바로 동아시아였다. 미소관계가 전시의 협력관계로부터 전후 세계질서의 주도권을 차지하기 위한 적대적 경쟁관계로 전환함에 따라 발생한 긴장이 중국 대륙과 한반도의 탈식민화 과정에서 발생한 내전과 결합하면서 동아시아에서의 열전을 촉발시켰고, 이는 냉전의 전개에 지대한 영향을 미쳤기 때문이다. 중국내전이 전후 세계질서를 주도하려는 미소의 경쟁이라는 지구적 요인이 동아시아에 유입된 계기였다면, 한국전쟁은 이러한 지구적 요인이 동아시아의 탈식민화와 그로 인한 내전이라는 지역적 요인과 결합하면서 발발한 대규모의 국제전이었다(Chen 2001, 24-35; Mark 2012, 10-13; 마상윤 2014, 73-100). 중국내전과 한국전쟁을 거치며 미소 간의 대립에 기초한 지구적 냉전체제는 더욱 공고해졌다.

동아시아가 지구적 냉전체제를 구성하는 핵심적인 지역으로 자리매김함에 따라, 동아시아 냉전의 최전방에 위치한 한국과 대만에서는 이러한 국제정치적 조건들을 내재화한 국가체제인 반공국가(反共國家, anti-communist state)가 등장하였다. 반공주의는 공산주의를 반대하는 것을 핵심으로 하는 정치이념으로서, 본 연구에서는 반공국가를 반공주의가 국가 정체성의 핵심을 이루고, 반공이라는 목적을 위해 정부의 모든 정책과 사회의 모든 영역이 규율되는 국가라고 정의한다. 중국내전과 한국전쟁 이후의 대만해협과 한반도는 전 세계에 걸쳐 구축된 냉전의 전선 중에서도 열전이 재발할 위험이 가장 큰 지역이었고, 대만과 한국은 반공주의 진영의 최전방을 담당하는 반공의 '기지(基地)'로 부상했던 것이다.

한국과 대만의 반공국가는 표면적으로 공산주의에 반대하고 자유민주주의를 지향하였으나, 실제로는 공산주의 세력의 위협과 확산을 저지해야 한다는 명분을 내세워 자유민주주의의 실현을 제약하고 권위주의와 발전주의를 정당화했다(Zhu 2002; 조경란 2011; 김지형 2013). 공산주의에 대한 반대 그 자체를 핵심으로 하는 반공주의의 모호한 성격은 상반되는 요소들 간의 모순적인 결합을 가능하게 했다. 이러한 기본적인 성격과 더불어 한국과 대만의 반공국가는 다음과 같은 특징들을 공유하였다.

첫째, 반공주의라는 국가 정체성이 법률을 통해 성문화되고 제도화되었다. 1948년 제정된 한국의 국가보안법과 대만의 동원감란시기임시조관(動員戡亂時期臨時條款, 이하 임시조관)은 반공국가의 정체성을 상징함과 동시에 그 물리적, 제도적 기반을 제공하였다. 한국의 국가보안법은 1961년 박정희 군사정권에 의해 제정된 반공법과 더불어 반공국가의 토대를 이루었으며, 1980년에는 전두환이 이끄는 새로운 군사정권이 집권한 가운데 반공법이 재차 국가보안법으로 흡수되었다. 대만의 임시조관은 그 정식명칭이 보여 주듯 "동원"과 "감란", 즉 총동원체제의 수립을 통한 공산당 세력의 진압을 정당화하는 법률적 조치였다. 1948년 4월 소집된 국민대회(國民大會)를 거쳐 제정된 임시조관은 1972년까지 네 차례에 걸쳐 수정되면서 반공국가를 공고화시켰다.

둘째, 반공국가는 권위주의 정권과의 결합을 통해 유지되고 발전하였다. 반공국가가 표면적으로 추구한 이상은 자유민주주의였으나, 반공국가를 실제로 통치한 것은 권위주의 정권이었다. 반공국가의 정체성은 강제력을 행사하는 권위주의 정권에 의하여 유지되었고, 권위주의 정권은 공산주의 세력의 위협으로부터 반공국가를 수호한다는 명분을 내세워 강압적인 통치를 정당화함으로써 양자 간에는 상호의존적인 관계가 성립하였다. 한국의 권위주의 정권은 이승만의 개인독재를 거쳐 박정희, 전두환 등 특정한 지도자를 중심으로 결속한 군부가 정치에 개입하는 군사정권으로 변모하였다. 대만의 권위주의 정권은 장제스(蔣介石)와 장징궈(蔣經國) 부자가 국가총통과 국민당 주석을 겸직하는 가운데 국민당이 국가기구와 사회의 모든 영역에 침투하여 결합하는 당국체제(黨國體制)의 형태를 취했다.

또한 한국과 대만의 권위주의 정권은 다양한 폭력적 또는 비폭력적 수단을 활용하여 반공주의를 사회 구성원들에게 내면화시켰다. 폭력적 통제란 법률에 의해 정당화된 국가 폭력을 의미하며, 그 주요 수단은 국가보안법이나 임시조관과 결합된 계엄령과 형법 등이었다 (박원순 1992; 陳顯武 2007; 謝居福 2009; 若林正丈 2004). 반공적 권위주의 정권은 공산주의자들 뿐 아니라 비민주적 통치에 저항하는 모든 세력들을 '빨갱이' 혹은 '공비(共匪)', '간첩(間諜)', '비첩(匪諜)' 등으로 규정하고 합법적이고 초법적인 폭력을 행사함으로써 반공국가의 정체성은 물론 정권의 안정을 확보하고자 하였다 (김득중 2009; 曾薰慧 2007). 비폭력적 통제를 통한 반공주의의 확산도 시도되었다. 이는 한국의 대한청년단, 국민보도연맹, 학도호국단이나 대만의 구국단(救國團) 등 국가로부터 후원을 받는 관방단체의 활동(전갑생 2008; 若林正丈 2004), 반공주의적 교육의 장려(王恩美 2010), 전 사회적인 감시체계의 구축 등을 통해 이루어졌다.

셋째, 권위주의 정권과 결합한 반공국가는 통치의 정당성을 확보하기 위해 종족적 민족주의를 동원하였다. 공산주의를 추종하거나 동조하는 세력들을 혈연, 문화, 역사, 전통의 오랜 공유에 기초한 민족 공동체의 신성성과 순수성을 훼손하는 위협이자 타도의 대상으로 간주되었으며, 반공은 공산주의자들에 의해 분열된 민족 공동체를 재건하기 위한 명분이자 수단이 되었다. 한국에서 등장한 북진통일과 멸공(滅共), 승공(勝共)의 논리와 대만에서 문화대혁명에 대한 대응으로 전개되었던 문화부흥운동 등은 반공국가에 의한 민족주의의 활용과 동원을 보여 주는 사례였다. 그러나 반공주의와 민족주의의 결합에 근거하여 제기된 통일론은 도리어 한반도와 대만해협에서의 대립을 지속적으로 재생산함으로써 실제로는 통일을 저해하는 역설적인 결과를 초래하였다.

넷째, 반공국가는 국제적인 반공주의 연대를 통해 국가의 안보와 정체성을 보장받으려 하였다. 냉전의 최전선에 위치한 한국과 대만의 반공국가는 반공이라는 공동의 목표를 추구하기 위한 외부로부터의 지원과 연대를 추구하였고, 이는 미국과의 후견-피후견 관계 형성과 아시아민족반공연맹의 창설로 이어졌다. 우선, 한국과 대만은 한국전쟁 발발 이후 동아시아에 대한 적극적 개입으로 선회한 미국과의 군사동맹 체결을 추진하였고, 그 결과 1953년에는 한국과 미국 간의 상호방위조약이, 1954년에는 대만과 미국 간의 공동방어조약이 체결되었다(이혜정 2004; 나영주 2006; Lin 2013). 이로써 한국과 대만은 미국이라는 후견국으로부터의 정치적 지지와 군사적·경제적 원조를 획득하였고, 미국은 일본을 거점으로 하는 지역 동맹체제를 강화함과 동시에 한국과 대만의 도발로 인한 또다른 열전의 발발을 제어할 수 있었다(Cha 2010, 168).

한국과 대만은 반공을 위한 양자 간의 직접적인 연대도 모색하였으며, 이러한 노력은 1954년 아시아민족반공연맹의 창설로 결실을 맺었다. 반공을 지지하는 아시아 국가들 간의 연합체를 조직하려는 움직임은 이미 1949년에 필리핀의 퀴리노, 대만의 장제스, 한국의 이승만이 이른바 '태평양 동맹'의 결성을 제안함으로써 시도되었으나, 당시에는 마오쩌둥(毛澤東)이 이끄는 중국 공산당과의 우호적 관계를 모색하던 미국의 거부로 인해 좌절된 바 있다. 그러나 한국전쟁 이후 미국과 중국이 적대적인 관계로 돌아서면서 미국의 암묵적인 동의하에 아시아민족반공연맹의 창설이 가능해졌다. 반공이라는 국가 정체성을 공유하고 아시아에서의 반공주의 연대를 주도한 한국과 대만 간의 긴밀한 협력은 1992년에 이르러 한국이 대만과 단교하고 중국과 수교할 때까지 지속되었다.

그러나 이상에서 살펴본 유사성에도 불구하고 한국과 대만의 반공국가 사이에는 중대한 차이도 존재했다. 한국의 반공주의가 엘리트와 대중 모두에 의해 광범위하면서도 자발적으로 수용되고 재생산되는 측면을 보인 반면, 대만의 반공주의는 중국내전에서 패배하여 대륙으로 망명해 온 국민당에 속한 소수의 집권 엘리트들에 의해 강제적으로 부과되는 양상을 보였기 때문이다. 이와 같은 차이는 한국과 대만 엘리트 집단의 성격, 그리고 한국전쟁과 중국내전에 대한 대중들의 직접적 경험 여부에 따라 발생하였다.

한국에서는 반공주의에 대한 엘리트들의 합의와 지지가 존재하였다. 국가보안법을 제정하고 북진통일론을 주장했던 이승만과 그 측근세력, 그리고 반공을 국시(國是)로 내세운 군부로 이어지는 한국의 집권 엘리트들은 강경한 반공주의적 성향을 보였다(김명섭·김주희 2013, 76-83; 김득중 2009, 450-458). 주목할 만한 사실은 정권을 두고 이들과 치열하게 경쟁했던 한국의 대항 엘리트들도 반공주의의 강력한 지지 세력이었다는 점이다(후지이 2011, 10-20; 박원순 159-177). 이는 대항 엘리트 중 대부분이 반혁명적이고 반공주의적인 성향을 지닐 수 밖에 없는 대지주들과 관료 출신들이 주축이 되어 결성한 한국민주당(이하 한민당)으로부터 기원했기 때문이었다.

일본의 식민지배로부터 해방된 직후부터 한반도에서 지속된 폭력 사태, 특히 한국전쟁의 경험은 대중들의 자발적인 반공주의 수용을 가능하게 했다. 해방군을 자처했던 북한군에 의한 병력과 전쟁물자의 강제적 징발, 북한군과 협력한 공산주의자들의 횡포, 북한군과 공산주의자들에게 협력하거나 적극적으로 저항하지 않을 경우 가해지는 한국군의 무자비한 보복 등을 일상적으로 체험하면서 한국의 대중들은 생존을 위해 반공주의를 자발적이고도 적극적으로 수용하게 되었다. 일상적 체험에서 비롯된 한국 대중의 반공주의는 이념이나 사상보다도 감정이나 정서의 형태로 더욱 심층적인 기반을 확보하게 된 것이다(이하나 2012).

반면 대만에서는 국민당에 속한 소수의 집권 엘리트들 사이에서 배타적으로 공유되었던 반공주의가 대항 엘리트나 대중들에게 강제적으로 부과되었다. 장제스로 대표되는 국민당 엘리트들은 강력한 반공주의적 성향을 지니고 있었으며(김명섭·김주희 2013, 76-83; 김득중 2009, 450-458), 대륙을 수복하기 위한 기지를 구축한다는 명분을 내세워 대만 출신의 토착 엘리트들이 갖고 있었던 경제적, 사회적 기반을 빼앗고 이들의 참정권마저 제한하였다(若林正丈 2004, 111-116; 정형아 2014, 175-176). 잠재적인 저항세력이 될 수 있었던 공산주의자들은 조직 내부의 분열과 미숙한 혁명 전술의 구사로 인해 국민당의 당국체제가 확립되는 과정에서 큰 타격을 입었다(蘇慶軒 2013, 129-132; Ho 2014, 490-493).

대만 본토 출신이 대다수였던 대중들은 막강한 군대와 조직을 보유한 국민당의 반공주의적 통치에 순응할 수 밖에 없었다. 그러나 한국의 대중들과 달리 이들에게는 반공주의를 자발적이고 능동적으로 수용할 계기가 없었다. 대륙에서 전개된 반공주의적 투쟁과 중국내전의 체험은 국민당 엘리트들을 비롯한 대륙 출신의 망명자들, 이른바 '외성인(外省人)'들 사이에서만 공유되었고, '본성인(本省人)'이라고 불리운 대만 본토 출신의 주민들에게 각인된 것은 오히려 1947년의 2·28 사건처럼 대만으로 건너온 국민당과 외성인들로부터 가해진 억압과 폭력, 착취에 대한 반감이었다.[2] 국민당은 외성인과 본성인 간의 화합을 도모하고 반공주의에 대한 대중적 지지를 확보를 위해 노력해야만 했다(王恩美 2010).

이상에서 살펴본 한국 반공주의와 대만 반공주의의 차이는 두 국가에서 민주화가 진행됨에 따라 민족주의가 강화되는 양상이나 그 성격에도 큰 영향을 미쳤다. 우선, 집권 엘리트들에 의해 대항 엘리트들과 대중들에게 강제적으로 부과된 대만 반공주의의 해체는 종족적 민족주의를 대체하는 시민적 민족주의의 부상에 기여하였다. 반공주의와 결합하여 국민당에 의해 동원되었던 종족적 민족주의가 민주화로 인해 권위주의 정권이 해체됨에 따라 그 정당성을 상실했기 때문이다. 반공국가인 대만이 공산당으로부터 대륙을 수복하고 중화민족의 공동체를 재건해야 한다는 구호는 더 이상 지지를 받지 못했다. 또한 대만해협에 걸친 종족적 유대의 약화로 인해 대만과 중국을 통일을 이루어야 할 민족 공동체의 일부분이 아니라 상이한 정치체제에 근거한 별개의 실체, 즉 외집단으로 간주하는 새로운 민족주의가 등장할 수 있는 여건이 마련되었다.

반면, 엘리트들과 대중들 모두에게 광범위하게 수용되었던 한국의 반공주의는 민주화와 탈냉전을 거치면서 정당성이 크게 약화되었으나 그 이후에도 상당한 영향력을 발휘하였다. 이로 인해 대만

---

2   일본 식민통치의 종식과 더불어 대만에 진주한 국민당과 외성인들에 대한 본성인들의 반감은 "개가 가고 돼지가 왔다(句去猪來)"라는 구절로 표현되고 회자되었다(若林正丈 2004).

에서는 민주화로 인한 권위주의 정권의 붕괴가 반공주의와 결합했던 종족적 민족주의의 약화와 시민적 민족주의의 부상으로 이어졌던 것과 달리, 한국에서는 민주화로 인해 냉전 시기 동안 반공주의를 강화하기 위해 동원되고 왜곡되었던 종족적 민족주의가 반공주의로부터 분리되는 상이한 양상이 나타났다. 대만에서처럼 종족적 민족주의가 반공주의와 함께 쇠퇴하기 보다는 민주화 이후에 잔존한 반공주의와 분리되어 경합하고, 나아가 대외정책의 수립과 집행을 위한 독자적인 기반으로 등장한 것이다. 이러한 변화는 장기적인 차원에서 북한을 평화적 공존과 통일을 이루어야 할 민족 공동체의 일원이라는 내집단으로 간주하는 인식의 전환을 가능하게 했다.

IV 동아시아의 민주화와 민족주의의 부상

1. 동아시아의 민주화와 반공국가의 위기

1980년대에 접어들면서 한국과 대만의 반공국가는 남유럽으로부터 시작된 "민주화 물결"로 인해 중대한 도전에 직면하였다. 민주화의 물결이란 "특정한 기간 동안 비민주주의 정권에서 민주주의 정권으로의 집단적 이행이 반대의 경우를 압도하며 전개되는 현상"으로 정의되는데 헌팅턴(Huntington)에 따르면 1970년대 중반 시작되어 15년 동안 전 세계로 확산된 민주화의 물결은 역사상 세 번째의 물결이었다(Huntington 1991, 15-26).

문제는 민주화의 물결이 동아시아로 확산된 1980년대는 고르바초프(Gorbachev)가 다방면에 걸친 개혁을 통해 소련과 공산주의 진영의 근본적인 개혁을 모색하던 시기이기도 했다는 점이다(전재성 2015, 16). 고르바초프의 개혁으로 인한 내부적 충격과 민주화의 물결이라는 외부적 충격이 맞물리면서 소련과 공산주의 진영은 동요하였고, 이들을 한 축으로 하는 지구적 냉전체제도 종언을 향하여 나아가게 되었다. 민주화와 탈냉전은 한국과 대만의 반공국가에게도 중대한 도전을 야기하였다. 그동안 반공국가는 냉전이 초래한 외부적인 안보 위협을 통해 정당화되고, 강제력을 행사하는 권위주의 정권과 결합하여 유지되어 왔기 때문이다.

한국에서는 집권 엘리트와 대항 엘리트 간의 타협, 즉 "전위(transplacement)"를 통해 민주화가 이루어졌다(Huntington 1991). 1979년 박정희의 암살로 인해 제1기 군사정권이 붕괴된 직후 발생한 군사정변을 통해 수립된 전두환의 제2기 군사정권은 1983년에 저항 세력들의 반발을 무마하고자 부분적인 자유화 조치를 단행하였다. 그러나 이는 예상과 달리 민주화에 대한 요구가 사회 전반에 걸쳐 폭발하는 결과를 초래하였고, 결국 전두환 정권은 1987년 6월에 이르러 대통령 직선제를 수용함으로써 민주화 세력과 시민들의 저항에 굴복하였다.

그러나 민주화 세력이 김대중 지지파와 김영삼 지지파로 분열됨에 따라 1987년 12월 실시된 대통령 선거에서 전두환의 측근이자 제2기 군사정권의 핵심인물인 노태우가 당선되었다. 노태우는 군사정권의 일원이었음에도 불구하고 민주주의로의 이행을 안정적으로 관리하였고(강원택 편 2012), 박정희의 측근이자 제1기 군사정권의 핵심인물인 김종필, 민주화 세력 중 상대적으로 보수적이며 온건한 성향을 보였던 김영삼과 제휴하여 '3당 합당'을 성사시킴으로써 국내정치적 주도권을 확보하였다(강원택 2012, 73-82).

대만의 민주화는 장징궈과 그 후계자인 리덩휘(李登輝)가 이끄는 국민당의 지도부 등 집권 엘리트가 주도하는 "변환(transformation)"의 방식으로 이루어졌다(Huntington 1991). 1986년 9월 장징궈의 묵인하에 대만 정치사에 있어 최초의 야당인 민주진보당(民主進步黨, 이하 민진당)이 창당되었고, 1987년에는 장징궈의 명령에 따라 30년 넘게 지속되어 온 계엄령과 언론 활동의 제한 조치(報禁)도 해제되었다.

대만의 민주주의 이행은 1988년 장징궈가 사망한 이후 그를 승계하여 국가총통 겸 국민당 주석에 취임한 리덩휘에 의해 가속화되었다. 본성인 출신으로 일본과 미국에서 유학을 거쳐 국민당 정권의 요직을 두루 경험한 리덩휘는 장징궈가 초석을 놓은 각종 개혁 조치와 민주화를 강력하게 추진해 나갔다. 그는 국민당내 보수파의 반발에도 불구하고 총통 직선제 실시, 국민대회와 입법원(立法院) 선거의 전면적 개방을 이루어냄으로써 대만 민주주의의 대부로 일컬어지게 되었다.

민주화의 물결이 동아시아로 유입됨에 따라 촉발된 한국과 대만 두 반공국가의 위기는 대외정책의 변화, 그리고 국가보안법과 임시조관으로 상징되는 제도적 기반의 약화라는 두 가지 양상으로 나타났다. 우선, 한국 반공국가의 변화는 대외정책의 전환으로부터 시작되었다. 1988년 대통령에 취임한 노태우는 '7·7 선언'을 발표함으로써 소련, 중국 등 공산주의 국가들은 물론 북한과의 관계 개선을 도모하는 북방정책을 추진할 것임을 천명하였다 (노태우

1988). 북방정책의 결과 노태우 정권은 1991년 남북한의 UN 동시 가입, 남북기본합의서의 채택을 통한 남북관계의 개선(김인걸 1999, 28-30; 정규섭 2011, 2), 북한의 후견국이었던 소련, 중국과의 수교 와 같은 성과를 거두었다. 북방정책은 동아시아의 지역적 불안정 성을 완화하는 데 기여하였으나, 한국 반공국가의 존립 근거는 그 만큼 취약해졌다.

한국 반공국가의 위기는 민주화로 인해 가중되었다. 민주화로 인해 반공국가와 권위주의 정권의 제도적 기반을 제공했던 국가 보안법의 정당성에 대해 의문이 제기되었기 때문이다. 민주화 세 력은 국가보안법의 모호성으로부터 초래되는 자의적인 법률 적용, 한국이 추구해야 할 자유민주주의적 가치와의 괴리, 탈냉전과 남 북관계의 개선 등을 근거로 들어 국가보안법의 개정 또는 폐지를 주장하였다(이창호 1990, 204-210; 제성호 2003, 70-103). 결국 1991 년에 이르러 국가보안법은 국회의 의결을 거쳐 대폭 개정되었다.

대만의 반공국가도 장징궈와 리덩휘가 주도한 대중정책의 변 화로 인해 동요하기 시작했다. 장징궈와 국민당 지도부는 1987년 10월 중국과 "접촉하지 않고(不接觸), 대화하지 않고(不對話), 타협 하지 않는다(不妥協)"는 기존의 삼불(三不) 방침을 철회하고 대만 주민들이 중국 본토에 있는 친지들을 방문할 수 있도록 허용하는 탐친(探親)을 실시하였다. 장징궈의 뒤를 이어 집권한 리덩휘도 실 용외교(務實外交)를 표방함으로써 중국을 비롯한 공산주의 국가들 과의 관계 개선을 모색하였다. 이후 리덩휘의 지시에 따라 국가통 일위원회와 대만 해협교류기금회가 설치되고, 경제무역교류의 촉 진을 위한 5대 원칙이 마련되는 등 양안관계의 개선이 적극적으로 추진되었다. 대외정책의 영역에서 나타난 이와 같은 전환은 양 안관계의 개선과 발전에 긍정적인 영향을 미쳤으나, 장기적으로는 공산화된 중국과의 양립불가능성을 전제로 성립된 반공국가의 정 체성이 약화되었다.

대만의 반공국가는 민주화를 거치면서 해체의 국면에 돌입하 였다. 1991년 4월 소집된 국민대회의 결의를 통해 이루어진 임시 조관의 폐지는 이러한 변화를 상징적으로 보여 주는 사건이었다. 임시조관에 이어 그 하위법률인 징치반란조례(懲治叛亂條例) 등은 물론 임시조관과 계엄령을 근거로 대만 사회에 대한 국민당 정권 의 강제력 행사와 통제를 가능하게 했던 경비사령부도 폐지되었다 (문흥호 2001, 471-473). 임시조관의 폐지로부터 단행된 일련의 조 치들은 계엄령 해제 이후 본격화된 반공국가의 해체가 불가역적인 단계에 진입했음을 보여 주었다.

1980년대 후반에 시작된 동아시아의 민주화가 지구적 냉전체 제의 해체와 결합되면서 반공국가는 명백히 쇠퇴기에 접어들었다. 두 반공국가가 직면한 정체성의 위기는 민주화와 연계된 국내정치 적 문제임과 동시에 국제정치적 파급력을 갖는 사안이기도 했다. 그동안 국가 정체성을 구성하는 핵심적인 요소였던 반공주의가 정 당성과 적합성을 상실함에 따라 한국과 대만에서는 대안적인 국가 정체성을 모색하려는 노력이 시작되었고, 민족주의의 부상이라는 공통된 결과로 귀결되었기 때문이다. 그러나 앞서 언급한 대로 민 주화를 거치며 한국과 대만에서 부상한 민족주의는 두 국가의 특 수한 역사적 조건을 반영하여 상이한 성격을 지녔으며, 이로 인해 최초의 수평적인 정권 교체 이후 남북관계와 양안관계에서는 상이한 동학이 나타나게 되었다.

2. 한국의 민주화와 종족적 민족주의

종족적 민족주의는 "같은 조상으로부터 비롯되었다는 신화에 대한 믿음, 그리고 이러한 신화가 외형, 언어, 종교 등에서 나타나는 현재의 유사성에 의해 입증된다는 인식에 주안점을 두는 공동체 의식"으로 정의된다(Brown 2000, 50-51). 한국에서는 오랜 영토적 경계의 안정성, 반식민주의 운동 등과 같은 역사적 경험을 토대로 종족적 민족주의가 형성되었으며, 이는 대안적인 정체성들과 경합하면서 한국인의 정체성을 구성하는 핵심적 요소로 자리 잡았다(Shin 2006, 18-20). 그러나 냉전 시기 동안 한국의 종족적 민족주의는 반공국가의 강화와 권위주의 정권의 유지를 위해 동원되었다. 공산주의에 대한 추종은 민족 공동체의 정체성을 훼손하는 행위로 간주되었기 때문에 철저한 탄압의 대상이었으며, 민족주의 운동과 통일의 논의는 권위주의 정권이 통제하고 허용하는 범위 내에서만 이루어졌다.

　민주화는 한국의 종족적 민족주의가 반공주의의 구속으로부터 벗어나 정치적 변화를 추동하는 독자적인 동력으로 재등장한 계기였다. 민족주의는 권위주의 정권에 저항하는 민주화 세력들을 결집시킬 수 있는 매개였으며, 반공주의의 제약으로부터 벗어난 민족주의 담론과 그에 근거한 다양한 통일론들이 활발히 제기되기 시작했다. 민주화 이후 한국의 정치지형은 점차 통일과 대북정책 등 국가 정체성에 밀접히 연관된 사안들을 중심으로 재편되었다.

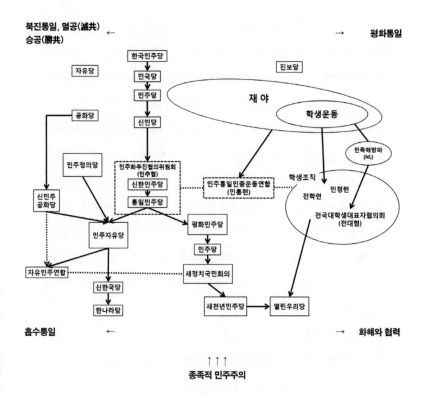

북진통일, 멸공(滅共)
승공(勝共) ← → 평화통일

흡수통일 ← → 화해와 협력

↑↑↑
종족적 민주주의

그림 2. 한국의 정당과 사회세력의 계보

반공주의와 분리되어 사회적 변화의 핵심적인 동력으로 부상한 민
족주의를 어떤 방식으로 수용할 것인지, 종족성을 핵심으로 하는
한국의 민족주의가 지향하는 궁극적 목표인 통일을 어떤 방식으로
실현할 것인지에 대해 치열한 논쟁이 전개되었기 때문이다.
　〈그림2〉는 민족주의, 통일, 대북정책 등 국가 정체성의 문제들
을 중심으로 민주화 이후 한국의 정치지형을 도식화한 것이다. 한

국에서는 종족적 민족주의와 그 궁극적 지향인 통일의 당위성에 대한 합의가 사회 전반에 걸쳐 공유되었기 때문에 통일의 여부보다는 통일의 성격과 방식에 대한 입장 차이를 중심으로 정치적 균열이 형성되었다. 그림의 왼쪽에 위치한 세력들은 반공주의를 민족주의보다 우위에 놓는 태도를 취했는데, 이는 무력을 사용해서라도 통일을 달성해야 한다는 북진통일론과 멸공(滅共)의 구호로부터 출발하여 우월한 국력을 바탕으로 북한을 압도하고 흡수해야 한다는 승공(勝共)의 논리와 흡수통일론으로 발전해 나갔다. 반면 오른쪽에 위치한 세력들은 반공을 위한 민족주의의 동원과 왜곡을 거부하면서 민족주의의 독자적인 위상을 확보하려는 경향을 보였는데, 이는 남북한 간의 화해와 협력을 강조하며 평화적 통일을 지지하는 태도로 나타났다.

민주화 이후 복원된 대통령 직선제를 통해 수립된 노태우 정권은 반공주의의 구속으로부터 벗어나기 시작한 종족적 민족주의의 힘에 주목하였다. 북방정책은 민주화를 거치며 한국 사회에서 민족주의가 고조됨에 따라 가능해진 대외정책의 전환임과 동시에, 반공의 논리하에서 제약받아 온 민족주의의 의제를 선점함으로써 민주화 세력에게 빼앗긴 국내정치적 주도권을 되찾으려는 노태우 정권의 전략적 계산이 반영된 결과였다(전재성 2003, 39-40). 앞서 언급한 대로 노태우 정권은 북방정책을 실시함으로써 남북관계의 개선, 한소수교, 한중수교 등과 같은 성과를 거두고 한국 외교의 지평을 확대할 수 있었다.

그러나 이러한 성과에도 불구하고 북방정책은 다음과 같은 한계를 지니고 있었다. 첫째, 북방정책은 현실주의적, 국가중심적 관점에 입각한 공세적 외교 전략이었다(전재성 2012, 228-231). 노태우 정권은 국가에 의한 대북교류 독점(창구단일화론)과 우월한 국력에 기초한 대북압박을 추구하고, 흡수통일의 가능성을 부정하지 않는 등 반공국가 시기의 대북정책과 일정한 수준의 연속성을 보였다. 둘째, 북방정책의 실행주체인 노태우 정권의 핵심인사들 중 상당수가 과거 권위주의적 군사정권의 일원으로서 냉전시기의 적대적인 북한관을 고수함에 따라 북방정책에 제동을 걸었다. 이는 노태우 정권이 반공주의를 민족주의보다 우선시하던 권위주의 정권과의 연속성을 탈피하지 못했음을 의미했다.

민주화 이후 수립된 민간정권들이 냉전 시기의 반공적 권위주의 정권과 완전히 단절되지 못함에 따라 민족주의의 전면적 수용과 대북정책의 근본적 전환이 좌절되는 양상은 김영삼 정권에서도 반복되었다. 김영삼 정권은 민주화 과정에서 정치적 주도권을 경쟁자인 김대중에게 빼앗긴 김영삼의 통일민주당이 노태우가 이끄는 민주정의당(이하 민정당), 박정희의 측근이었던 김종필의 공화당과 같은 반공주의 세력과 연합하여 창당한 민주자유당(이하 민자당)에 기반하고 있었기 때문에 민족주의적 논리에 입각한 남북관계의 개선을 적극적이고 지속적으로 추진할 수 없었다(박태균 2014, 14-17). 즉흥적인 정책 결정이나 체계적인 대북정책 구상의 결여와 같은 최고정책결정자인 김영삼 개인의 특성에다 1990년대 들어 표면화된 북핵 위기까지 더해지면서 김영삼 정권의 대북정책은 반공주의와 민족주의 사이에서 표류하게 되었다.

이와 같은 대내외적인 여건 속에서 노태우 정권과 김영삼 정권이 반공주의의 한계를 탈피하지 못한 가운데, 민족주의에 입각한 대북정책의 전환과 통일 논의의 활성화를 주도한 것은 재야(在野) 세력과 학생운동가들이 중심이 된 사회 세력들이었다. 이들은 민주화 이후 개방된 정치공간에서 민족주의의 기반을 확대시키고자 하였으며, 한국이 반공국가의 정체성을 탈각하여 자주적인 통일국가로 발전해 나가야 한다고 주장하였다.

재야는 "한국의 권위주의 체제하에서 존재하였던 비제도적인 조직적 반대운동"으로(박명림 2008a, 232), 권위주의 정권에 반대하는 다양한 세력들을 포괄적으로 지칭하였다. 이들은 냉전, 반공국가, 권위주의 정권의 결합으로 인해 형성된 한국의 억압적인 정치구조하에서 국회, 정당, 이익집단들이 본래의 기능과 역할을 상실한 가운데 민주화 운동을 주도하였다. 1964년 박정희가 추진하던 한일 국교정상화를 반대하는 지식인, 운동가, 학생들이 연대를 추진하는 과정에서 처음 등장한 재야는 이후 권위주의 정권에 저항하는 가장 강력한 세력으로 성장하였다(박명림 2008b, 32-36). 권위주의 정권의 통치가 장기화됨에 따라 재야의 활동 범위가 민주적 절차와 제도의 회복으로부터 노동자들의 권익 수호, 절대화된 반공주의의 억압으로 인해 억압된 통일 논의의 활성화 등으로 확대되었기 때문이다.

재야 내에서 독특한 위치를 점한 것은 학생들이었다. 이들은 이해관계로부터 비교적 자유로운 이념적 순수성, 맹목적인 반공주의를 거부하며 민족주의의 실현을 위한 저항을 선도하는 행동주의와 같은 특성으로 인해 재야의 일부임과 동시에 지식인, 종교인, 노동자 등 재야에 속한 다른 행위자들과는 구분되는 집단이었으며, 민주화가 진전되고 민족주의가 부상하는 과정에서 독자적이고 핵심적인 역할을 수행하였다. 학생 세력은 4·19 혁명으로 민주당 정권이 수립된 가운데 북한과의 평화공존과 통일을 달성함으로써 민족의 자립을 이룩할 것을 주장하는 등 1960년대부터 강한 민족주의적 지향을 보여 왔다(오제연 2007, 309-313). 또한 초기에 민족주의적 지향을 보였던 박정희 정권이 민족주의를 정권 강화와 근대화를 위한 수단으로 동원하자 학생들은 정권에 대한 강력한 저항 세력으로 변모해갔다.

군사정변을 통한 전두환 정권의 수립 이후 재야와 학생들의 저항은 더욱 급진적인 양상을 보이기 시작했다. 1980년 5월 광주에서 전두환과 군부의 불법적인 정권 장악에 반발한 시민들이 시위를 일으키자 전두환 정권은 계엄군을 투입하여 시민들을 학살하고 이를 진압하였다. 이 과정에서 계엄군 투입에 제동을 걸 수 있었던 미국이 이를 묵인했음이 알려지면서 재야와 학생, 민주화 세력 내부에서는 반미주의와 결합한 급진적 민족주의가 대두하였다. 광주사태를 계기로 민주화 투쟁의 목표는 민주주의의 회복을 넘어 자국의 이익을 위해 권위주의 정권을 옹호하고 한반도의 분단과 냉전을 영구화시키는 미국의 제국주의적 간섭을 배제함으로써 자주와 통일을 달성해야 한다는 민족주의적 이상의 실현으로까지 확대된 것이다(채장수 2007, 248-252). 특히 민족의 문제를 중시한 일부 학생들을 중심으로 형성된 "민족해방(NL)파"는 마르크스-레닌주의를 민족주의적 관점에서 변형시킨 북한의 주체사상을 수용하는 급진적인 면모를 보였고, 전국대학생대표자협의회(전대협)을 장악함으로써 그 세력을 전국적인 범위로 확장시켰다(채장수 2007, 252-255; 이수인 2008, 258-261).

전두환 정권의 탄압이 강화되고 민주화에 대한 요구가 고조되는 가운데 재야 세력과 학생운동가들은 1985년 민주통일민중운동연합(이하 민통련)이라는 연합체를 결성하였다. 이들은 권위주의, 분단, 민중의 소외가 불가분의 관계에 놓여있음을 지적하면서 민주화 운동, 통일 운동, 민중 운동을 함께 추진할 것임을 선언하였다(민주통일민중운동연합 1985, 38-42). 창립 이후 민통련은 김대중과 김영삼 등 대항 엘리트들이 중심이 된 민주화추진협의회(이하 민추협)와도 상호의존적인 협력 관계를 구축함으로써 민주화 투쟁을 이끌었다. 재야 세력과 대항 엘리트들 중 어느 일방도 반공국가를 해체하고 권위주의 정권을 전복시킬 독자적인 역량을 갖추지 못한 상황에서 이들 간의 제휴는 불가피했으며, 결과적으로는 한국의 민주화를 성공시키는 핵심적인 동력이 되었다.

그러나 대항 엘리트들과 재야 세력 간에는 그들이 지향하는 민주주의의 구체적인 내용과 성격, 민주화를 위한 투쟁의 방식, 민주화 이후 추구할 국가상 등에 관하여 적지 않은 차이가 존재했다. 이러한 이질적인 세력 간의 연합이 성사되도록 중재자의 역할을 수행한 핵심적인 인물 중 하나가 바로 대항 엘리트들의 지도자였던 김대중이었다. 그는 일찍이 통일의 문제에 많은 관심을 갖고 이에 관한 독자적인 정책의 노선과 구상들을 제시해 왔으며(마상윤 2011), 그로 인해 반공주의가 절대시되었던 한국의 협소한 정치지형과 반공주의적 기원을 가진 야당 내에서 진보적이며 민족주의적인 성향을 비교적 강하게 보이는 정치인으로 인식되었다. 이러한 정치적 성향으로 인해 김대중은 민주화 운동의 동지이자 경쟁자인 김영삼보다 권위주의 정권으로부터 더 심한 견제와 탄압을 받았고,

3당 합당으로 인해 정치지형이 재편되는 과정에서 철저히 소외되었다.

반공주의보다는 민족주의를 상대적으로 더 강조함으로써 김대중은 오랫동안 중앙정치에서 배제되었으나, 다른 한편으로는 이 시기 동안 재야와의 유대를 형성할 수 있었다. 권위주의 정권의 탄압으로 인해 정상적인 정치 활동이 어려워진 가운데 그는 재야의 일원으로 활동할 수밖에 없었고, 이러한 경력은 그가 경쟁자였던 김영삼보다 재야로부터 더 많은 지지를 획득할 수 있었던 배경이었다. 실제로 1987년 대통령 선거에서 민주화 세력이 김대중 지지파와 김영삼 지지파로 분열된 상황에서 상당수의 재야 인사들과 학생운동가들은 김영삼이 아닌 김대중에 대한 지지를 선언하였다.[3] 또한 1988년에는 97명에 달하는 재야 인사들이 김대중이 당수로 있던 평화민주당에 대거 합류하였다(Jeong 2013, 244-251). 이러한 재야 세력과 학생운동가들의 행보는 기존의 정치 엘리트들 중 김대중이 가장 적합한 연대의 대상이라는 그들의 인식이 반영된 결과였다.

3당 합당을 통한 통일민주당, 민정당, 공화당 간의 보수대연합 이후 김대중과 재야 세력의 연대는 더욱 공고해졌다. 김대중과

---

3 일례로, 전대협의 모태가 되었던 서울지역 대학생대표자 협의회(서대협)은 대통령 선거를 앞두고 "지난 11월 29일 김대중 선생의 여의도 집회와 12월 5일 김영삼 총재의 여의도 집회는 이 땅의 모든 애국민주세력과 국민들에게 현명한 판단의 근거를 제공하였습니다. 그것은 바로 김대중 선생이 4천만 국민의 단일후보임을 증명하는 것이었습니다. … "단일후보 김대중" "명예퇴진 김영삼" 이것은 김영삼총재의 민주화 투쟁의 성과를 과소 평가하는 것이 아니고 12월 16일 군부독재와의 반가름 결선을 승리로 장식하기 위한 구국의 대의입니다"라는 입장을 밝힘으로써 김영삼이 아닌 김대중에 대한 지지를 선언하였다(오근석 1988, 127-128).

재야 세력은 3당 합당에 반대하는 대항 엘리트들까지 포함하는 반대연합을 규합하여 새롭게 민주당을 창당하였으며, 보수대연합에 대항하기 위한 이념적 차별성을 더욱 강화시켜 나갔다(강원택 2012, 86-89). 1992년 대통령 선거에서 김영삼에게 재차 패배한 이후 해외에 머물던 김대중은 1995년 귀국하여 정치활동을 재개하였으며, 민주당을 기반으로 새정치국민회의(이하 국민회의)를 창당하였다. 국민회의 창당 이후에도 학생운동가들을 비롯한 재야 인사들의 영입은 지속되었다. 이처럼 1980년대 후반 이후 재야 세력과 학생운동가들은 대항 엘리트들과 협력하여 한국의 민주화를 견인하였다. 특히 이들은 대항 엘리트들 중 가장 진보적인 성향을 보인 김대중과 협력함으로써 민족주의의 기반을 확장시켜 나갔다. 재야와의 연대는 3당 합당을 통한 보수대연합의 결성으로 인해 초래된 정치적 고립을 타개하려던 김대중의 필요에 부합하는 것이기도 했다.

3. 대만의 민주화와 시민적 민족주의

시민적 민족주의는 "같은 영토에 거주하며, 그 영토의 국가와 사회 제도에 헌신하고, 혈통에 관계없이 모든 구성원들이 운명공동체를 구성함으로써 독특한 국가적 성격과 시민적 문화를 형성하는 것을 중시하는 공동체 의식"으로 정의된다(Brown 2000, 50-51). 대만에서는 장기화된 분단, 경제적 성장, 정치적 자유화로 인해 중국과는 구분되는 독특한 정체성이 형성되기 시작하였다(Woei 2001, 17-21). 이러한 흐름은 1980년대에 이르러 대만인들이 주체가 되어 스스로의 정체성을 결정하고 외부로부터의 억압과 지배에 항거해야 한다는 '본토화(本土化)' 운동으로 표출되었다(Makeham 2005, 1; 박병석 2010, 113-114). 학술과 문화 영역에서 시작된 본토화 운동은 곧 민주화와 맞물리면서 국민당 정권에 의해 반공주의와 결합되었던 종족적 민족주의를 대체하는 시민적 민족주의의 등장을 촉진하였다.

민주화는 본성인들을 중심으로 한 대항 엘리트들의 정치 참여를 가능하게 하였고, 그로 인해 대만의 독자성과 주체성을 강조하는 본토화 운동이 정치의 장에 유입됨으로써 새로운 형태의 민족주의가 성장하는 계기가 되었다. 국민당의 권위주의적 통치가 종언을 고함에 따라 반공주의와 종족적 민족주의 간의 결합은 그 정당성을 크게 상실하였으며, 대만의 주도로 중국과의 통일을 이루어야 한다는 냉전 시기의 국가적 합의에 대해서도 의문이 제기되었다. 이러한 상황에서 중국으로부터 독립된 주권을 보유한 정치적 실체로서 대만의 정체성을 새롭게 정립하려는 민족주의가 부상함에 따라 민주화 이후 대만의 정치지형은 통일과 독립에 대한 찬반에 따라 재편되었다.

〈그림3〉은 중국과의 통일 또는 중국으로부터의 독립이라는 사안을 중심으로 민주화 이후 대만의 정치지형을 도식화한 것이다. 종족적 민족주의와 그것의 실현으로서 통일의 당위성에 대한 사회적 합의가 유지되었던 한국과 달리, 대만에서는 통일이나 독립에 대한 입장에 따라 정치적 균열이 형성되었다. 그림의 왼쪽에 위치한 세력들은 대만과 중국 간에 존재하는 종족적 동질성에 주목하면서 통일을 지지하는 태도를 취한다. 국민당과 그로부터 갈라져 나온 신당(新黨), 친민당(親民黨)이 여기에 해당하며, 이들은 국민

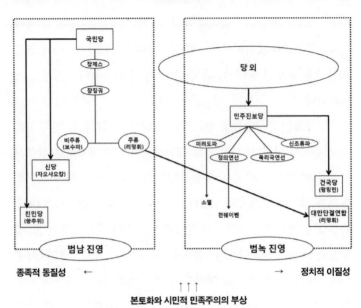

본토화와 시민적 민족주의의 부상

그림 3. 대만의 정당과 사회세력의 계보

당을 중심으로 범남(泛藍) 진영을 구성한다. 반면 그림의 오른쪽에 위치한 세력들은 대만과 중국 간의 정치적 이질성을 강조함으로써 독립을 주장한다. 민진당과 그로부터 분당한 건국당(建國黨), 국민당에서 탈당한 리덩휘 지지파가 창당한 대만단결연맹(臺灣團結聯盟, 이하 대연)이 여기에 속하며, 이들은 범녹(泛綠) 진영을 형성한다. 시민적 요소를 내포한 새로운 민족주의의 부상은 대만의 정치지형에서 통일과 독립의 문제를 중심으로 정당 간의 경쟁과 양대 진영 간의 대립이 중첩되는 구도가 등장하는 것을 가능하게 했다.

학술과 문화 영역에서의 본토화 운동이 정치 영역에 유입되어 대만 민족주의를 추동시킬 수 있었던 계기는 민주화로 인한 민진당의 창당이었다. 국민당의 권위주의적 통치에 반대하는 엘리트들의 연합체인 당외(黨外)에 기원을 둔 민진당은 1972년 실시된 입법원 선거에서 처음 등장하였고, 이후 중화민국의 헌법에 규정된 민주주의의 복원을 주장하면서 세력을 확장해 나갔다(Rigger 2001, 17-18). 1986년 9월 장징궈의 묵인하에 민진당이 창당됨에 따라 당외의 오랜 투쟁은 결실을 맺었으며, 이로 인해 대만 정치에서는 민족주의와 통일, 독립의 문제가 본격적으로 제기되기 시작하였다.

그러나 이질적인 세력들 간의 연합에 기초하여 창당된 민진당 내부에서는 민주화 과정에서 구호로 내세웠던 "자결(自決)", 즉 대만의 미래를 대만의 주민들이 스스로 결정해야 한다는 주장을 어떻게 해석할 것인지를 두고 치열한 논쟁이 전개되었다. 미려도파를 비롯한 온건파는 자결의 의미를 국내정치적 민주화에 국한하려고 한 반면, 신조류파를 중심으로 한 강경파는 자결을 양안관계에까지 적용시킴으로써 중국으로부터의 독립을 명시적으로 선언할 것을 주장했기 때문이다(Rigger 2001, 25-30; Chao 2002, 104-106). 이 논쟁에서 신조류파의 주장이 받아들여짐에 따라 민진당은 "주권을 가진 독립된 자주국가로서 대만 공화국의 건설"을 목표로 선언하는 이른바 대만공화국건립강령(臺灣共和國建立綱領)을 당헌에 삽입하였고, 독립에 대한 지지를 분명히 드러내었다.

그러나 독립론을 제기한 민진당은 1996년 실시된 최초의 총통 직접선거를 포함한 일련의 선거에서 연패하였다. 이는 대만의 대중들이 중국과는 구분되는 독자적인 실체로서 대만의 존재를 지지하면서도 1980년대 후반 이후 개선되기 시작한 양안관계를 다시금 갈등과 대립으로 회귀시킬 수 있는 민진당의 급진적인 독립론에 부정적인 태도를 보였기 때문이다. 이에 민진당 내에서는 대만이 이미 주권을 가진 독립국가이기 때문에 독립을 굳이 선언할 필요가 없으며, 양안관계의 현상을 유지하는 것이 곧 대만의 독립을 유지하는 것이라는 새로운 형태의 독립론이 등장하여 당의 공식적인 입장으로 채택되었으며(Rigger 2001, 135; Chao 2002, 112-115), 점차 대중들로부터의 지지를 확보해 나갔다. 민진당의 수정주의 노선에 불만을 품은 펑밍민(彭明敏)을 비롯한 급진파들은 민진당을 탈당하여 1996년 10월 건국당을 창당하였으나, 독자적인 입지를 구축하는 데에는 실패하였다.

민진당에 의한 독립론의 제기와 더불어 대만 민족주의의 부상을 가능하게 한 또다른 요인은 국민당의 본토화였다. 이는 중국 본토로부터 건너온 외성인 엘리트들의 정당이었던 국민당의 주도권이 점차 본성인 엘리트들에게로 넘어감으로써 발생하였다(Tan 2002, 153-154). 본성인 출신이었던 리덩휘가 장징궈 사후 국가총통 겸 국민당 주석에 취임한 것, 리덩휘 집권 이후 본성인 엘리트들이 국민당의 핵심조직인 중앙상무위원회에서 다수를 차지한 것 등은 모두 국민당의 본토화를 보여 주는 징후들이었다(Jacobson 2005, 19-22; 문홍호 2001, 469-471).

또한 집권 초 장징궈의 노선을 충실히 계승하는 듯 보였던 리덩휘는 점차 대중정책과 대외정책에 있어 독자적인 행보를 취하기 시작했다. 그는 1993년에 민진당이 제기해 왔던 UN 재가입 문제를 선제적으로 공론화시켰으며, 남향정책(南向政策)을 실시하여 대만의 무역경로를 다변화함으로써 1980년대부터 비약적으로 성장한 양안 간의 경제교류로 인해 대만이 중국에게 종속되는 것을 예방하고자 했다(윤상우 2010, 113). 이와 같은 리덩휘의 행보에 반발한 국민당 내의 반리덩휘 세력은 자오샤오캉(趙少康)을 중심으로 탈당하여 신당을 창당하였다. 신당은 리덩휘가 등장한 이후 본토화된 국민당이 아니라 자신들이야말로 국민당의 정통을 계승하고 있음을 주장하고, 중화 민족주의에 입각한 국민당의 전통적인 노선에 따라 중국과의 통일을 적극적으로 추진할 것임을 선언하였다.

반대파의 탈당으로 오히려 국민당에 대한 장악력을 높이게 된 리덩휘는 중국과 구분되는 대만의 독자성을 부각시키는 방향으로 나아갔다. 1995년 미국 의회의 지원에 힘입어 미국을 방문한 리덩휘는 유학 시절 모교였던 코넬대학교에서 행한 연설을 통해 공산주의가 종말을 맞고 있으며, 대만은 국제사회에서 인정을 받을 충분한 자격을 지닌 민주주의 국가라고 발언하였다(Zhao 2002, 225-226). 리덩휘의 미국 방문과 코넬대학교 연설을 독립을 위한 포석으로 해석한 중국은 1995년과 1996년에 걸쳐 대만해협에서 대규모의 군사훈련을 실시하였고, 이로 인해 양안관계는 극도로 악화되었다.

1996년 3월 실시된 선거에서 압도적인 득표로 총통에 재선된 이후 리덩휘의 행보는 더욱 과감해졌다. 리덩휘의 지시에 따라 1996년부터 실행된 "계급용인(戒急容忍)" 정책은 남향정책과 마찬가지로 양안 간의 경제교류에 제동을 걸어 대만이 중국에게 경제적으로 종속되는 것을 막으려는 시도였다. 또한 리덩휘는 독립론을 지지하는 자신의 입장을 공공연하게 드러내기 시작했다. 1998 년 타이베이 시장 선거에서 국민당 후보인 마잉저우(馬英九)를 위한 지원 유세에 나선 리덩휘는 "신대만인(新臺灣人)"이라는 새로운 개념을 제시함으로써 "대만을 사랑하고 자신과 대만의 안전하고 번영하는 민주주의 사회를 동일시하는 사람"이라면 누구나 대만인이 될 수 있다고 주장하였다(지은주 2009, 202-204). 대만을 위해 헌신하고, 대만의 이익을 최우선으로 여긴다면 누구나 신대만인이 될 수 있다는 그의 주장은 국가 정체성에 관한 논쟁을 가열시켰다 (Lee 1999, 9-14).

독립에 대한 리덩휘의 지지는 1999년 7월 독일 언론과의 인터뷰에서 그가 제기한 "특수양국론(特殊兩國論)"을 통해 명확히 드러났다. 리덩휘는 양안관계를 합법정부와 반란단체 혹은 중앙정부와 지방정부의 관계가 아니라 "특수한 두 국가 간의 관계"라고 규정하였던 것이다(政大機構典藏 1999). 이러한 그의 태도는 국내외적으로 큰 반발을 불러 일으켰다. 양국론이 제기되자 중국은 대만해협에서 다시금 대규모의 무력 시위를 전개하고 대만 측과의 모든 대화를 중단함으로써 통일에 대한 의지를 재확인하였다. 국민당 내에서는 리덩휘가 조종하기 쉬운 롄잔(連戰)을 무리하게 후계자로 지명함으로써 자신이 퇴임한 이후에도 독립론을 관철시키려는 것에 반발한 인사들이 쑹추위(宋楚瑜)를 중심으로 탈당하여 중국과의 단계적 통일을 지향하는 친민당을 창당하였다. 국민당이 분열된 가운데 실시된 2000년 총통 선거에서는 민진당 후보 천수이볜이 승리하였고, 리덩휘와 그의 지지자들은 국민당을 탈당하여 대만의 독립을 강력하게 주장하는 대연이라는 새로운 정당을 창당하였다.

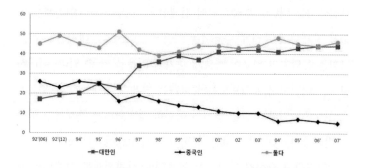

출처: 대만 국립정치대학 선거연구중심(http://esc.nccu.edu.tw/course/news.
php?Sn=166); Sobel et al. 2010)

그림 4. 대만인들의 자기 정체성 인식 (단위: %)

　이처럼 민주화 이후 대만에서는 민진당의 창당과 독립론의 제
기, 국민당의 본토화 등을 거치며 대만이라는 공간 안에서 역사적·
문화적 경험을 공유하는 주민들로 구성된 운명공동체에 대한 애정
을 핵심으로 하는 새로운 유형의 민족주의가 자리 잡았다. 냉전 시
기의 민족주의가 중국과의 종족절 동질성을 부각시키며 반공주의
와 결합했다면, 민주화 이후 새롭게 등장한 민족주의는 대만이 중
국으로부터의 위협에도 불구하고 경제성장을 이루며 발전해 온 민
주주의 국가임을 강조했다는 점에서 시민적 민족주의의 특성을 보
여 주었다. 이러한 시민적 민족주의의 등장과 확산은 장기간에 걸
쳐 변화한 대만인들의 정체성 인식에서 비롯된 결과였다.

　국립정치대학(國立政治大學)이 실시한 여론조사와 이에 근거한
소벨(Sobel) 등의 연구를 참조하여 작성한 〈그림4〉는 1990년대 이
후 대만인들의 정체성 인식에서 진행된 이와 같은 변화의 한 단면
을 보여준다(國立政治大學; Sobel et al. 2010). 이 표에 따르면 대만

사회에서는 대만인과 중국인의 정체성을 "모두(都是)" 인정하는 이중적 정체성이 폭넓게 수용되는 가운데 스스로를 "대만인"이라고 여기는 응답자의 비율이 빠르게 증가해 왔음을 알 수 있다. 이러한 결과는 대만이 정치적으로는 중국과는 별개의 실체이지만, 문화적으로는 중국의 일부라는 인식이 여전히 광범위하게 존재하고 있음을 말해주며, 종족이나 혈연, 문화와 같은 요소를 기준으로 자신을 중국인이라고 규정하기 보다는 공동체의 정치체제를 기준으로 자신을 대만인이라고 보는 대중들이 새로운 다수를 형성해가고 있음을 말해준다(Wang and Liu 2004, 575-578; 지은주 2009, 192-205).

슈베르트(Schubert)는 본토화와 민주화를 거치며 대만 사회에서 국가 정체성에 관한 일종의 "포괄적 합의(overarching consensus)"가 만들어지고 있음을 지적한다(Schubert 2004). 대만이 종족적·문화적으로는 중국의 일부이지만, 정치적으로는 독립된 주권을 갖는 운명공동체로서 존재한다는 공감대가 확산되어가고 있다는 것이다(Rigger 1999/2000, 547-550; Schubert 2004, 535-538). 이처럼 대만에서는 장기화된 분단을 거치며 국민당과 중화민국 주도의 통일에 대한 기대가 소멸한 반면 중국으로부터의 위협에 대항하는 과정에서 새로운 운명공동체가 형성되고, 자유민주주의에 근거한 정체(政體)의 수립과 완성을 지향하는 시민적 민족주의가 자리 잡았다(Wong 2001, 185-193). 대만의 독립이 중국의 반발과 군사적 위협을 초래할 수 있다는 점에서 즉각적이고 명시적인 독립을 지지하는 대만인들은 여전히 소수이다. 그러나 대다수의 대만인들은 대만이 중국과는 별개의 실체로 존재하는 현재의 상태를 지지하는 현상유지의 태도를 취하고 있으며, 중국과의 통일은 더 이상 대중들로부터 지지를 이끌어내지 못하고 있다.

V 한국의 대북정책과 대만의 대중정책

1. 한국: 김대중 정권의 햇볕정책과 한반도의 화해·협력

민주화로 인해 권위주의 정권이 붕괴하고 종족적 민족주의가 부상했음에도 불구하고 한국 사회는 반공국가의 정체성을 완전히 탈각하지 못했다. 전술한 대로 국가 형성 과정과 한국전쟁의 경험으로 인해 엘리트와 대중들의 자발적 지지를 확보한 한국의 반공주의가 사회 내부에 깊이 착근되어 있었으며, 무엇보다도 반공적 권위주의 정권을 구성했던 집권 엘리트들이 민주화 이후에도 여전히 정치적 영향력을 발휘하고 있었기 때문이다. 민주화를 거치며 개방된 정치지형에서 민족주의는 반공주의와 경합해야만 했다.

　반공주의와 경합 중이던 한국의 종족적 민족주의가 대외정책에 반영됨으로써 남북관계의 변화를 추동할 수 있었던 것은 최고정책결정자인 김대중이 민족주의를 지지하고 이를 대외정책에 반영하는 기획가의 역할을 수행했기 때문이다. 앞서 언급한 대로 김대중은 한국의 정치 엘리트들 가운데에서 민족의 통일에 관하여 가장 독자적이고 체계적인 구상을 갖고 있었다. 그는 이미 1971년 신민당 후보로 처음 대통령 선거에 출마했을 때 북한과의 직접적인 교류와 평화협정을 추진함으로써 통일을 준비해야 한다고 주장하였다(마상윤 2011, 122-124). 박정희 정권에서 전두환 정권으로 이어지는 반공적 권위주의 정권의 탄압에도 불구하고, 그는 종족적 민족주의에 근거한 자신만의 통일론과 대북정책을 발전시켜 나갔다.

민족을 언어, 역사, 문화, 그리고 혈통의 공유에 의해 정의되며 오랜 시간이 지나더라도 변화하지 않는 본질적인 특성을 갖는 실체로 보는 김대중의 민족관은 통일 방안으로부터 햇볕정책에 이르기까지 그가 구상한 대외정책의 토대였다(김대중 1994, 64). 김대중이 한국전쟁 당시의 체험으로 인해 공산주의에 대해 부정적인 인식을 가지고 있었으며(김대중 2010a, 62-73), 민주화 운동을 이끈 지도자로서 민주주의야말로 한국이 지향해야 할 궁극적인 가치라는 점을 지속적으로 주장한 것은 사실이다. 그러나 그는 분단된 민족 내의 관계를 다룸에 있어서는 후술하게 될 천수이벤과 달리 제도나 가치 등에서 나타나는 정치적 이질성보다는 종족적 동질성을 중시하였다. 그는 한국인들이 1945년 분단에 이르기 전까지 오랜 세월 동안 혈연, 역사, 그리고 문화를 공유하는 동질적인 민족 공동체를 이루어 왔기 때문에 그러한 공동체를 회복하고자 하는 것은 자연스러운 결과이며 역사적 책무이기도 함을 강조하였다(김대중 1993d, 122). 그에게 한반도의 통일이란 한국인들이 선진국으로 도약하기 위해 거쳐야 할 첫 단계였다(김대중 1993a, 243-244; 김대중 1993c, 166).

이러한 민족관을 토대로 김대중은 통일의 달성을 위한 "선민주 후통일"과 "점진적 통일"이라는 두 개의 대원칙을 제시하였다. "선민주 후통일"이란 통일에 앞서 국민들의 확고한 지지를 받는 민주적인 정권이 수립되어야 한다는 것이다(김대중 2010a, 296). 김대중은 이러한 원칙을 견지함으로써 통일에 관한 자유로운 담론의 제기를 허용하는 개방된 공론장을 마련하고, 북한으로 하여금 한국 정부를 전복시키려는 시도를 포기시키고 진지한 자세로 대화에 나서도록 압박할 수 있으며, 반공주의를 내세운 권위주의 정권에 저항할 수 있으리라고 보았다(Kim 1984, 264-268).

"점진적 통일"이란 통일이 자주, 평화, 민주라는 세 가지 가치에 따라 점진적으로 이루어져야 한다는 것이다(Kim 1983, 230; 아태평화재단 1995, 297; 김대중 2010a, 281-282). 특히 김대중은 자신만의 독자적인 구상으로 "3단계 통일 방안"을 제시하여 경제적 통합으로부터 시작하여 국가연합, 연방제를 거쳐 통일에 이르러야 한다고 주장하였다. 그는 갑작스러운 통일로 인해 많은 부작용을 겪은 독일의 사례에 비추어 전쟁이나 흡수를 통한 통일을 거부하였으며(김대중 1994, 23-24; 김대중 2010a, 617-619), 남북한이 각자 일정한 수준의 정치적 자율성을 보유하는 연합이나 연방과 같은 중간단계의 필요성을 강조했다. 그는 한국이 북한에게 강요하지 않더라도 민족의 동질성을 회복해 나가는 과정에서 민주주의와 같은 보편적 가치가 자연스럽게 실현되리라 보았다.

1998년 대통령에 당선된 이후 김대중은 자신의 민족관과 통일론이 반영된 햇볕정책을 본격적으로 추진하기 시작했다. 1993년 김대중이 '태양정책'이라는 명칭으로 처음 언급되었던 햇볕정책은 일방에 의한 무력 사용이나 흡수를 거부한 가운데 남북한 간의 공존, 공영, 그리고 통일을 지향하였다(김대중 1999, 65; Levin and Han 2002; 김대중 2010b, 643-644). 노태우 정권의 북방정책이 국가의 대북교류 독점과 북한에 대한 압박의 필요성을 강조하는 현실주의적 사고에 근거했던 반면, 김대중 정권의 햇볕정책은 민간의 참여와 경제적 상호의존의 확산 효과를 기대하는 자유주의적·기능주의적 시각에 입각해 있었다(황지환 2011, 19-23). 이러한 햇볕정책은 마

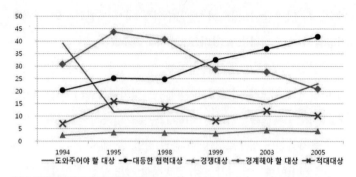

출처: 통일연구원 KINU국민통일여론(http://www.kinu.or.kr/www/jsp/prg/stats/
PollList.jsp))

그림 5. 한국인들의 대북인식 〔단위: %〕

침내 북한의 호응을 이끌어내었고, 이는 2000년 6월 최초의 남북
정상회담으로 이어졌다.

　민주화 이후, 특히 김대중 정권의 수립 이후 종족적 민족주의
는 반공주의의 구속으로부터 벗어나게 되었으며, 〈그림5〉에서 나
타나는 바와 같이 북한이 적이 아니라 내집단, 즉 같은 종족적·민
족적 공동체 안에서 혈연을 공유하는 형제로서 협력의 대상이라는
인식이 점차 강화되었다. 이러한 인식은 최고정책결정자인 김대중
의 정치적 신념과 그가 구상한 햇볕정책을 매개로 남북관계와 한
반도 정세에도 영향을 주었으며, 그 변화는 크게 두 가지의 경로를
통해 나타났다.

　첫째, 종족적 민족주의의 강화는 한국이 북한의 위협에 대응
하는 방식에 영향을 미쳤다. 김대중 정권은 북한의 미사일과 핵개
발 등으로 인해 초래된 위기에 여러 차례 직면하였음에도 불구하
고 확고하고도 일관되게 정책 수단으로서 무력의 사용을 배제하였

다. 김대중은 집권하기 훨씬 이전부터 북한의 위협을 해결하기 위한 '일괄타결'을 주장해 왔다. 이는 북한이 모든 핵개발 프로그램을 포기하는 대신, 국제사회가 북한에 대한 외교적, 경제적, 군사적 보상을 제공하는 방안이었다(Kim 1993; 김대중 2010a, 629). 예를 들어, 1998년 북한의 미사일 발사 실험으로 인해 한반도의 위기가 최고조에 달한 상황에서 그는 북한의 핵무기 개발을 비판하면서도 한국과 미국 역시 '포괄적 접근 전략'을 취함으로써 탈냉전이후 급격한 국제환경의 변화에 직면하여 북한이 인식하고 있는 위협을 이해하고 완화시키려는 태도를 취해야 한다고 주장하였다(김대중 2010a, 141-143).

김대중은 북한에 대한 섣부른 강경책이 오히려 북한의 핵무장을 자극함으로써 동북아시아에서 핵 도미노가 발생할 것을 우려하였다. 북핵 위기로부터 촉발되는 일련의 연쇄 작용으로 인하여 남북한을 모두 포함하는 민족 공동체가 공멸의 위험에 직면할 수 있다고 보았기 때문이다(김대중 1993a, 249-250; 김대중 1993b, 227-228). 김대중 정권은 북한으로부터의 지속적인 위협에도 불구하고 민족주의적 사고와 논리에 입각하여 북한에 대한 공격적이고 군사적인 대응을 일관되게 거부하였으며, 북한과의 협력과 화해라는 정책 기조를 유지해 나갔다.

둘째, 종족적 민족주의는 북한에 대한 한국의 위협인식 자체를 크게 변화시켰다. 이러한 양상은 국방부에서 매년 발행해 왔던 〈국방백서〉의 내용을 둘러싸고 2000년부터 2001년에 걸쳐 전개된 이른바 "주적(主敵) 논쟁"을 통해 잘 드러났다. 2000년 6월 남북정상회담이 종료된 직후부터 김대중이 당수로 있던 새천년민주당과 민족주의적 성향의 진보 세력들은 〈국방백서〉를 통해 북한을 주적으로 규정해 온 국방부의 방침이 재고될 필요가 있다는 주장을 전개하기 시작하였다(Jung 2010, 954-958). 이들은 북한에 대한 주적 규정을 폐기함으로써 한반도에서의 협력과 민족 공동체의 회복을 추구하는 김대중 정권의 햇볕정책이 뒷받침될 필요가 있다고 보았다. 국방부는 결국 이를 수용하였으며, 2000년 12월 발행된 〈국방백서〉에서는 주적 규정을 포함하여 북한을 자극할 만한 모든 표현들이 대폭 수정되거나 삭제되었다(조선일보 2000a; 조선일보 2000b).

그러나 북한에 대한 주적 규정이 삭제된 〈국방백서〉를 둘러싼 논쟁은 이듬해인 2001년까지 지속되었다. 새천년민주당과 민족주의적 성향의 진보 세력들과 달리 한나라당과 자유민주연합(이하 자민련) 등 보수 세력을 대변하는 정당들은 북한을 주적으로 보아야 한다는 태도를 견지했기 때문이었다. 민자당의 후신인 한나라당과 민자당으로부터 탈당한 김종필에 의해 창당된 자민련에는 반공주의적 성향의 인사들이 상당수 포함되어 있었으며, 이들은 김대중 정권의 햇볕정책에 강한 의구심으로 보이며 대대적인 비판을 가했다(조선일보 2001a; 조선일보 2001b; 조선일보 2001c). 2001년 말 새로운 〈국방백서〉의 발행을 앞두고 주적 논쟁이 다시금 가열되자 국방부는 〈국방백서〉를 격년마다 발행한다는 새로운 방침을 만들어 그해 〈국방백서〉의 발행을 포기하였다(조선일보 2001d). 이로써 국방부는 주적의 개념을 둘러싼 더 이상의 논쟁을 회피하고자 하였다.

남북정상회담 이후 치열하게 전개되었던 주적 논쟁은 국가 형성 이후 한국 사회에서 견고하게 유지되어 온 대북 위협인식에 관한 국내적 합의와 민주화 이후에도 잔존해있던 반공주의가 중대한 도전에 직면했음을 보여 주는 사건이었다. 북한을 더 이상 주적으로 간주해서는 안된다는 새천년민주당과 민족주의적 진보 세력의 주장은 김대중 정권이 추진한 햇볕정책의 근간을 이루었던 민족주의적 사고와 논리에 입각한 "탈안보화(desecuritization)"의 시도이기도 했다(Kim and Lee 2011). 그러나 한나라당과 자민련이 대변하는 보수 세력의 강력한 반대에 직면함에 따라 이러한 탈안보화의 시도는 미완에 그치게 되었다.

이상에서 살펴본 바와 같이 김대중 정권은 남북 간의 화해, 협력, 그리고 공존을 추구하는 햇볕정책을 일관되게 추진하였다. 한국 사회에 깊이 착근된 반공주의가 민주화 이후에도 잔존하여 종족적 민족주의와 경합하는 가운데, 오랜 시간 동안 민족과 통일의 문제에 천착해 왔고 이에 관하여 한국의 엘리트들 중 가장 체계적인 구상을 가지고 있던 김대중은 맹목적인 반공주의를 탈피하고 종족적 민족주의에 기초하여 대외정책의 전환을 추진하는 기획가의 역할을 수행하였다. 민주화 과정에서 반공주의의 구속으로부터 탈피한 종족적 민족주의는 북한을 내집단, 즉 동일한 민족 공동체에 속한 형제로 인식하는 태도를 확산시켰고, 김대중을 매개로 하여 햇볕정책으로 대표되는 대북정책에 반영되었다. 이는 한국이 북한의 위협을 인식하고 대응하는 방식에 큰 영향을 미쳤으며, 한반도에서 평화와 공존의 가능성이 고조되는 결과로 이어졌다.

2. 대만: 천수이볜 정권의 독립론과 대만해협의 갈등

민주화를 거치면서 대만에서는 시민적 민족주의를 핵심으로 하는 국가 정체성에 관한 "포괄적 합의"가 형성되었다. 소수의 집권 엘리트들 사이에서 배타적으로 공유되어 대중들에게 부과되었던 대만의 반공주의는 민주화를 거치며 국민당의 권위주의 정권이 붕괴하면서 쇠퇴하였고, 반공주의에 종속되었던 종족적 민족주의도 함께 부정당했다. 장기간의 분단, 성공적인 경제발전의 경험은 대만을 중국과는 별개의 실체로 인식하는 본토화를 추동하였고, 나아가 시민적 민족주의로 발전하였다. 시민적 민족주의는 사회 전반에 걸친 본토화에 힘입어 대만의 국가 정체성을 규정하는 핵심적 요소로 대두하였다.

최고정책결정자였던 천수이볜은 민주화를 거치며 대만 사회에서 반공주의와 종족적 민족주의의 결합을 대체하고 지배적 위치를 획득한 시민적 민족주의를 대변하였으며, 이를 대외정책에 반영하는 촉진자의 역할을 수행함으로써 양안관계의 변화를 초래하였다. 변호사였던 천수이볜은 1979년 가오슝(高雄)에서 발생한 반정부 시위를 구실로 기소당한 당외 인사들의 변론을 맡으면서 정치적 경력을 시작하였고, 민진당을 대표하는 정치인으로 성장하였다. 그는 민진당 내에서 온건한 성향의 계파인 정의연선(正義連線)을 이끌었으나, 대만이 중국과는 구분되며 독립적인 정체라는 민진당의 입장에 동조하였다. 그는 대만공화국건립강령이 민진당의 당헌에 삽입되는 과정에 기여했으며, 시민적 민족주의의 산물로서 리덩후이에 의해 제시되었던 "신대만인" 개념도 지지하였다(陳水扁

2002a; 陳水扁 2004a; 지은주 2009, 278-280).

2000년 총통 선거를 앞두고 출판된 자서전 〈대만의 아들(臺灣之子)〉에서 천수이벤은 "신중간노선(新中間路線)"이라고 명명한 국가대전략과 대중정책의 구상을 최초로 제시하였다(陳水扁 1999, 110-120). 그는 이 저서에서 실용주의에 입각하여 중국과 협력을 추진함으로써 양안관계를 개선해 나갈 것임을 밝혔으며, 이는 취임 직후 "4불 1무(四不一無)", 즉 중국이 무력을 사용하지 않는다면 대만은 "독립을 선언하지 않고, 국호를 변경하지 않고, 양국론을 헌법에 삽입하지 않고, 현상을 변경시키는 통독(統獨)에 관한 공민투표를 실시하지 않으며, 국가통일위원회와 국가통일강령을 폐지하지 않는다"는 대중정책의 기본원칙으로 구체화되었다(陳水扁 2000a). 그러나 신중간노선과 실용주의적인 대중정책을 통해 그가 추구하려던 궁극적인 목표는 중국과의 통일이 아니라 대만의 국익을 극대화하는 것이었다.

천수이벤 정권의 대중정책은 시민적 민족주의의 산물이었다. 전임자였던 리덩휘와 마찬가지로 천수이벤은 대만의 국가 정체성을 구성하는 핵심적인 요소가 대만에 수립된 민주주의 체제에 대한 애정과 헌신이라고 보았다. 그는 대만인들과 중국인들 사이에 혈통, 문화, 역사 등 종족적 요소가 공유되고 있으며, 이를 바탕으로 활발한 상호교류가 전개될 수 있음을 인정하였다(陳水扁 2000a; 陳水扁 2001a). 그러나 천수이벤은 대만의 민주주의와 중국의 권위주의 사이에 존재하는 정치적 차이에 더욱 주목하였다(陳水扁 2000c). 그가 보기에 대만은 "민주주의의 섬(民主之島)"이었으며, 중국인들을 민주주의의 길로 인도할 수 있는 "등대(燈塔)"였다(陳

水扁 2000.05.20a; 陳水扁 2002c).

이러한 사고에 근거하여 천수이벤은 중국과의 통일을 일관되게 반대하였다. 대만의 중화민국과 대륙의 중화인민공화국이 모두 "하나의 중국"에 속한 불가분의 일부이기 때문에 통일되어야 한다는 합의가 존재한다는 중국 측의 주장에 대하여 천수이벤은 "하나의 중국"이란 합의된 원칙이 아니며 그 자체가 지속적인 토론의 대상이라고 반박하였다(陳水扁 2000b). 그는 1997년 영국으로부터 중국에 반환된 후 정치적 자유와 민주주의가 후퇴한 홍콩의 사례를 들면서 중국이 제안한 통일 방안인 일국양제(一國兩制)를 비롯하여 대만의 독립적인 주권과 민주주의를 훼손하는 어떤 정책도 받아들일 수 없다는 태도를 취했다(陳水扁 2004b).

독립을 지지하는 천수이벤의 태도는 2002년 이후 분명하게 드러나기 시작했다. 앞서 언급한 대로 "신중간노선"을 표방했던 천수이벤은 취임 직후에는 중국이 대만에 대하여 무력을 사용하지 않는 한 독립을 선언하지 않을 것임을 공약하고, 양안교류를 활성화하기 위한 방안으로 "적극개방유효관리(積極開放有效管理)"를 선언하는 등 중국에 대하여 유화적이고 협력적인 정책을 취하였다. 그러나 중국은 양안관계의 개선을 위한 천수이벤의 노력을 외면하였고, 도리어 대만에 대한 외교적, 군사적 압박을 강화함으로써 그의 위기감을 자극하였다(陳水扁 2001b). 국내정치적으로는 입법원에서 다수를 점한 범남 진영이 국정 운영에 제동을 거는 상황에서 천수이벤은 사회적으로 민감한 사안인 통독 문제를 거론함으로써 지지 세력을 결속시키고자 하였다.

대내외적인 도전에 직면한 천수이벤은 2002년 8월 대만의 중화민국과 대륙의 중화인민공화국이 양안을 사이에 두고 별개의 국가로 존재한다는 "일변일국론(一邊一國論)"을 제기함으로써 대만의 독립을 적극적으로 지지하는 태도로 선회하였다(陳水扁 2002b). 천수이벤의 일변일국론은 양안관계가 "특수한 두 국가 간의 관계"라고 규정했던 리덩휘의 양국론보다도 도발적인 것이었다. 중국은 천수이벤 정권의 일변일국론을 분리주의라고 규정하여 강력히 비난하였고, 2005년에는 대만이 독립을 시도할 경우 군사력을 포함한 비평화적 수단을 사용할 것임을 천명한 반분열국가법(反分裂國家法)을 제정하였다. 이처럼 일변일국론이 제기된 이후 대만해협에서의 긴장은 지속적으로 고조되었다.

대만해협에서의 대립은 사회에서 시민적 민족주의의 지배적 위치가 공고해짐에 따라 심화되었다. 대만 사회에서 중국을 같은 민족 공동체에 속한 형제가 아니라 대만의 독립과 민주주의를 위협하는 적대국 혹은 외집단으로 간주하는 인식이 확산되었기 때문이다. 이러한 시민적 민족주의와 대외인식을 대변한 천수이벤은 중국의 권위주의 정권이 가하는 위협으로부터 대만의 독립과 민주주의를 수호하기 위해 다양한 군사적, 정치적, 경제적 정책을 실행에 옮겼다.

천수이벤 정권은 중국으로부터 구분되는 대만의 고유한 국가 정체성을 강화하고 수호하기 위해 노력하였다. 천수이벤은 민주주의를 대만의 국가 정체성을 구성하는 핵심적인 요소로 간주하였다. 그는 대만과 중국 간의 대립은 민주주의와 권위주의의 대결이며, 중국이 대만의 민주주의에 대하여 지속적으로 위협을 가해 왔음을 강조하였다. 또한 그는 민주주의야말로 대만이 중국으로부터 지켜야 할 가치이고, 중국의 위협에 대항하기 위한 대만의 가장 강력한 무기이며(陳水扁 2004b), 대만을 지지하고 중국에 대해 균형을 취할 국제적인 연합을 형성하기 위한 토대임을 지적하였다(陳水扁 2005).

2004년 재선에 성공한 이후 천수이볜은 대만의 국가 정체성을 확립하기 위해 더욱 급진적인 행보를 취했다. 2006년 2월, 천수이볜은 자결의 원칙에 위배되며 중국과의 통일을 지지하는 국민들이 극소수에 불과하다는 근거를 들어 국가통일위원회와 국가통일강령을 폐지하였다(陳水扁 2006b; 陳水扁 2006c). 이는 중국과의 통일이 더 이상 대만이 추구하는 국가적 목표가 아님을 선언하는 것이었다. 또한 같은 해 9월부터는 이른바 "정명운동(正名運動)"을 대대적으로 전개하여 중국 혹은 중화(中華)를 연상시키는 명칭들을 대만 고유의 명칭으로 수정하기 시작했다. 2007년에는 대만에게는 독립, 정명, 새로운 헌법의 제정, 발전이라는 네 개의 목표가 있고, "통일과 독립의 문제"가 있을 뿐 "좌우의 문제는 없다"고 선언한 "4요 1무(四要一無)"의 원칙을 제시하여 기존의 4불 1무를 대체함으로써 독립이 대만의 국가적 목표임을 공식적으로 천명하였다(陳水扁 2007).

중국이 대만의 민주주의와 독립을 위협한다는 천수이볜의 인식은 군사, 정치, 경제 등 다양한 영역에 걸쳐 보다 구체적인 정책들을 입안하고 실행하기 위한 토대가 되었다. 첫째, 천수이볜 정권은 중국의 무력 사용에 대비하여 대만의 국방력을 강화시키고자 하였다. 양안교류의 활성화에도 불구하고 대만인들 사이에서는 중국에 대한 위협인식이 여전히 남아 있었기 때문에 대만은 다양한 개혁을 통한 군사력의 강화를 추진해 왔다(김재엽 2011, 161-168). 이러한 상황에서 2001년 출범한 미국의 부시 정권이 중국의 부상을 우려하여 대만에게 전례 없는 수준과 규모의 무기를 판매하기로 결정하자, 천수이볜 정권은 이에 호응하여 미국산 무기의 대량 구매를 결정하였다. 그러나 미국으로부터의 무기 구입이 양안관계에 악영향을 줄 것이라고 우려한 범남 진영은 천수이볜의 결정에 강력히 반발하였고, 입법원에서의 오랜 대치 끝에 미국으로부터의 무기 구입은 끝내 좌절되었다(Chase 2008, 709-715).

둘째, 천수이볜 정권은 공민투표(公民投票)라는 민주적인 절차와 제도를 활용하여 독립에 대한 대만 주민들의 요구를 대내외적으로 과시함으로써 국제적인 지지를 확보하고 중국의 위협에 대응하고자 했다. 천수이볜의 본래 목표는 기존의 중화민국 헌법을 대체할 새로운 헌법을 제정함으로써 중화민국의 지배를 받는 "하나의 중국"에 속한다는 중국 측의 주장을 무력화시키는 것이었으나, 범남 진영의 강력한 반발에 부딪혀 실패하였다. 대신 그는 2004년과 2008년 두 차례에 걸쳐 공민투표를 실시하였다. 2004년의 투표는 중국의 위협에 대응하기 위한 국방력의 강화와 중국과 대등한 지위에서 평화를 위한 협상 실시에 대한 찬반을 묻는 "방어성(防禦性) 공민투표"였고, 2008년의 투표는 중화민국이 아닌 대만이라는 새로운 국호로 UN에 가입하는 것을 묻는 공민투표로 대만의 국제적 지위를 공고히 한다는 공통된 목표를 갖고 있었다. 그러나 두 차례의 공민투표는 모두 투표율이 50%에 미달함에 따라 무효로 처리되었다(박병석 2010, 136; 林進牛 2010, 498-507).

셋째, 천수이볜 정권은 대만의 경제적 자율성을 강화하기 위한 일련의 정책들을 시행하였다. 집권 초기 중국과의 관계 개선과 양안교류의 활성화를 위해 적극개방유효관리의 방침을 밝혔던 천수이볜은 2006년 신년사를 통해 "적극관리유효개방(積極管理有效開放)"이라는 새로운 방침을 채택할 것이라 선언하였다(陳水扁 2006a). 그는 양안교류를 통한 개인이나 기업의 이익 증대를 지원하는 "개방"보다 국익을 위한 양안교류의 "관리"에 초점을 둠으로써 급속한 개방과 교류로 인해 대만이 중국에 경제적으로 종속되는 상황을 예방하고자 했다. 이러한 견지에서 보았을 때 천수이볜이 새로이 도입한 적극관리유효개방의 원칙은 리덩휘의 남향정책이나 계급용인과 궤를 같이 하는 것이었다.

이상에서 살펴본 대로 천수이볜이 집권하는 동안 협력과 긴장의 가능성이 공존하는 모호성을 보이며 시작한 양안관계는 점차 갈등과 대립의 국면으로 나아갔다. 민주화를 거치며 반공주의와 종족적 민족주의의 결합을 대체하여 급격히 부상한 시민적 민족주의로 인해 대만 사회에서는 중국을 외집단, 즉 대만의 독립과 민주주의를 위협하는 세력으로 간주하는 인식이 확산되었다. 그리고 천수이볜은 대만 사회에서 공고하게 자리를 잡은 시민적 민족주의를 대변하여 대중정책에 반영하는 촉진자의 역할을 수행하였다. 그의 목표는 양안관계의 개선을 통해 대만의 국익을 극대화하는 것으로부터 점차 대만의 독립을 추구하는 것으로 변화해갔다. 이러한 태도의 변화는 부분적으로는 지지 세력을 동원하고 집권을 연장하려는 국내정치적 필요에서 비롯되었다. 그러나 오랫동안 당외와 민진당의 구성원이면서 독립론의 지지자였던 천수이볜의 정치적 경력을 고려한다면, 독립을 지향한 그의 행보는 대만의 시민적 민족주의를 대변한 자신의 구상을 반영한 결과이기도 했다.

VI 결론

본 연구는 구성주의적 시각에서 한국과 대만의 사례를 비교함으로써 동아시아의 잠재적 갈등 지역인 한반도와 대만해협에서의 정치적 동학을 분석하고자 했다. 두 국가 간에 존재했던 다수의 역사적 유사성을 고려했을 때, 한국과 대만이 민주화와 수평적인 정권 교체를 거친 이후 분단된 민족 내의 관계에서 취한 대조적인 정책과 그로 인해 초래된 한반도와 대만해협에서의 상이한 정세는 흥미로운 연구대상이다. 특히 김대중 정권과 천수이볜 정권 시기는 반공적 권위주의 정권하에서 억압되었던 분단과 통일에 관한 논의와 구상들이 폭넓게 제기된 최초의 시기였다. 따라서 본 연구는 양국의 국내사회에 어떤 담론들이 존재하는지, 이러한 담론들이 어떻게 결합되고 향후의 남북관계와 양안관계에 어떤 영향을 미칠 것인지 다양한 경로를 예비적으로 고찰할 수 있는 계기를 제공한다.

본 연구는 김대중 정권 시기의 남북관계와 천수이볜 정권 시기의 양안관계에서 나타난 대조적인 동학이 민주화를 거치며 반공주의의 구속으로부터 벗어난 민족주의의 상이한 성격에서 비롯되었다고 보았다. 한국에서는 종족적 민족주의의 재등장과 더불어 북한이 내집단, 즉 동일한 민족 공동체의 일원이라는 인식이라고 강화되었다. 이로 인해 한국의 대북 위협인식은 완화되었고, 북한에 대한 강경책은 제약을 받았다. 대만에서는 시민적 민족주가 지배적 위치를 획득하였고, 공산당의 권위주의적 통치를 받는 중국은 외집단, 즉 대만의 민주주의에 위협을 가하는 적대국이라는 인식이 지속적으로 재생산되었다. 이를 기반으로 대만의 고유한 정체성을 확립하고 독립을 지향하는 정책이 추진되었다.

본 연구는 한 사회 내에서 공유되고 있는 특정한 정체성을 바탕으로 국가의 위협인식과 대외정책이 형성되는 과정을 보여 주며, 국내적 구성주의와 같은 관념과 주체 중심의 접근이 갖는 타당성을 보여준다. 이러한 접근은 탈냉전기 아시아에서의 국제정치를 이해하기 위해서는 강대국 간의 세력배분과 같은 구조적 요인 뿐만 아니라 국가 정체성이나 민족주의와 같은 비구조적 요인에 대한 고려가 필요하다는 최근의 주장들에도 부합한다(Friedberg 1993/1994; Suh et al. 2004).

그러나 본 연구의 보다 중요한 의의는 동아시아에서 정체성 요인의 중요성이나 구성주의적 시각의 유용성을 지적하는 것을 넘어 국제정치에서 국가 혹은 단위의 문제를 상기시켜 준다는 데 있다. 본 연구에서 다룬 한반도와 대만해협에서의 정체성 정치는 하나의 민족이 하나의 국가를 이루고 단일한 주권을 행사할 것을 전제하는 베스트팔렌적 이상에서 벗어난 비정상의 사례이며, 하나의 민족이 두 개의 국가로 분할된 유형의 불일치가 동아시아의 지역적 맥락에서 구현되는 양상을 보여준다. 또한 현실에서는 국가와 민족, 그리고 주권이 일치하지 않는 경우가 더 일반적이며 이러한 불일치가 장기간에 걸쳐 지속되는 국제적 분쟁의 중요한 원인임을 고려한다면, 본 연구는 국제정치에서 핵심적인 문제를 다루는 비교사례연구로서 의의를 갖는다.

참고문헌

김대중. 1993a. "독일통일의 교훈과 우리 통일의 방향." 『나의 길 나의 사상: 세계사의
　　　대전환과 민족통일의 방략』, 한길사.
_____. 1993b. "민족통일의 가능성과 필요성." 『나의 길 나의 사상: 세계사의 대전환과
　　　민족통일의 방략』, 한길사.
_____. 1993c. "세계사의 흐름과 동북아정세." 『나의 길 나의 사상: 세계사의 대전환과
　　　민족통일의 방략』, 서울: 한길사.
_____. 1993d. "세계사의 흐름과 철학의 위치." 『나의 길 나의 사상: 세계사의
　　　대전환과 민족통일의 방략』, 서울: 한길사.
_____. 1994. "우리 민족을 말한다." 『나의 길 나의 사상: 세계사의 대전환과
　　　민족통일의 방략』, 서울: 한길사.
_____. 1999. "제15대 대통령 취임사: 국난극복과 재도약의 새시대를 엽시다."
　　　대통령비서실, 『김대중 대통령 연설문집 제1권』.
_____. 2010a. 『김대중 자서전(1)』, 삼인.
_____. 2010b. 『김대중 자서전(2)』, 삼인.
Kim, Daejung. 1983. "Peace and Unification." In Kyung Jae Kim(ed.), *Building
　　　Peace & Democracy: Kim Dae Jung Philoposhy & Dialogues*. New York:
　　　Korean Independent Monitor.
_____. 1984. "The Destiny of the Korean Nation at the Crossroads: My Views
　　　and Proposals." In Kyung Jae Kim(ed.), *Building Peace & Democracy:
　　　Kim Dae Jung Philoposhy & Dialogues*. New York: Korean Independent
　　　Monitor.
_____. 1993. "The Need for A New Policy Towards North Korea." In Daejung
　　　Kim, *Korean Reunification: Lectures during the research period in
　　　Cambridge, Jan – Jun 1993*. Cambridge: University of Cambridge.

陳水扁. 1999. 《臺灣之子: 我的成長歷程, 經營哲學和國家遠景》. 臺中: 晨星出版有限公司.
_____. 2000a. 〈中華民國第十任總統´副總統就職慶祝大會〉. 中華民國 總統府 新聞稿
　　　(검색일: 2016. 01. 16).
_____. 2000b. 〈陈总统六二O记者会答问实录〉. 中華民國 行政院 大陸委員會 (검색일:
　　　2016.1.21).
_____. 2000c. 〈陳總統接受美國之音專訪〉. 中華民國 行政院 大陸委員會 (검색일:
　　　2016.1.24).
_____. 2001a. 〈总统民国九十年元旦祝词〉. 中華民國 行政院 大陸委員會 (검색일:
　　　2016.1.30).
_____. 2001b. 〈總統就我國無法出席今年的亞太經合會非正式經濟領袖會議事發表
　　　聲明〉. 中華民國 總統府 新聞稿 (검색일: 2016.1.30).

_____. 2002a. 〈總統與美國哈佛大學學者進行視訊會議〉. 中華民國 總統府 新聞稿
(검색일: 2016.2.7).

_____. 2002b. 〈總統以視訊直播方式於世界台灣同鄉聯合會第二十九屆年會中致詞〉.
中華民國 總統府 新聞稿 (검색일: 2016.2.7).

_____. 2002c. 〈德国时代周报专访陈总统问答全文〉. 中華民國 行政院 大陸委員會
(검색일: 2016.2.11).

_____. 2004a. 〈總統接受日本共同通訊社專訪〉. 中華民國 總統府 新聞稿 (검색일:
2016.2.12).

_____. 2004b. 〈陳總統接受美國華盛頓郵報專訪全文〉. 中華民國 總統府 新聞稿
(검색일: 2016.2.23).

_____. 2005. 〈陳總統與「日本外國特派員協會」越洋視訊會議：有關兩岸關系談話〉.
中華民國 總統府 新聞稿 (검색일: 2016.2.23).

_____. 2006a. 〈中樞舉行中華民國95年開國紀念典禮暨元旦團拜〉. 中華民國 總統府
新聞稿 (검색일: 2016.3.4).

_____. 2006b. 〈總統主持國安高層會議〉. 中華民國 總統府 新聞稿 (검색일: 2016. 03.
04).

_____. 2006c. 〈總統接受德國「法蘭克福廣訊報」專訪〉. 中華民國 總統府 新聞稿,
(검색일: 2016.3.4).

_____. 2007. 〈總統出席「台灣人公共事務會」(FAPA) 25週年慶祝晚宴〉. 中華民國
總統府 新聞稿 (검색일: 2016.3.7).

* 중화민국 총통부 신문고 http://www.president.gov.tw/Default.aspx?tabid=13
* 중화민국 행정원 대륙위원회 http://www.mac.gov.tw/
np.asp?ctNode=6617&mp=2

강원택. 2012. "3당 합당과 정당정치의 구조적 변화." 박인휘·강원택·김호기·장훈 편,
『탈냉전사의 인식: 세계화시대 한국사회의 문제의식』. 한길사.

강원택 편. 2012. 『노태우 시대의 재인식: 전환기의 한국사회』. 나남.

김득중. 2009. 『'빨갱이'의 탄생: 여순사건과 반공 국가의 탄생』. 선인.

김명섭·김주희. 2013. "20세기 초 동북아 반일 민족지도자의 반공: 이승만과 장개석의
사례를 중심으로." 『한국정치외교사논총』 34집 2호.

김인걸. 1999. "1990년대 남한 통일논의의 지형 변화." 『한국사론』 42권.

김재엽. 2011. "대만의 국방개혁: 배경, 과정, 그리고 평가." 『중소연구』 35권 1호.

김지형. 2013. "1960~70년대 박정희 통치이념의 변용과 지속: 민주주의와 반공주의
및 상호관계를 중심으로." 『민주주의와 인권』 제13권 2호.

나영주. 2006. "미국-대만의 군사동맹 변화와 대만의 안보." 『아세아연구』 123호.

마상윤. 2011. "데탕트의 위험과 기회: 1970년대 초 박정희와 김대중의 안보인식과
논리." 『세계정치』 14권.

_____. 2014. "글로벌 냉전과 동북아시아." 『세계정치』 22호.

문흥호. 2001. "중국, 대만관계와 남북한관계의 대내외 요인 비교." 『중소연구』 91호.

_____. 2007. 『대만문제와 양안관계』. 폴리테이아.

민주통일민중운동연합. 1985. "민주·통일민중운동선언." 신동아 편집실 편. 『80년대
　　民族·民主운동』. 동아일보사.

박명림. 2008a. "박정희 시대의 민중운동과 민주주의: 재야의 기원, 제도관계, 이념을
　　중심으로." 『한국과 국제정치』 24권 2호.

_____. 2008b. "박정희 시대 재야의 저항에 관한 연구, 1961-1979: 저항의제의 등장과
　　확산을 중심으로." 『한국정치외교사논총』 30집 1호.

박병석. 2010. "탈식민주의 관점에서 본 대만의 탈중국화운동: 본토화운명과
　　정명운동." 『동양정치사상사』 9권 1호.

박원순. 1992. 『국가보안법연구(1): 국가보안법 변천사』. 역사비평사.

박태균. 2014. "남남갈등으로 표류한 김영삼 정부의 대북정책." 『통일과 평화』 6집 1호.

아태평화재단. 1995. 『김대중의 3단계 통일론: 남북 연합을 중심으로』, 서울:
　　아태평화출판사.

오근석. 1988. 『80년대 민족민주운동』. 논장.

오제연. 2007. "1960년대 초 박정희 정권과 학생들의 민족주의 분화: '민족적
　　민주주의'를 중심으로." 『기억과 전망』 16호.

윤상우. 2010. "동아시아 지역경제통합에서의 대만의 대응과 딜레마." 『한국과
　　국제정치』 26권 2호.

이수인. 2008. "대립성의 경합과 일면성의 확산: 1980년대 학생운동." 『사회와 역사』
　　77집.

이창호. 1990. "국가보안법폐지론." 『법학연구』 2권.

이하나. 2012. "1950~60년대 반공주의 담론과 감성 정치." 『사회와 역사』 95집.

이혜정. 2004. "한미동맹 기원의 재조명: 한미 상호방위조약의 발효는 왜
　　연기되었는가?" 『한국정치외교사논총』 26집 1호.

전갑생. 2008. "한국전쟁 전후 대한청년단의 지방조직과 활동." 『제도사이드 연구』 4호.

전재성. 2003. "노태우 행정부의 북방정책 결정요인과 이후의 북방정책의 변화과정
　　분석." 하용출 외, 『북방정책: 기원, 전개, 영향』, 서울대학교출판부.

_____. 2012. "북방정책의 평가: 한국 외교대전략의 시원." 강원택 편, 『노태우 시대의
　　재인식: 전환기의 한국사회』. 나남.

_____. 2015. "분단 70년의 국제환경, 대내구조, 남북 관계의 조명." 『통일정책연구』
　　24권 1호.

정규섭. 2011. "남북기본합의서: 의의와 평가." 『통일정책연구』 20권 1호.

정형아. 2014. "전후 초기 대만 혼란의 원인: 권력주체 사이의 갈등." 『탐라문화』 47호.

제성호. 2003. "국가보안법과 남남갈등." 『중앙법학』 4권 3호.

조경란. 2011. "1950년대 동아시아의 반공 자유주의 이데올로기에 대한 재검토:
　　『자유중국(自由中國)』과 『사상계』의 대항담론 형성 가능성." 『시대와 철학』 22권
　　1호.

지은수. 2009. 『대만의 독립문제와 정당정치: 민주화 이후 정당체제의 재편성』. 나남.

채장수. 2007. "1980년대 한국 학생운동의 자주노선." 『한국동북아논총』 42집.

황지환. 2011. "북한문제 인식의 문제점과 새로운 접근의 필요성."『통일과 평화』3집 2호.

후지이 다케시. 2011. "4·19/5·16 시기의 반공체제 재편과 그 논리: 반공법의 등장과 그 담지자들."『역사문제연구』25호.

Brown, David. 2000. *Contemporary Nationalism: Civic, Ethnocultural and Multicultural Politics.* New York: Routledge.

Cha, Victor D. 2010. "Powerplay: Origins of the U.S. Alliance System in Asia." *International Security* Vol. 34, No. 3.

Chan, Steve. 2007. *China, The U.S., and the Power-Transition Theory: A Critique.* New York: Routledge.

Chan, Steve, Richard Hu and Injoo Sohn, 2013, "Politics of détente: comparing Korea and Taiwan." *The Pacific Review* Vol. 26, No. 2

Chang Liao, Nien-chung. 2014. "Comparing Inter-Korean and Cross-Taiwan Strait Trust-Building: The Limits of Reassurance." *Asian Survey* Vol. 54, No. 6.

Chao, Chien-min. 2002. "The Democratic Progressive Party's Factional Politics and Taiwan Independence." In John F. Copper(ed.), *Taiwan in Troubled Times: Essays on the Chen Shui-bian Presidency.* River Edge: World Scientific Publishing Company.

Chase, Michael S. 2008. "Taiwan's Arms Procurement Debate and the Demise of the Special Budget Proposal: Domestic Politics in Command." *Asian Survey* Vol. 48, No. 4.

Chen, Jian. 2001. *Mao's China and the Cold War.* Chapel Hill: The University of North Carolina Press.

Cheng, Tun-jen Cheng and Vincent Wei-cheng Wang. 2001. "Between convergence and collision: Whither Cross-Strait Relations?" *Cambridge Review of International Affairs* Vol. 14, Issue 2.

Cho, Il Hyun. 2012. "Democratic Instability: Democratic Consolidation, National Identity, and Security Dynamics in East Asia." *Foreign Policy Analysis* Vol. 8, No. 2.

Chung, Chien-peng. 2002. "Democratisation In South Korea And Taiwan: The Effect Of Social Division On Inter-Korean and Cross-Strait Relations." *IDSS Working Paper* No. 24.

Friedberg, Aron L. 1993/1994. "Ripe for Rivalry: Prospects for Peace in a Multipolar Asia." *International Security* Vol. 18, No. 3.

Ho, Ming-sho. 2014. "From Resistance to Accommodation: Taiwanese Working Class in the Early Postwar Era(1945-55)." *Journal of Contemporary Asia* Vol. 44, No. 3.

Hopf, Ted. 2002. *Social Construction of International Politics: Identities &
Foreign Policies, Moscow, 1955 and 1999*. Ithaca: Cornell University Press.

Hudson, Valerie M. 2005. "Foreign Policy Analysis: Actor-Specific Theory and
the Ground of International Relations." *Foreign Policy Analysis* Vol. 1, No. 1.

Huntington, Samuel P. 1991. *The Third Wave: Democratization in the Late
Twentieth Century*. Normand and London: University of Oklahoma Press.

Im, Hyug-Baeg and Yu-Jeong Choi. 2011. "Inter-Korean and Cross-Strait
Relations through the Window of Regional Integration Theories." *Asian
Survey*, Vol. 51, No. 5.

Jacobson, J. B. 2005. ""Taiwanization" in Taiwan Politics." In John Makeham
and A-chin Hsiau(ed.). *Cultural, Ethnic, and Political Nationalism in
Contemporary Taiwan: Bentuhua*. New York: Palgrave Macmillan.

Jager, Shelia M. 2007. *The Politics of Identity: History, Nationalism and the
Prospect for Peace in Post-Cold War East Asia*. Strategic Studies Institute.

Jeong, Gi-young. 2013. "Evolution from *Jaeya* to a Political Organization." In
Sang-young Ryu, Sam-woong Kim and Ji-yeon Shim(ed.), *Kim Dae-jung
and History of Korean Opposition Parties*. Seoul: Yonsei University Press.

Johnston, Alastair I. 1995. *Cultural Realism: Strategic Culture and Grand
Strategy in Chinese History*. Princeton, N.J.: Princeton University Press.

Jung, Heon joo. 2010. "The Rise and Fall of Anti-American Sentiment in South
Korea." *Asian Survey* Vol. 50, No. 5.

Kim, Sung-han and Geun Lee. 2011. "When security met politics: desecuritization
of North Korean threats by South Korea's Kim Dae-jung government."
International Relations of the Asia-Pacific Vol. 11, No. 11.

Klotz, Audie and Cecelia M. Lynch. 2007. *Strategies for Research in
Constructivist International Relations*. Armonk, N. Y.: M.E. Sharpe.

Lee, Teng-hui. 1999. "Understanding Taiwan: Bridging the Perception Gap,"
Foreign Affairs Vol. 78, No. 6.

Levin, Norman D. and Yong-Sup Han. 2002. *Sunshine in Korea: The South
Korean Debate Over Policies Toward North Korea*. Santa Monica, CA:
RAND Corporation.

Lin, Hsiao-Ting. 2013. "U.S.-Taiwan Military Diplomacy Revisited: Chiang Kai-
shek, and the 1954 Mutual Defense Pact." *Diplomatic History* Vol. 37, No. 5.

Lind, Jennifer. 2011. "Democratization and Stability in East Asia." *International
Studies Quarterly* Vol. 55, No. 2.

Lobell, Steven E., Norrin M. Ripsman and Jeffrey W. Taliaferro(ed.). 2009.
Neoclassical Realism, the State, and Foreign Policy. New York: Cambridge
University Press.

Lu, Yeh-chung, Byung Kwang Park and Tung-chieh Tsai. 2014. "East Asia at

the Crossroads: A Comparative Study on Taiwan's and South Korea's
Reconciliation with Adversaries." *On Korea* Vol. 7.

Makeham, John. 2005. "Introduction." In John Makeham and A-chin Hsiau (ed.),
*Cultural, Ethnic, and Political Nationalism in Contemporary Taiwan:
Bentuhua.* New York: Palgrave MacMillan.

Mark, Chi-kwan. 2012. *China and the World since 1945: An International
Hisotry,* New York: Routledge.

Miller, Benjamin. 2007. *States, Nations, and the Great Powers: the Sources of
Regional War and Peace.* Cambridge: Cambridge University Press.

Nam, Kwang-Kyu. 2013. "A Comparative Study on the inter-Korean Relations and
the Cross-Strait Exchanges after the 2000s." *The Journal of Peace Studies,*
Vol. 14, No 2.

Organski, A. F. K. and Jacek Kugler. 1980. *The War Ledger.* Chicago: University
of Chicago Press.

Rigger, Shelley. 1999/2000. "Social Science and National Identity: A Critique."
Pacific Affairs Vol. 72, No. 4.

_____. 2001. *From Opposition to Power: Taiwan's Democratic Progressive Party.*
Boulder: Lynne Rienner.

Rousseau, David L. 2006. *Identifying Threats and Threatening Identities: The
Social Construction of Realism and Liberalism.* Stanford, Calif.: Stanford
University Press.

Schubert, Gunter. 2004. "Taiwan's Political Parties and National Identity: The
Rise of an Overarching Consensus." *Asian Survey,* Vol. 44, No. 4.

Shin, Gi-wook. 2006. *Ethnic Nationalism in Korea: Geneaology, Politics and
Legacy.* Stanford, California: Stanford University Press.

Sobel, Richard, William-Arthur Haynes and Yu Zheng. 2010. "The Poll-Trends:
Taiwan Public Opinion Trends, 1992-2008: Exploring Attitudes on Cross-
Strait Issues." *Public Opinion Quarterly* Vol. 74, No. 4.

Tammen Ronald L., et al. 2000. *Power Transitions: Strategies for the 21st
Century.* New York : Chatham House Publishers.

Tan, Alexander C. 2002. "The Transformation of the Kuomintang Party in
Taiwan." *Democratization.* Vol. 9, No. 3.

Waever, Ole. 1995. "Securitization and Desecuritization." In Ronnie D. Lipschutz
(ed.), *On Security.* New York: Columbia University Press.

Walt, Stephen M. 1987. *The Origins of Alliances.* Ithaca: Cornell University Press,
1987.

Waltz, Kenneth N. 1979. *Theory of International Politics.* Boston, Mass.:
McGraw-Hill.

Wang, T. Y. and I-Choi Liu. 2004. "Contending Identities in Taiwan: Implications for Cross-Strait Relations." *Asian Survey*. Vol. 44, No. 4.

Wendt, Alexander. 1999. *Social Theory of International Politics*. Cambridge: Cambridge University Press.

Westad, Odd A. 2007. *The Global Cold War: Third World Interventions and the Making of Our Times*. New York: Cambridge University Press.

Woei, George T. 2001. *Taiwanisation: Its Origin and Politics*. Singapore: World Scientific Publishing Company.

Wong, Timothy K. 2000. "Changing Taiwan's Foreign Policy: From One China to Two States." *Asian Perspective*. Vol. 24, No. 1.

Zhao, Shuisheng. 2002. "Reunification Strategy: Beijing Versus Lee Teng-hui." In Bruce J. Dickson and Chien-min Chao(ed.), *Assessing the Lee Teng-hui Legacy in Taiwan's Politics: Democratic Consolidation and External Relations*. New York: M. E. Sharpe.

Zhu, Tianbiao. 2002. "Developmental states and threat perceptions in Northeast Asia." *Conflict, Security & Development* Vol. 2, Issue. 1.

曾薰慧. 2007. 藏汝興·박강배 역, "'적(異己)' 쓰기: 50년대 백색테러 시기 '비첩(匪諜)'의 상징 분석."『제노사이드연구』2호.

陳顯武. 2007. "法律的政治分析: 論戒嚴時期的政治刑法."『國家發展研究』6卷 2期.

林進生, 余元傑, 謝政道. 2010. "民進黨執政時期之臺灣民族主義發展政策, 2000-2008."『嘉南學報』36期.

謝居福. 2009. "中華民國憲政史研究."『臺南科技大學通識教育學』8期.

蘇慶軒. 2013. "國民黨國家機器在臺灣的政治秩序起源: 白色恐怖中對左翼勢力的整(1948-1954)."『政治科學論叢』57期.

王恩美. 2010. "冷戰時期學校教育中的反共形象: 以臺灣與韓國兩地小學教科書為中心的分析."『思與言』48卷 2期.

若林正丈. 2004. 洪金珠·許佩賢 譯,『台灣：分裂國家與民主化』, 台北: 新自然主義.

조선일보. 2000a. "2000년 국방백서 발표 "북은 주적" 그대로 유지" (12월 5일자).

_____. 2000b. "2000년 국방백서 벼랑끝 전술·유훈통치·통미봉남등 '북 자극 용어' 대폭 삭제" (12월 5일자).

_____. 2001a. ""한 부총리 YS 정부때 평점 안높아" 자민련 김대행 비판" (1월 31일자).

_____. 2001b. "안보분야 질의·답변: "주적 삭제를" 이창복 의원 "아직 때일러" 조성태 국방" (2월 13일자).

_____. 2001c. "국회 예결위 김용갑·한부총리 설전" (2월 28일자).

_____. 2001d. "올해 '국방백서' 발간 않기로" (11월 23일자).

노태우. 1988. "노태우 대통령 7·7 선언." 국가기록원, http://www.archives.go.kr/

next/search/listSubjectDescription.do?id=002874 (검색일: 2016.4.15).

통일연구원. "KINU국민통일여론." 통일연구원, http://www.kinu.or.kr/www/jsp/ prg/stats/PollList.jsp (검색일: 2016.4.17).

李登輝, 1999, "附件一:「李總統登輝先生接受德國之聲專訪全文」." 政大機構典藏, https://nccur.lib.nccu.edu.tw/bitstream/140.119/34381/12/ (검색일: 2016.4.17).

國立政治大學. "臺灣民眾臺灣人/中國人認同趨勢分佈(1992年06月~2016年12月." 國立政治大學 選擧硏究中心, http://esc.nccu.edu.tw/course/news. php?Sn=166 (검색일: 2016.5.24).

필자 소개

김재영 Kim, Jaeyoung

서울대학교 외교학과 학사, 서울대학교 정치외교학부 외교학전공 석사

이메일 ok10920@snu.ac.kr

세계정치 시리즈